한국어 피동문 연구

남수경

도서출판 월인

머리말

이 책은 2007년 8월에 제출한 필자의 박사학위논문 「한국어 피동문의 문법적 연구」를 다듬어 출판한 것이다. 처음에는 논문의 부족한 부분들을 대대적으로 고쳐서 출판하고 싶은 욕심이 있었으나 결국은 문장을 고치고 전체 흐름에 어긋나는 부분을 빼는 등의 약간의 수정에 그쳐 많은 아쉬움이 남는다.

필자가 국어국문학과에 입학한 것은 문학에 대한 어렴풋한 동경과, 글재주가 없더라도 들어가기만 하면 소설가나 시인이 될 수 있으려니 하는 근거 없는 기대 때문이었다. 그러던 중 정말로 우연히, 인간과 언어학회에 가입하면서 언어학 관련 공부 모임에 조금씩 기웃거리게 되었다. 모임을 지도해 준 선배들은 틈만 나면 한국어의 여러 현상들을 주제로 눈을 반짝거리며 이야기를 하곤 했는데 그런 선배들을 보면서 필자도 은연중에 국어학자로서의 꿈을 키웠던 것 같다.

박사학위논문 주제로 피동을 선택한 것은 석사 과정 중 수업에서 읽은, 피동과 관련된 E. Bach와 E. Keenan의 논문이 계기가 되었다. 그때만 해도 버거웠던 논문들을 끙끙거리며 읽으면서 능동과 피동의 관계에 처음으로 깊은 관심을 가질 수 있었고 그 후에도 가끔씩 과정 중에 보고서를 제출할 때 피동을 주제로 택할 만큼 이에 대한 관심은 드문드문이나마 계속되었다. 하나의 사태를 행위자와 피동자, 각각을 주어로 해서 달리 기술한다는 것이 필자를 매혹시켰고, 또 한국어의 피동을 명확하게 정의하기에는 피동이라고 이름 붙인 현상들이 논의마다 너무나 다르게 해석되어 있다는 것이 호기심을 불러일으켰기 때문이었다.

비록 부족한 논문이지만 논문을 쓰고 책을 꾸려 내기까지 정말 많은 분들의 도움을 받았다. 먼저 이익섭 선생님과 임홍빈 선생님, 두 분의 선생님께서 지도교수님이셨던 것은 필자에게 큰 행운이 아닐 수 없다. 이익섭 선생님을 생각하면 감사하고 죄송한 마음에 가슴 한 편이 아려 온다. 석사학위 논문을 쓰던 당시, 논문 쓰는 일이 무서운 줄도, 중요한 줄도 몰랐던 필자는 퇴고도 하지 않은 논문을 일찌감치 제출해 놓고는 아이를 출산한다고 친정에 내려가 있었다. 선생님께서는 그런 필자를 책망하지 않으시고 형편없는 논문을 꼼꼼히 읽어 주시며 도움이 될 만한 책까지 빌려 주시고 논문을 다듬도록 다독여 주셨다. 이익섭 선생님께서 퇴임하신 후, 박사논문 주제를 정하고 임홍빈 선생님을 찾아뵈었다. 아무런 준비 없이 그저 막연한 마음으로 찾아간 필자를 선생님께서는 흔쾌히 지도 학생으로 받아 주시고 논문을 쓰는 과정에서 여러 가지로 세심하게 지도해 주셨다. 선생님들께서는 필자에게 삶에 있어서나 학문에 있어서 많은 가르침을 주셨지만 아직 그러한 가르침을 조금도 체현하지 못한 못난 제자로 살아가고 있다는 것이 부끄럽고 죄송스럽다.

박사학위논문 심사 과정에서 따뜻한 격려와 예리한 지적을 아끼지 않으신 김창섭 선생님, 이현희 선생님, 전영철 선생님께도 감사의 말씀을 드린다. 선생님들의 조언과 가르침 덕분에 미처 생각하지 못했던 많은 문제들을 되짚어 생각할 수 있었고, 비록 필자의 능력이 부족하여 온전히 채울 수 없었으나 논문의 미흡한 부분들을 보완해 나갈 수 있었다. 학부와 대학원 시절을 거쳐 논문을 쓰기까지 직간접적으로 가르침을 주셨던 이기문 선생님, 김완진 선생님, 고(故) 안병희 선생님, 고영근 선생님, 심재기 선생님, 이병근 선생님, 송기중 선생님, 이상억 선생님, 최명옥 선생님, 송철의 선생님, 장소원 선생님, 김성규 선생님, 정승철 선생님께도 감사드린다. 필자가 앞으로 조금씩이라도 학자로서 자리 매김을 해 나갈 수 있다면 이는 선생님들의 가르침이 앞을 밝혀 주셨기 때문임이 분명하다.

여러 선배님들, 그리고 동기, 후배들은 필자의 든든한 후원자였다. 특히 학여회 여러 선배님들과 후배들이 논문 준비 단계에서 해 준 유익한 조언 덕분에 논문의 방향을 정할 수 있었다. 몇 년 전 함께 춘천으로 여행을 갔던 일은 아직도 생각하면 미소가 저절로 지어질 만큼 행복하고 그리운 추억으로 남아 있다. 5동 311호에서 논문을 쓰는 동안 함께했던, 여러 선배님들, 동기들, 후배들에게도 감사의 말씀을 드리고 싶다. 선배님들께선 논문과 관련된 여러 문제에서 실제적인 도움을 주셨을 뿐만 아니라 따뜻한 점심을 사 주시며 필자의 철없는 고민에도 다정한 상담자가 되어 주셨다. 동기와 후배들은 필자가 막막하고 불안해 할 때마다 항상 마음을 열고 이야기를 들어 주었다.

수익성이 없는 책을 출판해 주신 도서출판 월인의 박성복 사장님과 최형필 상무님께 감사를 드리며, 부탁하지도 않았는데도 먼저 교정을 해 주겠다고 이야기를 꺼내 준 후배 최윤지에게도 감사의 뜻을 전한다. 마지막으로 언제나 필자를 응원해 주는 가족들에게 사랑과 고마움을 전하고 싶다.

2011년 9월

남 수 경

차례

1. 서론

1.1. 연구 목적

본고는 피동의 개념을 검토함으로써 피동문을 판별하고 피동법을 정리하며 이를 바탕으로 피동문 실현의 양상에 대해 살펴보는 것을 목적으로 한다. 한국어 피동은 국어학의 여러 연구 주제 가운데 많은 주목을 받아온 것들 중 하나이며 이와 관련된 연구 성과 역시 양적으로, 질적으로 상당한 수준에 이르렀다. 그럼에도 불구하고 이에 대한 논의를 더하고자 하는 것은 한국어에서 피동으로 설명되어 온 현상들이 일반적으로 논의되는 피동의 개념에 비추어 복잡하고 이질적인 양상을 보이기 때문이다.

피동은 주시경(1910: 74)과 최현배(1937/1961: 422-434)에서 정의된 것처럼 "남의 움직임을 입어 움직이는 것", "남의 힘을 입어 되는 움직임"이라는 의미를 가지며 대당 능동문을 상정할 수 있고 피동의 표지를 지니는 것이라고 생각되어 왔다. 다음 예를 보자.

(1) 가. 고양이가 쥐를 쫓는다.

나. 쥐가 고양이에게 쫓긴다.

(2) 가. 순경이 도둑을 잡았다.

나. 도둑이 순경에게 잡혔다.

(3) 가. 그가 나를 밀었다.

나. 나는 그에게 밀렸다.

위에 제시된 각각의 (나)는 임홍빈(1978/1998: 313)의 표현에 따르면 "국어의 능동과 피동을 대표하는 문례로, 태에 대한 전통적인 정의, 즉 동일한 일을 표현하는 두 가지 방법이라는 정의에 부합하는" 것이며 대부분의 논의에서 피동문으로 다루어진 것이다.

그러나 다음 (4)는 위의 경우와 다르다.

(4) 가. 이 종이는 잘 접힌다.

나. 요즘 나는 시간에 쫓긴다.

다. 날씨가 풀렸다.

(4)의 예는 '-히-'계 접미사를[1] 가지고 있다는 점에서는 (1)-(3)의 (나)와 일치하지만 피동의 의미가 있어야 하고 대당 능동문이 존재해야 한다는 등 피동문에 대한 일반적인 생각들에 비추어서는 피동문으로 보기 어려운 양상을 나타낸다. 그러므로 연구자에 따라서는 (4)를 일괄적으로 피동문으로 보거나 이 중 일부만 피동문으로 보거나 아니면 모두를 피동문으로 보지 않는 등 다양한 관점이 존재해 왔다.

1) 여러 논의에서 관례적으로 쓰인 바를 따라 피동접미사 '-이/히/리/기-'의 대표형을 '-히-'로 잡아 '-히-'계 접미사로 통칭하기로 한다. 만약 사동접미사에 대해 언급할 경우에는 '-이-'계 접미사를 씀으로써 양자를 구분할 것이다. 이는 최현배(1937/1961)에서 하임움직씨 도움줄기는 '-이-'를, 입음움직씨 도움줄기는 '-히-'를 대표형이라 제시한 바를 따른 것이다.

본고는 그와 같은 다양한 논의가 지닌 의의를 부정하는 것은 아니지만 피동과 관련된 (4)와 같은 문장들이 불규칙적이고 우연한 예외가 아니라 어떤 방식으로든 설명할 수 있는 것들이라면 가능한 한 유의미한 범주로 묶어 설명하는 논의 또한 필요하다고 생각한다. 따라서 그동안 피동과 태에 대해 이루어진 논의들을 바탕으로 (1)-(3)의 (나)와 같은 전형적인 피동문뿐만 아니라 (4)와 같이 피동문인지 아닌지 판별하기 어려운 문장에 대해 검토함으로써 피동의 경계를 찾고, 궁극적으로는 피동의 형식이 왜 피동으로 보기 어려운 현상들까지 포함하는지에 대한 견해를 제시하고자 한다.

1.2. 연구 대상 및 방법

본고에서 살펴볼 문제는 피동에 대한 전반적인 문제와 개별 피동법에 대한 문제, 크게 두 가지로 나뉜다. 먼저 피동의 전반적인 문제에는 피동문을 실현하는 방법으로 논의된 여러 후보들, 예컨대 '-히-'계 접미사 구성이나 '-어지다' 구성, '되다' 구성 등 중에서 무엇을 피동법으로 볼 것인지에 대한 검토와 개별적인 문장을 대상으로 피동문인지 아닌지에 대한 판별의 문제가 포함된다. 이때 다음 두 가지를 전제로 해서 문제를 살펴보도록 한다.

첫째, 피동은 여러 언어에서 나타나는 보편적인 범주이기 때문에 한국어의 피동을 식별하고 정의할 때 그것이 가진 보편적인 개념과 특성에 근거할 것이다. 한국어 피동에 존재하는 특수성을 무시하는 것은 아니지만 이러한 특수성은 비록 경계가 모호할지라도 피동의 필수적인 핵심 요건들을 지키는 한에서 논의되어야 한다.

둘째, 피동은 원형적인(prototypical) 특성에 부합하는 현상들뿐만 아니라 그와 거리가 있으나 피동으로 인정되는 주변적인 현상들로도 구성되어 있다. 이는 첫 번째 전제와도 관련이 있다. 앞에서 피동이 보편적인 범주라고 했지만 그러한 보편성에 의해 피동이 정의될 때 그 경계는 엄격한 것이 아니라 느슨하게 구성되어 있으며 원형적인 특성은 원형적인 특성대로 주변적인 현상은 주변적인 현상대로 나름의 의미가 있다.

위와 같은 전제를 바탕으로 하여 피동문을 판별하고 피동법을 제시할 때 본고의 논의 안에 포함되는 것은 '-히-'계 접미사 피동법과 '-어지다' 피동법이다. 앞에서 피동문을 예시하면서 '-히-'계 접미사 피동문에 한정하였으나 이것은 '-히-'계 접미사 피동문을 '-어지다' 피동문보다 전형적인 피동문으로 다루어 온 그간의 전통에 기초한 것이지 '-어지다' 피동을 애초부터 배제하였기 때문이 아니다. 따라서 본고의 후반부에서 다루어질 개별 피동법의 양상을 살펴보는 자리에서는 이 두 가지 피동법을 대상으로 논의가 이루어질 것이다.

본격적인 논의에 들어가기 전에 몇 가지 용어에 대해 살펴보도록 하자. 먼저 피동과 피동법 및 피동문이다. '피동'은 태의 하나로 특별한 수식 없이 언급할 경우에는 문법범주로서의 피동만을 가리킨다. 이는 상이나 시제 역시 문법 요소에 의해 표현되는 문법범주뿐만 아니라 어휘 등에 의해 표현되는 의미범주로 존재할 수 있음에도 보통은 문법범주로서의 상과 시제를 가리키는 것과 동궤의 것이다. 다음으로 '피동법'은 피동을 실현하는 문법적인 방식을, '피동문'은 그러한 피동법이 실현된 문장을 가리킨다.

다음은 행위자와 피동자이다.[2)] 이 둘은 사건의 참여자(participant)

2) 이때 본고에서는 이들 각각의 영어 번역어를 널리 통용되는 'agent', 'patient'라 하지 않고 'actor', 'undergoer'라 할 것이다. 이는 Foley & Van Valin(1984)의 용어를 빌린 것으로, 'agent', 'patient'라는 용어를 선택할 경우 그것들의 의미역이 행동주, 피동주로 제한될 위험을 줄이기 위해서이다. 이 밖에도 논의에 따라서

로서 전자는 행위를 하는 쪽을, 후자는 행위를 받는 쪽을 가리킨다. 즉 '순이'가 '영희'를 때린 사건을 가정할 때 때린 순이는 행위자, 맞은 영희는 피동자가 된다.[3] 이때 행위자, 피동자는 의미역의 행동주(agent), 피동주(patient)와 구별된다. 먼저 행위자의 경우를 살펴보자.

(5) 가. 돌이 석공에 의해 깎였다. (행동주)
　　나. 돌이 비바람에 의해 깎였다. (영향주)

(5)의 (가), (나)의 '석공', '비바람'은 둘 다 돌을 깎는 사건에서의 행위자이다. 그러나 괄호 안에 제시한 바와 같이 이 둘의 의미역은 '석공'은 행동주역, '비바람'은 영향주역으로, 달리 나타날 수 있다. 피동자의 경우도 마찬가지이다.

(6) 가. 내 머리가 그 여자한테 다 뽑혔다. (피동주)
　　나. 바닥이 초호화 양탄자로 깔려 있었다. (처소)[4]

전형적인 피동자로 기능하는 것은 (6가)처럼 피동주나 아니면 대상의 의미역을 지닌 명사구일 것이다. 그러나 (6나)에서 보듯 피동주나 대

는 이에 해당하는 용어로 'causer/trajector', 'controller/affected entity' 등을 선택하기도 한다. 특히 Keenan(1985: 261)는 행위자구(agent phrase)의 의미역(Agent, Experiencer, etc.)이 'Money is needed by the church'라는 예에서 보듯 특별히 행동주(Agent)일 필요는 없다는 점에서 이러한 용어는 오해하게 하는(misleading) 말이라고 분명히 지적한 바 있다.

3) 논의가 진행되면서 피동자로 언급이 된 것이 실상은 피동자보다는 '비행위자'로 언급이 되어야 적절한 경우가 있음을 보게 될 것이다. 이에 대해서는 3장과 4장에서 개별 피동문에 실현된 피동자의 양상을 검토하면서 다룰 것이다.

4) 이 경우 '바닥'과 같이 처소의 의미역을 가지는 명사구를 단순히 처소가 아니라 피동주로서 2차적 의미 기능을 수행하는 것으로 보는 논의도 존재한다고 한다. 이성범(1999: 284-287, 305).

상의 의미역 외에 다른 의미역을 지닌 명사구가 피동자로 쓰일 수도 있다.[5)]

피동을 다룬 어떤 논의들은 행위자, 피동자를 의미역의 행동주, 피동주와 동일하게 취급하기도 한다. 그러나 (5)와 (6)의 예에서 살펴본 것처럼 행동주의 의미역을 가진 명사구가 전형적인 행위자로, 피동주의 의미역을 가진 명사구가 전형적인 피동자로 기능하는 것은 분명하지만 이들이 반드시 일치하지는 않는다. 따라서 본고에서는 행위자와 피동자가 의미역의 행동주와 피동주와 구별된다는 점을 명확히 하고 논의를 전개할 것이다.

본고에서 다룬 예문은 주로 21세기 세종계획 균형말뭉치(2002)와 2001년부터 2004년까지 구축된 세종계획 8백만 어절 형태의미분석말뭉치, 『표준국어대사전』, 인터넷 등에서 찾은 문장에 의존하였고 때때로 이들을 적절히 가공하거나 필자가 만들어낸 예문을 쓰기도 하였다.

1.3. 이전 논의의 검토

이 절에서는 한국어 피동과 관련된 기존의 논의를 살펴보도록 한

---

5) 따라서 행위자와 피동자가 될 수 있는 의미역이 중복될 수 있으며 다음 그림에서 보듯 행위자에 가까운 의미역이 있고, 피동자에 가까운 의미역이 있다고 볼 수 있다. Foley & Van Valin(1984: 59)에서 제시한 그림을 형식을 약간 수정하여 보이도록 하겠다.

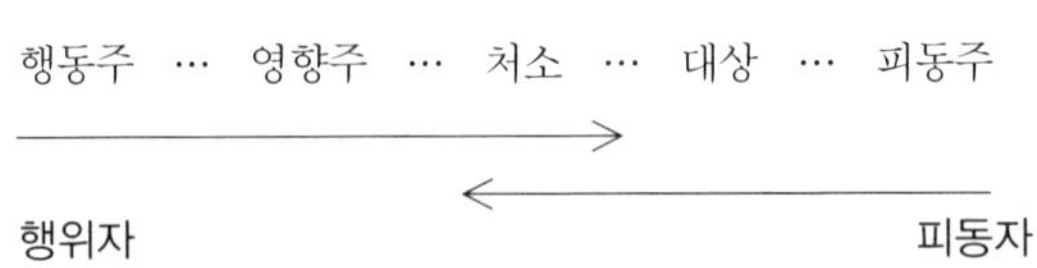

그림. 행위자/피동자 위계

다.[6] 먼저 피동 범주 전반에 대한 논의들을 살펴보고 이어서 본고에서 피동법으로 간주하는 '-히-'계 접미사 피동과 '-어지다' 피동에 대한 논의들에 대해서 알아본다. 덧붙여 본고에서는 피동법으로 보지 않지만 다른 연구에서 피동법으로 간주한 구성에 대해서도 연구의 대략적인 흐름을 짚어보기로 한다. 마지막으로 피동과 밀접한 관련성을 지닌 다른 범주들, 즉 사동과 중동(中動),[7] 능격동사, 자동사 등을 피동과 관련하여 논의한 연구들에 대해서도 간략하게 검토할 것이다.

1.3.1. 피동 범주 전반에 대한 논의

한국어 피동은 다양한 관점에서 논의되어 왔다. 이 중 피동을 의미 현상으로 볼 것인가, 문법 현상으로 볼 것인가에 대한 논의부터 살펴보고 그 밖의 문제에 대한 논의들을 살펴보기로 하자. 먼저 피동을 의미 현상으로 보는 견해는 '피동의 의미'만 지니면 문법적인 형식을 갖추지 않아도 피동이라고 보는 것으로, 박성종(1984), 이용주(1985), 이향천(1991, 1992), 기타무라(2004) 등이 이에 속한다. 그에 반해 피동을 문법 현상으로 보는 논의는 피동의 의미뿐만 아니라 이를 담는 일정한 문법적 형식이 갖추어진 것만을 진정한 피동으로 보는 견해로, 최

6) 이른 시기에 이루어진 한국어 피동에 대한 논의는 배희임(1988)에 자세히 정리되어 있으므로 본고에서는 주로 Song(1967) 이후 이루어진 연구를 중심으로 다룬다. 그에 대한 예외로 여기에는 최현배(1937/1961)이 포함되는데 이는 한국어의 피동이 본격적으로 논의된 지 오랜 시간이 지났지만 지금의 논의들이 최현배(1937/1961)에 제시된 피동의 개념, 그것의 식별 문제와 범위 등의 큰 흐름에서 벗어나지 않는 것처럼 보이기 때문이다.

7) 'middle', 'middle voice'를 말한다. 일반적으로 이에 대한 번역으로 각각 '중간', '중간태'라는 용어가 쓰이지만 본고에서는 '중동' 또는 '중동태'를 사용하도록 한다. 이는 이상억(1970/1999: 142, 각주 39)에서 제시한 것과 같이 피동, 능동과 같이 태(voice)라는 말을 붙이지 않고 쓰는 경우 '중간'이라고 하는 것은 부적절하기 때문이다.

현배(1937/1961), 임홍빈(1977, 1978), 김차균(1980), 배희임(1988), 송문준(1989), 서정수(1996), 우인혜(1997), 송복승(1995), 오충연(2001), 이정택(2004ㄴ) 등을 들 수 있다.

먼저 전자의 입장에 대해 살펴보기로 하겠다. 이들은 피동을 의미 범주로 보는 논의이므로 특별한 문법적 표지나 절차가 없더라도 피동의 의미만 드러내면 피동이라고 본다. 따라서 피동 현상을 판별하고 범위를 정하는 문제에 있어서도 후자의 입장보다 다양한 현상을 포괄하게 된다. 본고는 피동을 의미 범주로 볼 수 있다는 논리 자체를 문제 삼지는 않는다. 다만 만약 피동을 의미 범주로 본다면 그것이 담고 있는 의미가 무엇인지가 중요하므로 이와 관련해 박성종(1984), 기타무라(2004)의 견해만 살펴보기로 하겠다.

박성종(1984)는 피동을 "동작 또는 상태변화를 입어 그로 말미암은 상황 또는 상태에 이름의 표현"으로 이해하고 이를 표현하는 문법적인 형식을 갖춘 '-히-'계 접미사 구성이나 '-어지다' 구성뿐만 아니라 일정한 문맥이 주어지면 피동으로 파악될 수 있는 이른바 미분화 피동사와 어휘 자체가 피동의 의미를 지니고 있는 피동성 동사 대체 구성 등도 피동사로 파악하였다. 그렇다면 이 논의에서 피동의 의미로 "동작 또는 상태변화를 입어 그로 말미암은 상황 또는 상태에 이름의 표현"을 제시하게 된 근거를 살펴보자. 박성종(1984: 10-13)는 이전의 논의들이 '피동'이라는 술어 속의 '동(動)'자에 얽매여 형용사를 피동에서 제외했다고 비판하고 '동작의 입음'으로 정의되었던 피동의 의미를 형용사 어간에 '-어지다'가 붙는 형태가 나타내는 '상태의 변화'까지 포함시켜야 한다고 하였다. 이러한 견해에는 동사와 형용사의 공통성에 대한 인식이 깔려 있는 것으로 보인다. 박성종(1984)에서 지적한 바대로 분명히 동사와 형용사 간에 유사성이 있는 것은 사실이다. 그러나 단순히 유사성을 기반으로 피동을 형용사의 문제에까지 확대하고 피동의 의미를 형용사에 '-어지다'가 붙은 형태에서 추출해 내는 것은, 거쳐야 할 몇 단계의 과정을 모두 생략했다고밖에 볼 수 없다. 먼저 외국인이 저술한 국어문법서에 한국어의 형용사를 동사에 포함시킨 논의가 많다는 근거를 제시했는데 그렇다고 하더라도 과연 피동이 형용사까지 아우를 수 있는 범주인지 고찰해야 하며 동사에 '-어지다'가 결합한 구성이 정말 피동을 나타내는 구성인지 살펴보아야 하며 이어서 형용사에 '-어지다' 구성이 결합한 형식 역시 피동이라 볼 수 있는 논거가 있는지 살펴보아야 할 것이다.

다음으로 기타무라(2004)는 피동을 문법범주로 파악해야 할 경우 문법범주는 굴절어미에 의해 실현되어야 한다는 것을 전제로 하는데 한국어의 피동은 그렇지 않으므로 표현 범주로 보아야 한다고 하였다. 따라서 그의 논의에서 피동문은 다음 (7)과 같은 피동의 의미가 문장에서 나타나는 것이며 다양한 이질적 요소, 즉 접미사, 보조동사, 단일동사 등이 피동 표현을 실현하기 위해 동원되게 된다(기타무라 2004: 42).

(7) 가. 피동작주가 존재하여, 그것이 표현의 중심이다.
나. 동작주도 존재하지만, 그것은 표현의 주변이다.
다. 피동작주에 대한 동작주의 동작/작용이 존재한다.

(기타무라 2004: 40)

이러한 주장에 근거하면 기타무라(2004)가 제시한 피동문은 형식에 상관없이 (7)의 의미를 가지는 문장만을 가리키는 것이라고 기대할 수 있을 것이다. 그러나 같은 책 99쪽에서 그는 한국어의 대부분의 '-히-' 피동문은 순수한 '피동'을 나타낸다기보다 이른바 '탈행동성'이나 '자연발생성'을[8] 나타낸다고 하면서도 이처럼 (7)과 무관한 문장들을 '비중립 피동문'이라고 하여 피동문의 범위 안에 포함시켰다. 즉 기타무라(2004)는 피동을 문법 형식에 얽매이지 않고 (7)의 '피동'의 의미를 표현적으로 드러내는 범주라고 제안했으면서도 역시 문법 형식에 얽매여 '-히-'계 접미사라는 피동의 형식을 지니고 있으면 (7)의 의미를 나타내지 않는 문장도 피동의 범위 안에 포함시켰다고 볼 수 있다.

다음으로 피동을 문법적 현상으로 정의한 후자의 견해를 살펴보겠다. 이 중 임홍빈(1977, 1978), 서정수(1996), 우인혜(1997)은 '-히-'계 접미사 구성만을 피동법으로 인정한 논의이며 김차균(1980), 배희임(1988)은 여기에 '-어지다' 구성을 추가한 논의이고 최현배(1937/1961)은 이 두 가지 구성에 '하다'를 '되다', '받다', '당하다' 등으로 대치하는 방법을 더한 논의이다. 이들 논의는 의미와 문법 형식을 모두 고려한다는 공통점이 있음에도 불구하고 둘 중 무엇을 더 중요하게 다루느냐에 대해서는 각각 다르다. 예를 들어 전형적인 피동문과 성격이 다른 '날씨가 풀렸다'와 같은 문장에 대해 임홍빈(1978/1998)은 피동문으로 간주한 반면 최현배(1937/1961)은 이를 피동에서 제외한 것이 그러한 차이를 드러낸다고 할 수 있다. 최현배(1937/1961)은 그러한 문장을 "바꾸힌 움직씨의 본대 움직씨 되기(變動詞의 本動詞化)"로 처리하였는데 이러한 견해는 배희임(1988), 우인혜(1997)에서도 찾아볼 수 있다.

한편 이정택(2004ㄴ)은 피동을 문법 현상으로 보면서도 피동 서술어의 문법적 형식보다 '에 의해'라는 행위자 표지에 의해 피동이 정의될 수 있다고 본다는 점에서 여느 견해와 다른 입장을 보인다고 할 수 있다. 그는 굴절 접사만이 문법범주를 실현한다는 기타무라(2004)의 논의를 비판하면서 문법범주로서의 피동을 인정하되 한국어의 피동

---

8) '자연발생성'은 논저에 따라 '자동성', '자발성', '저절로 됨' 등으로 언급된 개념이다. 이는 본고에서도 중요하게 다루어지는 것이므로 뒤에 후술할 것이다.

범주는 '에 의해'와 같은 확고한 행위자 표지와 피동을 나타내는 서술어에 의해 기술될 수 있다고 보았다. 그러면서도 한국어의 피동은 서술어의 굴절로 표현되지 않기 때문에 상대적으로 문법성이 약하다고 보았다(이정택 2004ㄴ: 31, 각주 8).

이상으로 살펴본, 피동을 의미 현상으로 볼 것인가, 문법 현상으로 볼 것인가에 대한 문제 외에 피동문이 매우 제약적으로 형성되는 한국어 피동의 특징적인 현상에 주목하여 그러한 제약에 대한 조건을 살펴보고자 한 논의들도 있었다. 이러한 논의로 임홍빈(1978/1998), 유동준(1983ㄱ, ㄴ), 배희임(1988), 김윤신(2001ㄱ, ㄴ) 등을 들 수 있는데 이 중 김윤신(2001ㄱ, ㄴ)을 제외한 다른 연구들은 '-히-'계 접미사 파생 피동사에 한정된 것이다. 먼저 임홍빈(1978/1998: 310)은 '-이/히/리/기-' 피동사의 파생이 제약되는 경우를 음운론적으로 조건된 것, 의미론적으로 조건된 것, 통사론적으로 조건된 것, 국어의 역사적 변화와 관련된 것 등으로 나누었다. 유동준(1983ㄱ, ㄴ)은 '그 승객이 돈지갑을 잃었다', '미지가 그에게 혐오를 느낀다'와 같은, 능동문의 주어 명사구가 수용자이며 행위자가 아닌 구문을 '수용자 주어구문'이라고 하고 이러한 수용자 주어구문의 동사에 '-히-'계 접미사가 결합되지 못한다고 보았다. 배희임(1988)은 임홍빈(1978/1998)과 유사하게 음운론적 제약, 형태·통사론적 제약, 의미론적 제약을 나누어 피동의 제약 조건을 제시했으나 이 중 음운론적 제약에서 어간 말음의 제약을 제시하고 형태론적 제약을 추가함으로써 구분을 약간 달리했다는 점에서 차이가 있다.

마지막으로 김윤신(2001ㄱ, ㄴ)은 배희임(1988)에서 제시된 형태·통사론적 제약을 전제하고 다음과 같이 동사의 상적 부류, 어휘 부류에 따라 피동화가 제약되는 조건을 세밀한 논의를 거쳐 제시하였다.

(8) 피동화의 어휘의미론적 제약 1(사건구조상의 제약)

완성동사만이 피동화가 가능하다.

(김윤신 2001ㄱ: 106)

(9) 피동화의 어휘의미론적 제약 2(동사의 어휘부류에 대한 제약)

가. 간접사동인 창조동사는 피동화가 불가능하다.

나. 어휘적으로 피동의 짝을 갖는 동사도 피동화가 불가능하다.

(김윤신 2001ㄱ: 108)

그러나 (9나)의 어휘의미론적 제약 2, 피동사 파생 제약에서 "어휘적으로 피동의 짝을 갖는 동사"로 '가르치다-배우다', '사다-팔다'가 제시된 점 등은 다시 검토되어야 할 것으로 보인다. 이들은 피동으로 보기 어려운 예들이기 때문이다.[9)]

피동문이 갖는 담화·화용적 기능에 초점을 둔 논의도 있다. 유동준(1983ㄱ)은 행위자보다 비행위자, 즉 본고의 용어로 피동자가 주제성이 강할 때 피동 구문이 나타나고 그 반대의 경우는 능동 구문이 나타난다고 하였다. 이때 주제성을 결정하는 자질로는 한정성, 인성, 인칭성 등이 있는데 한정적 자질이 비한정적 자질보다, 인성이 비인성보다, 1, 2인칭이 3인칭보다 주제성이 높다고 하였다. 또한 화자는

---

9) 만약 '사다-팔다' 등을 능동-피동의 어휘적 짝이라고 본다면 영어의 'buy-sell'도 능동-피동 관계인지, 그렇다면 왜 영어의 buy와 sell은 피동화가 가능한지 하는 질문을 던질 수 있다. 또한 '사다'가 쓰인 문장이 능동문인지, '팔다'가 쓰인 문장이 능동문인지 알 수 없다는 것도 문제이다. 물론 이들은 문장의 논항에 대한 화자의 관점의 이동을 드러낸다는 점에서 능동-피동의 대립과 공통점이 있다. 성광수(1987/1999) 역시 본고의 입장처럼 이들을 능동-피동의 관계로 보지 않는 입장이다. 성광수(1987/1999: 143, 각주 12)는 '주다:받다', '가르치다:배우다' 등을 능·피동의 대립어가 아니라 의미상 대립적인 상대어라고 보고 이러한 상대어 가운데 방향성이 대립적인 '주다:받다', '가르치다:배우다'는 개별적인 피동화가 불필요하다고 하였다. 이러한 경우에 왜 '-히-'계 접미사 피동이 제약되는지에 대해서는 좀 더 논의가 필요할 것이다.

능동문, 피동문을 쓸 때 이 세 가지 자질들을 검토하되 이들이 섞여 있는 경우는 한정성, 인성, 인칭성의 순으로 순위가 결정된다고 가정하였다. 또한 송현정(1994)는 언어 현실에서 피동 표현이 "피해 의미의 강조적 표현"이나 "상황에의 의존 중심적 표현"으로 쓰인다고 보았다.

1.3.2. 개별 피동법에 대한 논의

무엇을 피동법으로 보느냐는 논의마다 상당히 다양하다. 여기에서는 우선 '-히-'계 접미사 구성과 '-어지다' 구성에 대한 기존 연구를 살펴보고 다른 연구에서 피동법으로 언급된 그 밖의 구성에 관해 살펴보겠다.

1.3.2.1. '-히-'계 접미사 구성에 대한 논의

'-이/히/리/기-', 즉 '-히-'계 접미사는 최현배(1937/1961)에서 이를 도움줄기로 본 것을 제외하고는 대부분의 논의에서 접미사로 보았다. 다만 '-히-'계 접미사에 의해 피동문이 형성되는 과정에 대해서는 크게 변형으로 보느냐, 파생으로 보느냐로 입장이 갈린다. 먼저 피동을 변형으로 본 견해로는 Song(1967), 우인혜(1997), 서정수(1996), 임홍빈(1977/1998, 1978/1998), 송병학(1979) 등이 있는데 이 중 몇 가지 견해만 살펴보도록 하겠다. Song(1967: 168)은 다음과 같은 변형 규칙을 제시함으로써 능동문에서 피동문으로의 변형 과정을 설명했다.

(10) NP,	i,	w,	NP,	lul,	V					
1	2	3	4	5	6	→ 4	2	3	1-(ey)	6

또한 송병학(1979)는 피동은 “능동문에서의 목적어에 초점을 두어 이것을 주어로 삼고 행위주격, 도구격, 또는 경험자격 등 영향체는 초점을 제거하여 이들 명사구에 ‘-에게/한테’ 등의 어미를 첨가하여 표현되는 변형 과정상 상당히 후기에 속하는 통사적 변형 표현”으로 보고 피동 여부는 그 문장이 행위주격을 내포하고 있느냐와 피-영향주 관계 명사들이 있느냐에 따라 결정된다고 보았다.

위의 두 견해가 능동문에서 피동문으로의 비교적 단순한 의미의 변형을 받아들였다고 한다면 우인혜(1997), 서정수(1996), 임홍빈(1978/1998) 등은 피동과 능동의 차이점을 보다 부각시킨 논의이다. 임홍빈(1978/1998)은 능동문과 피동문이 밀접한 관계를 맺고 있고 피동문이 능동문의 논리를 반영한다고 보았으나 동시에 능동문의 행위자가 피동문에서는 하나의 원인성으로 가치가 저하되어 나타나는 변화가 있다고 하였다. 우인혜(1997), 서정수(1996)은 능동문과의 대응 관계가 성립되지 않는 예외적인 문장들을 비전형적인 피동으로 보고 피동의 주변 현상으로 다룬다든지, 의사 피동으로 보아 피동에서 제외시켰다.

다음으로 ‘-히-’계 접미사 피동문이 파생에 의해 형성된다고 본 논의로는 이기동(1976), 배희임(1988), 이익섭 · 임홍빈(1983), 김봉모(1984, 1986), 남기심 · 고영근(1993), 송복승(1995), 시정곤(1995), 오충연(2001), 기타무라(2004), 이정택(2004ㄴ), 김윤신(2001ㄱ) 등이 있다. 이 중 이기동(1976)은 대당 능동문과 ‘-히-’계 접미사 피동문 간의 차이점에 대해 중점적으로 살펴보았는데 이는 피동화를 변형으로 보는 논의에서도 피동과 능동의 차이를 인정하도록 한 계기가 되었다.

오충연(2001)은 국어 구문에서 격이 형성되는 원리를 주제 구조의 개념으로 설명하고 피 · 사동문도 이러한 관점에서 다루었다. 특히 그는 우인혜(1997)이 피동을 변형으로 보고 전형적 피동, 비전형적 피동, 의사 피동으로 나눈 것에 대하여 비판을 하였다. 피동법이 원래 어휘

항목의 부담을 줄이고 예측성을 높이기 위해 설정된 것인데, 같은 어휘라도 일일이 법에 의한 피동인가 아니면 어휘파생인가 검토해야 하므로 부담스럽다는 것이다. 또한 피동이 통사적 장치로 굴절을 겪는다 해도 문법적 의의가 통시적으로 변화된다는 점을 볼 때 변형과 파생의 경계를 확정할 수 없다는 문제도 있다고 지적하였다.

'-히-'계 접미사 피동 논의에서 주목하여야 할 또 하나의 주제는 '-히-'계 접미사의 의미에 대한 것이다. 대부분의 논의들이 '-히-'계 접미사의 의미를 '피동'이라고 본 가운데 '피동' 밖에서 그것의 의미를 찾은 논의도 있었는데 이와 관련된 것들을 살펴보기로 하겠다. 먼저 기타무라(2004)는 만약 파생접미사 '-히-'의 의미를 '피동사화'라고 한다면 다음과 같은 문장을 설명하기 어렵게 되기 때문에 이러한 설명은 설득력이 약하다고 보았다.

(11) 가. 날씨가 포근히 풀렸다.
나. *날씨를 포근히 풀었다.

즉 그에 따르면 (11가)와 같은 문장은 의미론적 대당 능동문을 상정할 수 없다는 점에서 피동문이 아님이 명백하며 이는 (11가)의 예 외에도 대부분의 '-히-' 피동문이 순수한 '피동'을 나타내기보다는 '탈행동성'이나 '자연발생성'을 나타내기 때문이다. 따라서 모든 용례에 나타나는 '-히-'계 접미사의 의미는 '피동사화'가 아니라 '동작주의 흡수'로 설명될 수 있다고 하였다(기타무라 2004: 99-103).

그럼에도 불구하고 기타무라(2004)가 '-히-'계 접미사의 의미를 피동문과 관련지어 논의한 것이라고 한다면 송창선(2004)는 피동에서 더 거리를 두고 이것의 의미를 살펴본 것이라고 할 수 있다. 송창선(2004)는 '-히-'계 접미사의 파생이 제약되고 결합을 예측할 수 없다는 점, 자동사에 '-히-'계 접미사가 결합되는 경우가 있다는 점, '-히-'계 접미사가 결합되었는데 능동성을 나타내는 경우가 있다는 점, 능동사와 피동사의 의미가 일치하지 않는다는 점 등을 들어 '-히-'계 접미사를 자동사화 접미사로 보았다. 그러나 송창선(2004)가 '-히-'계 접미사를 피동접미사로 볼 수 없다는 근거로 든 것 가운데 하나인 '-히-'계 접미사가 자동사와도 결합한다는 사실은 이 논의에서 주장한 바와 반대로 이를 자동사화 접미사로도 보기 어렵게 한다.

1.3.2.2. '-어지다' 구성에 대한 논의

'-어지다' 구성과 관련해서는 '-히-'계 접미사 구성의 경우와 달리 이 구성의 '지-'가 무엇인가에 대해 다양한 논의가 있었다. 먼저 이를 보조동사로 보는 견해로 이상억(1970/1999), 성광수(1976ㄴ/1999), 이기동(1978ㄱ), 남기심・고영근(1993), 서정수(1996), 우인혜(1997), 이정택(1994, 2004ㄴ), 기타무라(1999, 2004), 오민석(2006) 등이 있고, 접미사로 보는 견해로 이강로(1967), 배희임(1988), 하치근(1989), 송복승(1995) 등이 있으며, 문장을 주어로 갖는 상위 술어로 보는 견해로 임홍빈(1977/1998), 동사 결합 구성으로 보는 견해로 강현화(1998), 접어 또는 접사로 보는 견해로 김미영(1998), 단어형성 전용 요소로 보는 견해로 김창섭(1996)[10] 등이 있다. 이처럼 다양한 견해가 가능한 것은 그만큼 '-어지다'가 보이는 양상이 복잡하다는 것을 의미한다.

다음으로는 '-어지다' 구성을 피동으로 보느냐 보지 않느냐의 문제가 있다. 먼저 피동으로 보는 경우에는 성광수(1976ㄴ, ㄷ/1999), 김차

---

10) 김창섭(1996)이 모든 '지-'를 단어형성 전용 요소로 본 것은 아니다. '지-' 결합의 형태론적 제약의 유무, 대동사화와 대등접속의 구별 기준을 통해 형용사에 붙는 '지-'는 보조동사로, 자동사, 타동사에 붙는 '지-'는 단어형성 전용 요소로 보았다.

균(1980), 박성종(1984), 최규수(2005) 등과 같이 타동사뿐만 아니라 형용사나 자동사에 '-어지다'가 붙은 경우도 피동으로 보는 견해와 이상억(1970/1999), 배희임(1988), O'Grady(1991), 남기심 · 고영근(1993), 이정택(2004ㄴ) 등과 같이 타동사에 '-어지다'가 결합한 구성만을 피동으로 보는 견해가 있다. 또한 '-어지다' 구성을 피동으로 보지 않는 경우로는 서정수(1996), 우인혜(1997)과 같이 기동으로 보는 견해, 임홍빈(1977/1998)과 같이 정태화 변형으로 보는 견해 등이 있다.

그런데 타동사에 '-어지다'가 결합한 구성을 피동으로 본 논의 중에도 '-어지다'에 피동의 의미 외에 다른 의미가 존재한다고 본 논의들이 있는데 이때 제시한 의미로는 가능, 기동, 상태 변화 등이 있다. 먼저 배희임(1988)은 '-어지다'가 피동성을 가장 잘 드러내 주는 경우는 파생 타동사(즉 사동사)에 '-어지다'가 결합된 경우이며 그 밖에 '-히-'계 피동사와 공존하는 경우에는 피동성보다 '가능'이나 '기동'의 의미 특성이 부각된다고 보았다. 그러나 뒤에서 살펴보겠지만 '-어지다'에 '가능'이나 '기동'의 의미가 부각되는 것은 '-히-'계 피동사와 공존하는 경우라는 조건과 크게 관련이 없는 것으로 보이며 이러한 의미가 '-히-'계 피동사에는 없고 '-어지다'에만 있는지도 의심스럽다.

이상억(1970/1999: 167-176)도 기본적으로는 '-어지다' 구문이 기동을 나타낸다고 본 논의이다. 그러나 '-어지다'를 "정말 피동화의 요소로 볼 수 있는가 하는 기본적 의문이 있"다고 하면서도 "실제 어감에서 피동성은 약화되었지만 역시 피동표현의 일익을 담당하는 것"으로 보았다.

한편 '-어지다'의 의미를 상태변화로 본 논의에는 기타무라(1998, 2004), 이정택(2004ㄴ), 오민석(2006) 등이 있다. 이들은 타동사뿐만 아니라 형용사, 자동사 등에 결합되는 '-어지다'가 상태변화를 나타낸다고 보고 각각 피동의 의미는 중심 의미가 아니라고 보거나, 사동사나 대응하는 주동사가 있는 동사 또는 인위적이고 작위적인 양상이 강한 용언과 결합될 때 드러나는 것, 또는 행위자와 대상 사이의 관계에 초점을 맞춘 결과, 파악된 것으로 보았다. 한편 이정택(2001)은 15세기부터의 '-지다'의 통시적 변천에 대해 고찰함으로써 이것의 의미 변화에 대해 관찰하고 '상태변화'가 '-지다'의 본질적인 의미이고 현대국어의 '-지-'가 갖는 '피동'의 의미는 피동 범주의 공백을 메우기 위해 개화기 이후 획득된 것으로 보았다.

1.3.2.3. 그 밖의 구성에 대한 논의

여기에서 살펴볼 구성들은 본고에서는 피동으로 보지 않았으나 다른 논의들에서 피동으로 본 것들로, '명사+되다' 구성, 동사+'-게 되다' 구성, '명사+타동사' 구성[11] 등이 해당된다. 먼저 '명사+되다' 구성을 피동으로 본 논의로는 최현배(1937/1961), 이정택(2004ㄴ), 배희임(1988), 이상억(1970/1999), 최규수(2005), 박성종(1984), O'Grady(1991) 등이 있다. 이 중 이정택(2004ㄴ)은 이것이 뚜렷한 피동 양상을 보이며 높은 생산성과 사용 빈도를 나타내기 때문에 타동성 체언과 피동성 체언이 '되다'에 선행될 경우에는 피동 서술어로 볼 수 있다고 보았다.

다음으로 동사+'-게 되다' 구성을 피동으로 본 논의로는 이상억(1970/1999), 최규수(2005), 박성종(1984), 이정택(2004ㄴ) 등이 있는데 이 중 최규수(2005)는 '-게 하다'가 쓰인 문장이 사동문이라면 '-게 되다'가 쓰인 문장을 피동문으로 인정하지 못할 이유가 없으며 이러

11) 이때의 타동사는 '받다', '당하다', '맞다' 등을 말한다.

한 처리가 한국어 피동에 존재하는 많은 빈칸을 처리할 수 있다고 보았다. 반면 이정택(2004ㄴ)은 '-게 되다'가 피동을 나타낼 수 있는 경우가 있으나 피동을 '-게 되다'의 고유 속성으로 생각할 수는 없으며 그럼에도 피동을 표현할 수 있는 것은 동사 '되다'의 비능동적 속성에 기인한 것으로 보았다.

마지막으로 '명사+타동사' 구성을 피동으로 본 논의에는 최현배(1937/1961), 이정택(2004ㄴ), 이상억(1970/1999), 김청자(2003), 최규수(2005), 박성종(1984) 등이 있다. 이 중 김청자(2003)은 이러한 구문을 피동 타동사 구문으로 명명하고 이들 타동사에 선행하는 목적어의 특성과 피동 타동사의 개별적인 의미 특성을 제시하였고 피동사 구문의 유형을 분석하여 제시하였다. 이 연구는 그간 단독으로 다루어지지 않았던, 피동을 표현하는 타동사 범주를 자세하게 다루었다는 점에서 의의를 갖는다.

1.3.3. 인접 범주와의 관련성에 대한 논의

피동을 사동이나 중동 등 인접 범주와 관련지어 논의하거나 능격동사나 자동사와 같은 동사의 한 유형과 관련지어 논의한 경우도 있다. 먼저 사동과 관련된 논의를 살펴보자. 이러한 논의는 크게 피동과 사동을 동일하거나 유사한 현상으로 본 경우와 기원적으로 피동이 사동에서 나왔으나 현재는 이 둘을 분리된 현상으로 보는 경우로 나누어 살펴볼 수 있다. 전자의 논의로는 박양규(1978), 양동휘(1979), 김한곤(1982, 1983) 등이 있고 후자의 논의로는 이향천(1991, 1992), 권재일(1993) 등이 있다.

전자의 입장 중 몇 가지만 살펴보자. 양동휘(1979)는 피동사와 사동사의 유사성을 음운론적으로 '먹이다/먹히다' 등 몇몇 예를 제외하고는 어간 말음에 따른 접미사의 선택이 유사하다는 점, 형태론적으로 접미사의 형태가 같다는 점, 통사론적으로 피동, 사동 양쪽으로 해석되는 경우가 있다는 점, 의미론적으로 쓰이는 양상이 비슷하다는 점 등을 들어 이들의 공통성에 대해 논하였다. 김한곤(1982, 1983)은 '-이/히/리/기-'가 '원인'의 뜻밖에 없으며 이것이 사동 또는 피동으로 쓰이는 것은 화용적 추론에 의해 얻어진다고 보았다.

다음으로 후자의 입장 중 이향천(1991)은 양동휘(1979), 김한곤(1982, 1983)의 견해를 비판적으로 고찰하고 피동과 사동의 연관성은 공시적으로가 아니라 통시적으로 살펴보아야 한다고 보았다. 그의 이러한 논의에는 기본적으로 피동사와 사동사의 형태가 같다는 점과 인도-유럽어의 태의 발달 단계에서도 피동은 처음부터 존재하지 않고 나중에 나타났다는 점이 전제되어 있다. 이 논의가 주장하는 중요한 근거 중 하나는 피동사와 사동사가 동일한 형태를 취하고 있고 현재 다른 형태를 취하는 동사들도 중세국어에서는 동일한 형태를 취했었기 때문에 이들이 같은 기원을 가지고 있다는 것이다. 그러나 중세국어부터 피동사, 사동사의 형태 변화 양상을 통시적으로 고찰한 강명순(2001ㄱ)을 참고한다면 사동사와 피동사가 동형으로 실현되는 것은 오히려 후대의 경향이기 때문에 이러한 주장은 다시 검토되어야 할 것으로 보인다.

다음으로 피동을 중동과 관련시킨 논의를 살펴보기로 하자. 세부적인 내용과 논점은 다르지만 이러한 논의에는 O'Grady(1991), 김윤신(2001ㄱ), 시라이시(2002), 정성여(2001) 등이 있다. 앞의 두 논의는 기존의 피동 체계를 받아들이고 중동을 아주 부분적인 현상으로 언급하였다면 뒤의 두 논의는 중동에 대한 논의가 피동의 체계 자체에 영향을 미친다는 점이 다르다.

O'Grady(1991: 49)는 '이 책이 잘 팔린다'를 중동사(middle verb)가

나타난 문장으로 기술하였으며 김윤신(2001ㄱ: 131, 각주 10)은 '이 칼은 잘 잘라진다'와 같은 예가 중동과 가깝다고 보았으나 이에 대한 깊은 논의가 이루어지지 않았기 때문에 이들 논의가 한국어 피동의 논의에 중동을 본격적으로 도입했다고 보기는 어렵다.

다음으로 시라이시(2002)는 중동이라는 용어를 직접 사용하지는 않았으나 일반적으로 피동으로 여겨져 왔던 현상을 다른 범주로 구분함으로써 중동과 관련된 암시를 찾을 수 있는 논의이다. 시라이시(2002)는 한국어의 태를 입음태("도둑이 경찰에게 잡혔다"), 절로태("나는 산이 보인다"), 결과태("책이 책상 위에 놓였다"), 속성태("이 빗자루가 잘 쓸린다")로 보았는데 이 중 절로태와 속성태는 중동에 대한 연구들에서 자주 등장하는 부류이기 때문이다. 마지막으로 정성여(2001)은 자동사에 '-히-'계 접미사가 붙은 경우에 주목했다는 점이 다른 논의와 다르다. 이 논의에서는 이들 구성 중 일부를 중동의 한 유형인 '자발'(自發), '가능' 등으로 볼 수 있다고 하였는데 여기서 '자발'은 일본어에서 '자발태'라고 하는 것으로 시라이시(2002)에서 제안한 '절로태'와 관련되는 것이다.

지금까지 검토한 논의들이 피동을 사동이나 중동, 어느 한 쪽과 관련시킨 것이라면 다음에 살펴볼 논의는 이 세 범주를 모두 관련시킨 것으로 Park(1994), 백미현(1999) 등이 이에 속한다. 이들은 궁극적으로 피동, 중동, 사동의 표지를 동일한 것으로 보았다. 먼저 Park(1994)는 사동 표지(CM)가 사동, 피동, 중동을 실현하는 것으로 보고 이들의 구성을 하위분류하였으며 백미현(1999)는 '-이/히/리/기-' 접미사가 "주어의 감소된 능력 부여(reduced empoweredness)"의 의미를 지니는데 이것이 피동, 사동 등으로 나타난다고 보았다. 특히 백미현(1999)는 이 논문의 초록에서 'I-suffix'(즉, '-이/히/리/기-' 접미사)가 피동, 중동, 사동의 다양한 의미적 효과를 포함한다고 해서 중동이라는 범주의 구분 가능성을 제시하였으나 논문의 본문에서는 중동을 명확히 언급하지 않고 피동의 하위 범주 중 구심적 사건(centripetal events)의 유형 안에 중동으로 볼 수 있는 현상을 포함시켰다. 특히 '이 책이 잘 팔린다', '이 문이 쉽게 열린다'와 같은 문장을 중피동(medio-passive)이라고 함으로써 한국어의 피동 현상 중 일부가 중동적 특성이 있음을 보였다.

다음에서 살펴볼 것은 능격동사나 자동사 등 동사의 분류와 관련해서 피동사를 논의한 것이다. 먼저 고광주(2001ㄱ)은 '능격동사'에 대한 논의로,[12] 그에 따르면 피동사는 능격동사의 분류에서 상태변화성 능격동사에 포함되게 된다. 이 논의는 '-히-'계 접미사 피동사를 자연발생적이고 행위자가 개입되지 않는 사건을 표현하는 것으로 본 이기동(1978ㄱ)의 견해를 받아들여 이를 '-어지다' 동사와 대비시켜 행위자가 전혀 함축되어 있지 않은 것처럼 간주하였다. 그러나 사실 '-히-'계 접미사 파생 피동사는 행위자를 함축하는 경우도 있으므로 이에 대해서는 좀 더 고려해야 할 것으로 보인다. 마지막으로 한송화(2000)은 자동사를 격틀에 따라 분류했는데 그에 따르면 피동사는 다른 자동사와 구분되는 특성을 발견하기 어렵기 때문에 일반 자동사와 동일한 격틀 기준에 의해 논의할 수밖에 없다고 하였다. 그는 피동 자동사에 '-히-'계 접미사에 의해 파생된 피동사뿐만 아니라 '타다', '젖다' 같은 원인을 동반하는 동사들까지 포함시켰으며 반대로 '바뀌다'와 같은 피동사는 그것의 격틀을 고려하여 피동 자동사가 아닌 대칭 자

12) 사실 이때의 '능격동사'는 많은 논의에서 '비대격동사'라고 부르는 부류에 해당하는 것이다. 그럼에도 고광주(2000ㄱ: 39)은 비대격동사라는 용어를 사용할 경우 이것이 논리적 목적어를 취하지만 대격을 부여하지 못한다는 구조적인 특성만을 부각시키는 문제가 있다는 점, 이에 상대되는 개념으로 '비능격동사'라는 용어가 단일하게 사용되고 있다는 점, '비대격'이라는 용어는 대격이 아니라는 의미를 가지므로 대격 이외의 격을 지시한다고 오해될 수 있다는 점 등을 근거로 능격동사라는 용어를 채택하였음을 밝히고 있다.

동사에 포함시켰다. 이는 격틀과 동사 자체의 의미만 고려할 경우에는 당연한 결과라고 볼 수 있다.

1.4. 논의의 구성

본고는 다음과 같은 구성으로 이루어진다.

먼저 1장에서는 본 연구의 목적과 대상, 방법을 제시하고 한국어 피동과 관련된 이전의 논의를 검토하였다.

다음으로 2장에서는 피동에 대한 범언어적인 자료와 그에 대한 논의에서 제시된 피동의 특성에 대해 고찰하고 이를 바탕으로 피동법의 하위 범주와 피동문 판별의 기준에 대한 문제를 다룬다. 피동법의 하위 범주에 대해서는 이전의 논의에서 피동법의 후보들로 논의되어 온 구성들을 살펴보고 이들 중 피동의 특성을 충족시키는 것은 '-히-'계 접미사 구성과 '-어지다' 구성임을 보일 것이다. 다음으로 피동문 판별의 기준에 대해서는 이전의 논의에서 제시된 기준을 검토하고 역시 피동의 특성이 판별의 기준으로 적용될 수 있을지에 대한 가능성을 검토하도록 하겠다.

3장과 4장에서는 각각 '-히-'계 접미사 피동문과 '-어지다' 피동문에 대해 논의한다. 3장에서는 2장에서 제시된 기준, 대당 능동문의 존재, 행위자 강등과 피동자 승격을 적용하여 피동문을 판별하고 피동과 대립되는 중동적 특성을 지닌 부류에 대해서 검토하겠다. 특히 중동적 특성을 지닌 부류를 검토하면서 그동안 피동문의 판별에서 문제가 되었던 많은 예들이 이러한 부류에 속하는 것임을 살펴볼 수 있을 것이다. 이어서 '-히-'계 접미사 피동문이 나타나는 양상을 피동의 사건을 구성하는 행위자와 피동자가 어떻게 실현되는지를 중심으로 살펴볼 것이다. 특히 행위자와 관련해서는 행위자를 실현하는 조사 및 조사 상당어의 목록을 검토하고 피동자와 관련해서는 주격 중출문이나 '을/를' 피동문과 같이 피동자의 실현이 특이한 양상으로 나타나는 유형에 대해 검토한다. 그리고 '-히-'계 접미사 피동문의 통사적, 의미적 양상을 부사어 실현의 양상, 명령법 및 청유법 어미의 결합 양상, '-히-'계 접미사 피동문의 의미, 이렇게 세 부분으로 나누어 살펴보겠다.

4장에서는 '-어지다' 피동문에 대해서 살펴보되 3장과 동일한 구성으로 논의를 전개한다. 먼저 2장에서 제시된 기준을 바탕으로 '-어지다' 피동문을 판별하고 피동문의 행위자와 피동자의 실현 양상을 살펴본다. 이어서 '-어지다' 피동문의 통사적, 의미적 양상을 부사어 실현의 양상, 명령법 및 청유법 어미의 결합 양상, '-어지다' 피동문의 의미, 세 부분으로 나누어 논의한다. 덧붙여 3장에서 논의된 '-히-'계 접미사 피동문과의 대략적인 비교 또한 이루어질 것이다.

5장에서는 논의를 정리하고 남은 문제를 제시하겠다.

2. 기본적 논의[1)]

2.1. 도입

2장에서는 피동법의 하위 범주를 제시하고 개별 피동문을 판별하기 위해 고려해야 할 몇 가지 기준에 대해 살펴볼 것이다. 이 두 가지 문제는 매우 다른 것 같지만 결국은 피동이라는 범주를 어떻게 파악하느냐 하는 문제로 귀결된다는 점에서 동일하다.

이를 다루기 위한 예비적 논의로 2.2에서는 피동의 특성에 대해 살펴보고 한국어 피동 논의에서 이것이 갖는 역할을 점검할 것이다. 그동안 피동법을 제시하고 피동문을 판별하는 문제와 관련된 논의의 주된 흐름은 개개의 논의에서 제안된 피동의 의미와 형식의 역할이 중요시되어 왔다고 볼 수 있다. 물론 어떠한 문법 현상이 의미와 형식을 지니고 있음은 분명하다. 그러나 이 두 가지 문제에 있어서 이전의 연구에서 논의된 피동의 의미나 형식이 일차적 기준은 될 수 없으며 다음에 제시될 피동의 특성이 기준이 되어야 함을 살펴보게 될 것이다.

---

1) 2장과 3장 논의 중 일부는 남수경(2007)의 내용과 기본적인 논지를 같이 한다.

2.2. 피동의 특성

2.2.1. 문제 제기

피동의 의미와 형식이 한국어 피동 논의에서 중요한 역할을 차지해 왔다는 것은 다음과 같은 기술에서도 드러난다.

> (1) 마지막으로 이 논문에서는 왜 타동사가 아닌 자동사나 형용사의 굴곡형에 '지다'가 붙는 월들을 수동문으로 보았느냐에 대한 대답을 해야겠다. 그 이유는 형태상으로 '지다'가 있으며, 의미상으로도 동작성의 약화와 과정성의 강화라는 공통성을 가지고 있기 때문이다.
>
> (김차균 1980: 44-45)

(1)에서 보듯 김차균(1980)은 자동사, 형용사에 '-어지다'가 붙은 문장까지도 피동문으로 보는데 그 근거는 그와 같은 문장이 논문에서 제안된 피동의 형식 '-어지다'와 피동의 의미 '동작성의 약화와 과정성의 강화'를 갖추었다는 데에 있다. 그러나 피동의 의미와 형식이 논의마다 매우 다르기 때문에 이에 따라 피동문을 판별하고 피동법을 정한다면 그 결과는 자의적인 해석이 될 수밖에 없다.

먼저 여러 논의에서 제시한 피동의 의미부터 살펴보자.

(2) 가. 남의 힘을 입어 되는 움직임 (최현배 1937/1961)
나. 행동주의 가치 저하, 탈행동성 (임홍빈 1978/1998)
다. 동작성의 약화, 과정성의 강화 (김차균 1980)
라. 동작 또는 상태변화를 입어 그로 말미암은 상황 또는 상태에 이름의 표현(주체적 동작성의 상실 또는 과정성의 부여)[2] (박성종

1984: 16, 25)

마. 피동자의 주제 삼기 (이향천 1991)

각각의 논의들은 피동법을 설정하고 피동문을 판별하는 문제에 위와 같은 의미들을 기준으로 적용해 왔지만 그러기에는 이것이 지나치게 제한적이어서 피동문으로 생각되는 문장들을 포함하지 못하거나 반대로 지나치게 넓어서 피동문 이외의 문장들을 포함하게 되는 결과를 낳았다. 예를 들어 (2마)를 피동의 의미로 본 이향천(1991: 91-92)은 '순이는 돌이가 잡았다'와 같은 문장을 피동문이라고 주장하는 반면 '돌이에게 순이가 잡혔다'는 능동문이라고 보았다.3) 이는 이향천(1991)뿐만 아니라 (2)에 제시된 다른 의미를 기준으로 삼는 경우에도 마찬가지인데 이것은 (2)에서 제시된 의미들이 피동을 충족적으로 설명할 수 있는 '의미'라고 보기 어렵기 때문이다.

피동의 형식 역시 이러한 기준으로서 적절하지 못하다. 한국어 피동의 논의에서 가장 일반적으로 피동의 표지로 인정되는 것은 '-히-'계 접미사이다. 이러한 형식을 기준으로 피동문을 판별할 때 '날씨가 풀렸다'와 같은 문장도 피동문으로 판별된다. '-히-'계 접미사가 오직 피동의 표지로서만 기능한다면 이러한 접근은 타당하다. 그러나 '-히-'계 접미사가 만들어 내는 수많은 예외적인 문장을 보면 이러한 전제에 의문을 제기하지 않을 수 없다. 또한 일반적으로 인정된 피동의 표지 대부분이 피동 구성에만 배타적으로 쓰이지 않는다는 것도4) 이러

2) 박성종(1984)에 제시된 바에 따르면 괄호 밖에 있는 것, 즉 "동작 또는 상태변화를 입어 그로 말미암은 상황 또는 상태에 이름의 표현"은 피동의 뜻매김(정의)이고 괄호 안에 있는 것, 즉 "주체적 동작성의 상실 또는 과정성의 부여"는 피동의 의미이다. 그러나 이 둘이 어떻게 관련되는지는 명확하지 않다.

3) 그러나 형식은 같지만 '돌이에게 순이가 잡혔다'에서 돌이가 강세를 받아 초점이 되고 순이가 주제가 된다면 이 역시 피동문이 될 수 있다고 하였다.

4) Andersen(1991: 7, 각주 2)의 언급이다. Andersen(1991)의 논의는 문법범주로서

한 문제 제기가 타당하다는 것을 보여준다.

(2)와 같은 피동의 의미도, '-히-'계 접미사나 '-어지다' 같은 피동의 형식도 피동을 파악하는 데 결정적인 해결책이 될 수 없다면 어떻게 해야 할까? 본고에서는 많은 논의에서 동의된 피동의 특성을 기준으로 이 문제에 접근하고자 한다. 의미가 '어떠한 대상이 갖는 뜻, 또는 가치'를 가리키는 데 반해, 특성은 '어떠한 대상을 다른 것과 구분해 주는 두드러진 성질, 또는 자질'을 가리킨다. 다소 임의적인 구분일 수는 있으나 위에 제시된 피동의 의미는 피동의 특성을 갖춤으로써 저절로 표상하게 되는 것임을 알 수 있을 것이다.[5)]

2.2.2. 피동의 원형적 특성과 주변적 현상

1장에서 우리는 피동이 범언어적으로 존재하는 보편적인 현상이라는 점을 전제하였다.[6)] 이러한 전제 하에서 어떤 현상이 피동이라는 이름으로 논의되기 위해서는 다음과 같이 여러 연구에서[7)] 공통적으로 언급된 피동의 특성, 혹은 자질을 갖추어야만 한다. 본고에서는 이를 피동의 원형적인 특성이라 부르고자 한다.

피동의 성립 자체를 부정하기 때문에 본고의 논의에 적합하지 않을 수도 있다. 그러나 그와 달리 피동의 범주를 인정하고 그것을 정의함에 피동 형태소의 필수성을 주장한 Haspelmath(1990)도 피동의 형태소가 피동 외의 다양한 쓰임을 갖는다는 것을 인정한다는 점에서 이러한 언급은 타당하다고 할 수 있다.

5) (2)에 제시된 피동의 의미가 피동을 설명하기에 충족적이지 않은 것은 이것이 어떤 문법범주를 정의할 때 그것의 형식이 가지는 '의미'와 다른 차원의 것이기 때문일 수도 있다. 문법 형식이 담는 의미를 문법적 의미라고 한다면 (2)에 제시된 의미는 '의미적 의미'라든지 '화용적 의미'라고 볼 수 있다. 우리는 뒤에서 피동의 특성을 살펴본다고 했는데 (3)에 제시될 피동의 특성 중 (가, 나, 다)는 이러한 구분을 따르면 피동의 문법적 의미라고 볼 수 있는 것이다.

6) 물론 피동이 없는 언어들도 있다. Keenan(1985: 247)에 따르면 Enga를 비롯한 뉴기니의 많은 언어들, Chadic, Tamang, Zapotec, Yidiɲ 등이 피동이 없다고 한다.

7) Siewierska(1984: 265), Shibatani(1985: 837), Haspelmath(1990: 27), Lazard(1995: 192), Croft(2001: 285), Siewierska(2005: 1), Toyota & Mustafović(2006: 195) 등.

(3) 가. 대응되는 능동문이 존재한다.

나. 능동문의 주어, 즉 행위자는 피동문에서는 나타나지 않거나 사격어로 나타난다.

다. 능동문의 목적어, 즉 피동자는 피동문에서는 주어로 나타난다.

라. 형태론적 표지를 지닌다.[8)]

이를 피동의 원형적인 특성이라고 하는 것은 (3)을 기준으로 이를 충족시키는 현상뿐만 아니라 어느 정도 예외를 보이는 주변적인 현상까지도 피동에 포함될 수 있기 때문이다. 한국어에도 다음 (4)처럼 (3)의 특성을 드러내는 피동문이 존재한다.

(4) 가. 고양이가 쥐에게 쫓긴다.

나. 영희가 철수에게 잡혔다.

다. 나무가 잘렸다.

그러나 피동의 문법적 표지를 가졌다는 점에서는 (4)와 같지만 (3)에서 어긋나는 예외적인 문장 역시 존재한다. 다음을 보자.

(5) 철수는 깡패한테 돈을 빼앗겼다.

---

8) (3)에 제시된 특성은 여러 논의들이 공통적으로 언급한 것이지만 거기에서 제시한 내용과 정확하게 일치하는 것은 아니다. 따라서 각각의 논의에서 언급이 되었으나 (3)에는 제외가 된 것들이 있다. Shibatani(1985)에서는 "행위자의 탈초점화"나 피동문 술어의 결합가가 감소되거나 주어가 영향을 받는다는 점이, Haspelmath(1990)과 Siewierska(2005)에서는 피동문이 능동문보다 더 제약적이라는 점이, Toyota & Mustafović(2006: 195)에서는 피동문 주어가 더 화제적이라거나 유정성 위계에서 낮은 위치를 갖는다는 점 등이 언급되어 있다. 그러나 이들을 잘 살펴보면 이들 중 대부분은 피동 자체의 식별을 위한 특성이라기보다는 앞에서 논의한 바와 같이 피동의 특성을 갖추었기 때문에 나타나는 결과적 성격이 강한 것이다.

(5)는 '깡패가 철수한테서 돈을 빼앗았다'와 같은 대당 능동문을 상정했을 때 (3)의 다른 특성들은 충족시키지만 능동문의 목적어인 '돈'이 피동문에서 주어로 나타나지 않는다는 점에서 (3다)를 충족시키지 않는다. 그렇다면 (5)는 피동문이 아니라고 해야 할 것인가?

앞에서 우리는 (3)을 피동의 원형적인 특성이라고 하였다. 그리고 (3)을 모두 충족하는 현상뿐만 아니라 그렇지 않은 주변적인 현상까지 피동으로 다룰 수 있다고 하였다. 그렇다고 (3)의 특성과 전적으로 관련이 없는 것마저 피동으로 다룰 수 있다는 것은 아닐 것이다. 문제는 무엇이 피동이고 무엇이 피동이 아닌지를 판단하기 위한 가장 적절한 선을 긋는 것일 터인데, 본고는 이를 위해 (3)과 같은 원형적인 특성에서 출발하여 비록 그에 대한 예외를 보이지만 피동의 범주 안에서 논의될 수 있는, 피동의 주변적인 현상이 무엇인지를 밝힘으로써 한국어 피동의 경계를 찾고자 한다.

다음에서는 (3)에 제시된 특성에서 벗어나지만 피동으로 묶이는 주변적인 현상들은 어떤 것이 있는지 살펴보겠다. (3가)부터 보도록 하자.

(3가) 대응되는 능동문이 존재한다.

Siewierska(1984: 75)는 언어마다 존재하는 피동 현상이 매우 이질적이기 때문에 모든 피동을 묶을 수 있는 단 하나의 자질은 주어의 비행위자적 특성(non-agentive character)이지만 이로써 피동을 정의한다는 것은 'Mary is old'와 같은 문장까지도 피동의 범위에 넣는다는 것을 의미한다고 하였다. 그렇다면 피동을 정의하는 것이 불가능한 것인가? 이에 대해 그는 피동이라는 용어를 버리지 않으려면 그 용어를 제한적으로 써야 하는데 그럴 경우 피동의 정의는 반드시 능동문과의 관계에 의해서 이루어져야 하며 다른 대안은 없다고 단언하고 있다. 문제는 모든 피동문이 대당 능동문을 갖는 것은 아니라는 점이다. 예를 들어 Siewierska(1984)에 제시된 Nitinaht 어의 경우는 인칭에 따른 대당 능동문의 제약을 보인다.

(6) 가. *Pixtcitl ʔa (ʔoxw) John ʔ̄oyoqw s(iy'a)
pinch dec nom John acc me
'John pinched me'(존이 나를 꼬집었다.)[9]

나. Pixtcitl-ʔ̄it s ʔoxwīt John
pinch-pass I by John
'I was pinched by John'(내가 존에게 꼬집혔다.)

(Siewierska 1984: 32)

(6)은 이 언어에서 행위자가 3인칭, 피동자가 1인칭일 때 피동문은 존재하지만 대당 능동문이 성립하지 않음을 보여주고 있다. 그러나 Siewierska는 이러한 공백이 개체의 위계와 관련된, 이 언어에 존재하는 특별한 제약 때문이지 능동, 피동 관계의 근간을 흔드는 것은 아니라고 하였다.

또한 대당 능동문은 존재하지만 피동문과 의미가 다른 경우도 있다. 이와 관련해서는 피동문이 능동문과 달리 정태적 요소를 갖는다든지, 양화사, 부정소 등의 실현에서 차이를 보인다든지, 특별한 양태적 의미를 갖는다든지 하는 등의 경우가 있다는 점이 지적되어 왔다.[10] 그러나 능동과 피동의 관계에서 중요한 것은 능동문과 피동문

9) 괄호 안의 한국어 번역은 필자가 추가한 것이다. 앞으로 외국어 예가 나오는 경우 다소 어색하더라도 한국어 번역을 넣기로 하겠다.

10) Keenan(1985: 265-270), Davison(1980), Siewierska(1988: 281-282, 미주 3).

간에 존재하는 차이가 이 둘이 기저의 의미를 공유하지 않는다고 할 만한 큰 차이는 아니라는 점이다. 위에서 살펴본, 능동문이 존재하지 않는 경우도 마찬가지였다. 어떤 언어에서 주어와 목적어로 나타나는 개체의 특성과 그들 사이의 위계에 의해 능동문 없는 피동문이 나타나는 경우가 있었지만 이는 그 언어가 이러한 부분에 특히 민감한 성질을 갖기 때문이지 능동문, 피동문의 대응 관계를 근본적으로 흔드는 것은 아니었다.

다음으로 (3나)를 살펴보자.

> (3나) 능동문의 주어, 즉 행위자는 피동문에서는 나타나지 않거나 사격어로 나타난다.

이는 흔히 '행위자 강등(demotion)'이라고 불리는 피동의 특성으로 범언어적으로 피동에서 거의 예외 없이 나타나는 것이다. 다만 표면적으로 행위자가 실현되지 않는 경향이 있다고 해서 이것이 문장이 표현하는 사건에 행위자가 존재하지 않음을 의미하는 것은 아니다.11)

다음은 (3다)이다.

---

11) 어떠한 언어의 피동문에서 행위자가 필수적으로 나타나는가 수의적으로 나타나는가 아니면 전혀 나타나지 않는가에 대해 관찰한 결과는 연구자마다 다르다. Shibatani(1998: 134)은 피동문에서 행위자가 외현적으로 나타나는지에 대해 몇몇 언어의 경우를 인칭 피동(personal passive)과 비인칭 피동(impersonal passive)으로 나누어 제시했다. 인칭 피동에 대해서만 언급하자면 이 연구에서는 행위자가 외현적으로 나타나지 않는 언어로는 Nahutal, Quechua 등이, 나타날 수도 있고 나타나지 않을 수도 있는 경우로는 영어, 독일어, 터키어 등이, 반드시 나타나야 하는 경우로는 "없다?"가 제시되어 있다. "없다"에 '?'를 붙인 것은 Siewierska(1984: 35)가 반드시 행위자가 나타나야 하는 언어로 몇 개의 언어를 들었지만 Shibatani가 관찰한 바로는 Siewierska가 제시한 언어들 중 몇 개는 행위자가 생략되는 경우가 확인되고 몇 개는 피동이 있는지 없는지조차 확실치 않기 때문에 이를 단정할 수 없다는 이유에서다.

(3다) 능동문의 목적어, 즉 피동자는 피동문에서는 주어로 나타난다.

이것은 흔히 '피동자 승격(promotion)'이라고 불리는 특성으로, 이에 대한 예외적인 현상으로 먼저 능동문의 목적어 즉, 피동자가 아닌 성분이 피동문의 주어로 나타나는 경우를 살펴볼 수 있다. 다음과 같이 여격어가 피동문의 주어로 나타나는 경우가 한 예이다.

(7) He was given a book.

그러나 여격어는 간접목적어로 처리되어 넓게 보면 목적어에 포함시킬 수 있기 때문에 큰 문제가 아닐 수도 있다. 반면에 다음에 살펴볼 예들은 논의가 좀 더 필요하다.

먼저 능동문에 존재하지 않았던 성분이 피동문의 주어가 되는 경우도 있다. (8)은 일본어의 자동사 피동, (9나)는 이른바 비인칭 피동(impersonal passive)의 예이다.

(8) Taroo wa ame ni hurareta.
rain fall-passive
'Taro was rained on' (타로는 비를 맞았다.)
(Howard & Nikekawa-Howard 1976: 202)

(9) 가. Wir tanz-ten gestern
We-nom dance-past:1pl yesterday
'We danced yesterday' (우리는 어제 춤을 추었다.)

나. Es wurde gestern von uns getanzt
it became yesterday by us dance:p.past
'There was dancing by us yesterday' (어제 우리들에 의해 춤이 추

어졌다.)

(Siewierska 1984: 96-97)

(8)의 경우에는 능동문에 없는 새로운 피동자 'Taro'가 피동문의 주어로 실현되었으며 (9나) 비인칭 피동문의 경우에는 어떠한 피동자도 주어로 나타나지 않으며 대신 주어 자리를 비인칭 주어 'es'가 차지하고 있다. (9나)와 같은 문장의 존재는 피동의 원형적 특성 (3나, 다) 중 (3나) '행위자 강등'이 (3다) '피동자 승격'보다 본질적이고 보편적인 특성이라 주장하는 근거가 되어 왔다.12)

또한 능동문의 목적어인 피동자가 피동문에서 주어로 실현되지 않고 목적어로 잔류하는 경우도 있다고 한다. 옛 Sardinia 어의 예이다.13)

(10) furon	binkitos	parentes	de piscopu...
got.3PL	defeated.ACC.MASC	the parents.ACC.MASC	by the bishop...

(Abraham 2006: 3)

이러한 예도 역시 (3다)의 예외라고 할 수 있다.

마지막으로 살펴볼 것은 (3라)이다.

(3라) 형태론적 표지를 지닌다.

(3라)는 피동이라고 이름 붙여지기 위해서는 피동을 나타내는 형태소가 존재해야 한다는 것을 의미한다.14) Haspelmath(1990: 27)과 같이 피

12) Comrie(1977), Shibatani(1985) 참고.

13) 이뿐만 아니라 노르웨이 어의 비인칭 피동문의 경우에도 능동 타동문의 목적어가 비인칭 피동문의 목적어로 실현된다.

동 형태가 없는 피동은 존재하지 않는다고 본 논의가 이에 대한 강경한 입장을 보여준다. 그러나 실제로 통사론적 절차나 피동을 나타내는 어휘에 의해서 (3가-다)의 특성을 실현하는 경우들이 존재하며 피동을 문법적으로 정의하는 논의에서도 Haspelmath와 달리 피동을 통사론적 절차로만 정의하는 경우도 있다. 따라서 피동을 문법적인 현상으로 파악한다면 (3라)에서 조금 물러나서 형태론적 표지가 없더라도 문법적인 방식에 의해 나타나는 현상을 포함시키는 것이 타당할 것이며 어휘에 의해 피동을 실현하는 방식은 제외되어야 할 것이다.

지금까지 피동의 원형적 특성과, 그 특성을 벗어났지만 피동으로 인정될 수 있는 주변적인 현상을 살펴보았다. 이상의 논의를 통해 어느 정도 암시가 되었지만 본고는 피동을 문법적으로 정의하는 입장에서 있다. 비록 예외적이고 주변적인 현상을 인정한다고 할지라도 우리가 바탕을 삼는 (3)에 제시된 특성 중 (가, 나, 다)는 결국은 피동이 가진 문법적 의미라고 할 수 있으며 (라)는 그러한 문법적 의미를 담는 형식이라고 할 수 있기 때문이다.[15)]

---

14) 엄밀히 말하면 (3라)는 피동을 형태론적 방식으로 실현되는 것으로 제한한다는 뜻이 아니다. Haspelmath(1990)와 Keenan(1985) 등은 이때 형태론적 표지가 형태론적 피동뿐만 아니라 우언적 피동에도 나타난다고 본다. 예를 들면 Keenan (1985)는 우언적 피동의 경우도 조동사와 함께 나타나는 동사에 형태론적 표지가 나타난다고 하였는데 영어의 경우에는 'be+동사의 과거 분사'에서 동사와 결합한 '-en'이 이에 해당한다.

15) 오히려 이러한 논의는 그동안 피동 논의의 가장 일반적이고 전통적인 흐름에 기초한 것이라고 볼 수 있다. 어휘적인 현상을 피동에 포함시킬 수 있을 것인가에 대한 고민은 Shibatani(1985: 840)에서도 찾아볼 수 있다. 그는 'John suffered an injury'와 같은 문장을 피동이라고 보는 논의에 대해 "그러한 문장은 의미적 자질을 공유하는 데까지는 피동"이지만 "말할 것도 없이 다른 면에서는 원형적인 피동과 상당히 다르다"고 했는데 이 역시 본고의 입장과 같다고 할 수 있다.

2.2.3. 피동의 태 범주적 특성

앞에서 피동의 특성에 대해 살펴보았지만 그것만으로는 피동을 다른 범주와 구별할 수 없는 경우가 있다. 다음은 Quechua 어의 예이다.

(11) 가. Punku kiča-ka-rqa-n
door open-MID-PAST-3
'The door opened' (문이 열렸다.)

나. Čuku apa-ka-rqa-n
hat take-PASS-PAST-3
'The hat was taken' (모자를 빼앗겼다.)

(Keenan 1985: 254)

(11)의 예는 똑같은 접미사 '-ka'가 쓰였는데 (가)는 중동, 즉 'MID'로, (나)는 피동, 즉 'PASS'로 주석이 달린 것을 보여준다. 그러나 중동인 (가) 역시 (3)의 특성 — 대당 능동문의 성립과 피동자의 승격, 행위자의 강등, 형태론적 표지 — 이 모두 나타나 있다. 이러한 문장을 피동문과 구별하기 위해서 필요한 것이 다음에 제시되는, 태의 한 가지로서 피동이 갖는 특성이다.

피동은 일반적으로 능동, 피동, 중동의 대립으로 상정되는 태의 하위 유형이다.[16] Shibatani(1998: 118)에 제시된, 능동, 피동, 중동이 대립적으로 갖는 개념을 보면 다음과 같다.

16) 태는 "절의 기저 의미 기능으로부터 문법적으로 현저한 통사적 성분, 즉 주어를 선택하는 방법"(Shibatani 1988: 3), "술어와 일련의 명사 위치 간의 관계의 표현"(Klaiman 1991) 등으로 정의되어 왔다. '태'는 'voice'에 대한 번역이나 'voice'와 구별하여 'diathesis'를 설정하는 논의도 있다.

(12) 태의 근본적인 대립

가. 능동 범주: 행위가 주어의 지배 하에 일어난다.

나. 피동 범주: 행위가 주어의 지배 하에서 일어나지 않으며 주어와 분리된 다른 실체의 지배 하에서 일어난다.

다. 중동 범주: 행위가 주어의 지배 하에서 일어나며 행위의 전개가 주어의 영역 안으로 제한된다.

언뜻 보면 (12다) 중동 범주에 대한 기술은 '행위가 주어의 지배 하에서 일어난다'는 부분에서 (12가) 능동 범주와 다르지 않아 보인다. 그러나 중동은 주어가 행위에 대한 책임이 있는 동시에 행위에 의해 영향을 받는다는 점에서 주어가 행위자로서만 작용하는 능동과 구별된다.

이 세 범주의 대립적인 특성은 각 태가 표현하는 사건의 참여자(participant)의 관계를 나타낸 다음 그림에서 더욱 뚜렷하게 드러난다. 역시 Shibatani(1998: 119)에서 가져온 것이다.

(13) 태와 참여자와의 관계[17)]

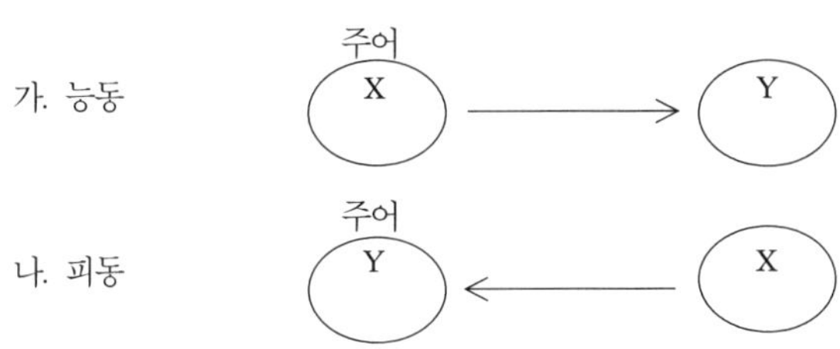

17) 원래의 그림에는 이 밖에도 '비인칭 피동'의 그림이 포함되어 있다. 그러나 한국어에는 비인칭 피동으로 볼 수 있는 어떤 현상도 나타나지 않으므로 제시하지 않았다.

다. 중동

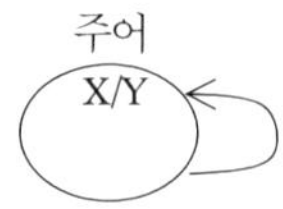

위의 그림에서 제시되어 있듯 태는 일반적으로 행위자와 피동자 두 참여자 간의 관계를 다룬다. 그러나 능동과 피동은 완전히 대립되는 범주로서 그것이 의미하는 바가 비교적 명확해 보이고 우리에게 널리 알려진 범주인 반면 (12)-(13)의 (다)에 제시된 중동은 아직 그 성격을 정확하게 파악할 수 없다. 따라서 다음 산스크리트 어의 예를 통해 능동, 피동과 구별되는 중동의 양상을 보이기로 하겠다.

(14) 가. devadatto namati daṇḍam

Devadatta-NOM bends-ACT stick-ACC

'Devadatta bends the stick' (Devadatta는 그 막대기를 구부린다.)

나. namate daṇḍaḥ

bends-MIDDLE stick-NOM

'The stick bends' (그 막대기는 구부러진다.)

다. namyate devadattena daṇḍah

bends-PASS by-Devadatta stick-NOM

'The stick is bent by Devadatta'[18] (그 막대기는 Devadatta에 의해 구부려진다.)

(Klaiman 1988: 36-37)

중동문 (14나)는 피동자와 비슷한 성분이 주어로 나타난다는 점에서는 피동문 (14다)와 유사하지만, (12), (13)에서 제시된 것처럼 중동

18) 각 문장의 ACT는 능동태 표지, MIDDLE는 중동태 표지, PASS는 피동태 표지를 가리킨다.

은 주어와 분리된 외부의 행위자를 갖지 않는 반면 피동은 주어와 분리된 행위자의 행위에 의해 영향을 받는다는 점에서 구별된다. 물론 중동은 (14나)에 제시된 문장이 나타내는 의미 외에 다양한 의미를 지닌 문장을 포함하는 범주이기 때문에 단순히 이 문장이 중동의 모든 것을 드러내 준다고 할 수는 없다.[19] 다만 우리는 여기에서 태의 하위 유형으로서 중동과 피동이 어떻게 다른지 대략적으로나마 파악할 수 있으며 앞에 제시된 Quechua 어의 예 (11)도 이러한 태의 대립적 특성에 의해 (11가)는 중동으로 (11나)는 피동으로 구분된 것임을 짐작할 수 있다. 논의가 진행되면서 살펴보겠지만 피동이라고 알려진 한국어의 현상들 중 많은 것들이 중동의 특성을 갖는 것으로 보인다. 그러나 한국어는 피동과 중동이 같은 형식에 의해 실현되기 때문에 이 둘을 구분하기가 매우 어렵다는 문제가 있다. 이에 대해서는 피동문의 판별을 다루면서 언급하도록 하겠다.

2.3. 피동법의 하위 범주

2.3.1. 문제 제기

여기에서는 앞에서 제시된 피동의 특성을 바탕으로 어떤 구성을 피동법으로 볼 수 있는지에 대해 검토하기로 한다. 이를 위해 대부분의 논의에서 피동법으로 간주된 '-히-'계 접미사 구성을 제외한 나머지 구성을 피동법의 범주로 해석하는 논의를 아래에 제시하기로 한다.[20]

---

19) 중동이 갖는 다양한 의미와 분류에 대해서는 Klaiman(1982: 408, 각주 2), Klaiman(1991), Kemmer(1993)을 참고할 수 있다.

20) 한 가지 언급할 것은 아래의 분류는 개괄적인 것이지 논의의 세밀한 부분까지 담고 있는 것은 아니란 점이다. 따라서 어떤 논의가 위에 제시된 구성 중 하나

(15) '-어지다' 구성

가. 타동사+'-어지다': 최현배(1937/1961), 성광수(1976ㄴ, ㄷ/1999), 이상억(1970/1999), 김차균(1980), 박성종(1984), 배희임(1988), O'Grady (1991), 남기심 · 고영근(1993), 이정택(2004ㄴ), Yeon(2003),[21] 최규수(2005)

나. 자동사/형용사+'-어지다'[22]: 성광수(1976ㄴ, ㄷ/1999), 김차균(1980), 박성종(1984), 최규수(2005)

(16) 명사+'되다' 구성: 최현배(1937/1961), 이상억(1970/1999), 박성종(1984), 배희임(1988), O'Grady(1991), 이정택(2004ㄴ), 최규수(2005)

(17) 명사+'받다/당하다/맞다' 구성[23]

가. 명사+'받다': 최현배(1937/1961), 이상억(1970/1999), 박성종(1984), 김청자(2003), 이정택(2004ㄴ), 최규수(2005)

나. 명사+'당하다': 최현배(1937/1961), 이상억(1970/1999), 박성종(1984),

를 피동법으로 보았다고 해서 그 논의가 그 구성 전체를 피동으로 보았다거나 동일한 의미의 피동으로 다룬 것은 아니다. 예를 들어 이정택(2004ㄴ)의 경우 '-어지다'가 타동사에 결합되는 구성을 피동으로 보았다고 제시했으나 이러한 구성 전체를 피동으로 본 것이 아니라 사동사를 비롯한 일부 타동사에 '-아/어지다'가 결합한 구성만을 피동으로 본 것이다. 또한 배희임(1988)에서는 '-어지다' 구성을 피동으로 보기는 했으나 '-히-'계 접미사 피동을 동작피동이라고 한 것과 달리 이를 상태피동이라고 함으로써 '-히-'계 접미사 피동보다 덜 기본적인 피동으로 처리하였다.

21) Yeon(2003)을 타동사에 '-어지다'가 결합한 경우만을 피동으로 취급하는 논의로 다루었으나 이 논의는 자동사에 '-어지다'가 결합한 경우도 피동과 매우 가깝다고 보았다.

22) 최현배(1937/1961: 432)에서는 '가아 지다', '놀아 지다', '말하여(해) 지다', '진보하여(해) 지다', '실패하여(해) 지다', '쇠퇴하여(해) 지다' 등 자동사에 '-어지다'가 붙은 형태도 "제움직씨의 세째 입음법의 보기"라 하여 들고 있으나 이어서 433쪽에서는 "남움직씨뿐 아니라, 제움직씨까지가 이 형식의 입음으로 될 수 있음은 위에 이미 보기를 들어 말한 바와 같다. (중략) 그러나, 이렇다고 이것으로써 제움직씨도 입음꼴이 있다고는 못할 것이니: 왜 그러냐 하면, 이 세째 법은 다만 사실적 입음의 뜻을 보이는 이은말스런(連語的) 운용(運用)에 불과한 것이기 때문"이라고 하였다.

23) 이 밖에도 논의에 따라 '입다', '보다', '듣다' 등을 여기에 포함시키기도 했으나 그 쓰임이 아주 제약적이라서 제시하지 않았다.

김청자(2003), 이정택(2004ㄴ), 최규수(2005)

다. 명사+'맞다': 박성종(1984), 김청자(2003), 이정택(2004ㄴ)

(18) 동사+'-게 되다' 구성: 이상억(1970/1999), 박성종(1984), 이정택(2004ㄴ), 최규수(2005)

(19) 동사+'-도록 되다' 구성: 이상억(1970/1999)

(20) '죽다', '식다' 등의 이른바 '미분화 피동사': 박성종(1984)

(21) '맞다', '지다' 등 피동성을 지닌 본동사: 박성종(1984), 이정택(2004ㄴ)

(22) 피동자 주제 구성: 이향천(1991, 1992)

이상에서 보듯이 무엇을 피동법으로 보는가에 대해서는 다양한 관점들이 존재한다. 본고는 이렇게 다양한 관점들이 존재하는 원인을 다음에서 찾고자 한다.

첫째, 피동을 의미 현상으로 볼 것이냐 문법 현상으로 볼 것이냐 하는 견해의 차이에 원인이 있다. 예를 들어 (20), (21)과 같이 어떤 문법 형식이나 절차도 나타나지 않은 것들을 피동의 범위 안에 넣은 것은 피동을 의미적인 현상으로 이해한 것이며 이들을 배제한 논의는 피동을 문법적 현상으로 이해한 것이다. 이처럼 당연한 설명을 다시 끄집어낸 것은 많은 논의가 아직도 피동이 의미범주다, 문법범주다 하는 소모적인 논쟁들을 계속하고 있기 때문이다.[24] 한국어에는 의미적으로 피동을 표현하는[25] 많은 어휘, 문장, 담화들이 있고 본고에서도 이

24) 세부적인 내용이나 논의의 목적에 있어서는 다르지만 박성종(1984), 최영환(1991), 이향천(1991, 1992), 기타무라(2004) 등의 논의가 피동을 의미적으로 정의하려는 시도라고 볼 수 있다. 이러한 입장에 서 있는 박성종(1984: 7)는 각주에서 '피동'이라는 용어를 별다른 언급이 없는 한 대체로 '피동의 의미를 나타내는 발화'라고 쓴다고 하였다.

25) 이 말은 앞에서 피동의 특성으로 논의되었던 (3)의 (가), (나), (다)와 관계된다는 뜻이다. 그러나 어휘적이거나 담화적인 차원에서 피동을 실현한다면 (3라)의 특성은 충족하지 못한다.

들의 존재를 인정한다. 그러나 문법 현상으로서 피동을 다루는 것은 다른 문제이다. 피동의 의미적인 요소가 일정한 형태론적, 또는 통사론적 방법으로 드러나야 하는 것이다. 본고는 의미적인 피동과 문법적인 피동을 구분한 이홍식(1991), 김흥수(1998), 기타무라(1999)의 제안에 동의한다.[26] 따라서 문법적 피동, 의미적 피동 모두 피동의 논의에서 가치가 있다는 것은 인정하지만 특별한 경우가 아니고 '피동'이라는 용어를 쓸 때는 문법적으로 피동의 개념이 실현되는 것을 가리키는 것이 온당하며 일반 언어학의 피동 기술에 비추어서도 적절하다고 생각한다.

둘째, 이 장의 도입에서 언급한 것처럼 피동을 논함에 있어서 피동의 일반적인 특성을 고려하지 않고 피동의 의미와 형식만을 기준으로 삼은 데에도 그 원인이 있다. 설령 앞에 제시된 견해 중 일정한 형태·통사적 형식을 갖춘 현상만을 문법적 피동으로 한정한다고 하더라도 앞에서 살펴본 바와 같이 그것이 담고 있는 피동의 의미는 논저마다 상당히 다르다. 따라서 무엇을 피동법으로 볼 것인가 하는 문제에 있어서 앞에서 살펴본 피동의 특성을 가지고 있는지 확인하는 작업이 필요하다.

피동을 (3)에서 제시된 특성을 드러내는 현상으로 제한하였을 때 '-히-'계 접미사 구성과 (15)의 '-어지다' 구성 외에도 (16) '명사+되다' 구성, (17) '명사+받다/당하다/맞다' 구성, (18) 동사+'-게 되다' 구성, (19) 동사+'-도록 되다' 구성도 피동법으로 볼 여지가 있다. 다음에서는 '-히-'계 접미사 구성과 '-어지다' 구성을 제외한 나머지 구성을 왜 본고에서 피동법으로 보지 않는지에 대해서 논의할 것이다.

---

26) 문법적인 피동과 의미적인 피동을 구분했다는 데에는 공통점이 있지만 용어 사용에는 차이가 있다. 의미적인 현상과 문법적 현상에 대해 이홍식(1991)은 '피동'과 '피동 구문', 김흥수(1998)은 '피동', '피동법', 기타무라(1999)는 '피동성', '피동화'를 써서 이들을 구분했다.

1) '명사+되다' 구성

여기서 다루고자 하는, 피동을 표현할 수 있는 '명사+되다' 구성은 다음과 같이 서술성 명사 뒤에 '되다'가 결합된 구성을 말한다.

(23) 가. 이 영화는 메이저 영화사에 의해 제작되었다.
나. 메이저 영화사가 이 영화를 제작하였다.

(23가)가 문제의 '명사+되다'의 구성이며 (23나)가 그에 대응되는 능동문이라고 볼 수 있는 '명사+하다' 구성이다. (23가)는 (23나)와 비교하여 행위자가 강등되고 피동자가 승격되었다는 점에서는 피동의 특성을 드러낸다고 볼 수 있다. 본고의 견해를 제시하기 전에 '명사+되다' 구성을 피동으로 보는 입장 중 이정택(2004ㄴ)을 살펴보자.[27]

이정택(2004ㄴ: 91)은 "이들 구성은 뚜렷한 피동 양상을 표현할 뿐만 아니라, 내부적인 긴밀도 역시 형태적 구성 못지않"으며 "다른 피동과 비교할 수 없을 만큼 높은 생산성과 사용 빈도를 지니고 있어 생각하기에 따라서는 대표적인 피동의 표현 양식으로 불려질 만하다"고 하였다. 여기서의 '내부적인 긴밀도'는 다음과 같은 예에 근거한다.

(24) 가. 아이들은 모두 119 대원들에 의해 {기적적으로, *기적적인} 구조가 되었다.

27) 이때의 '되다'가 무엇인지에 대해서는 여러 견해가 있다. 먼저 이를 접미사로 보는 견해나 합성 동사를 이루는 것으로 보는 견해, 본동사로 보는 견해, 경동사로 보는 견해, 복합술어로 보는 견해가 있다. 이에 대해서는 기타무라(2004: 182-189)에 '받다, 당하다'에 관한 논의와 함께 잘 정리되어 있다.

나. 박 실장은 경찰에 {긴급히, *긴급한} 체포가 되었다.

(이정택 2004ㄴ: 103)

(24)는 문제의 '명사+되다' 구성이 부사어의 수식을 받지만 관형어의 수식을 받을 수 없는 경우이다. 이정택(2004ㄴ)은 이와 같은 현상이 '명사+되다' 구성의 통사적인 외형에도 불구하고 내부적으로 긴밀히 결합되어 있음을 의미한다고 하였다. 이와 달리 피동 구성으로 볼 수 없는 일반적인 보어 명사와 '되다'의 결합은 부사어, 관형어의 수식이 모두 가능하다고 하였다. 다음 (25)가 그 예이다.

(25) 가. 물이 {완벽하게, 완벽한} 얼음이 되었다.

나. 황무지가 {광활하게, 광활한} 옥토가 되어 있더군.

(이정택 2004ㄴ: 103)

본고는 관형어의 수식과 관련해서 (25)의 '되다'보다 (23), (24)의 '되다'가 선행명사와 긴밀한 관계를 보인다는 것은 매우 적절한 지적이라고 생각한다. 그러나 본고가 전적으로 이정택(2004ㄴ)의 견해에 동의할 수 없는 것은 다음과 같이 '되다'와 선행 명사 사이에 분리성이 나타나는 예도 존재하기 때문이다.

(26) 영희: 이건 요즘 연구가 많이 되고 있지?

철수: 그럼, 많이 되고 있지.

(26)의 '영희'의 말에는 선행 명사와 '되다' 사이에 부사어가 삽입되었으며 '철수'의 말에는 '되다'가 선행 명사 없이 독립적으로 쓰이고 있다.

'되다' 구성은 '-히-'계 접미사 피동이나 '-어지다' 피동이 쓰이지 못하는 경우, 예컨대 '하다' 및 '명사+하다' 구성의 경우에 대해[28] 어휘적으로 피동을 실현하여 두 피동법의 공백을 메우는 구실을 한다고 볼 수 있다.[29] 그러나 피동을 문법 현상으로 정의하는 본고의 논의에서는 어휘적 성격을 가진 '되다' 구성은 피동법의 범위 안에 들어 올 수 없다.[30]

2) '명사+받다/당하다/맞다' 구성

다음으로 살펴볼 (17)의 '명사+받다/당하다/맞다' 구성 역시 문법적으로 피동을 나타낸다고 볼 수 없다. 앞에서 '명사+되다' 구성의 '되다'는 어휘적 성격이 있기는 하지만 선행 명사와 긴밀한 관계를 유지

---

28) 그러나 일음절 어근에 '하다'가 결합한 경우에는 '-어지다'가 결합해 피동을 이룰 수 있다.

29) 엄밀하게 말하면 '되다' 구성은 능동의 '하다' 구성에 대응하여 피동을 표현한다기보다는 자체적으로 서술성 명사－이정택(2004ㄴ)의 용어로는 "작용성 체언"－에 결합해서 어휘적인 방식으로 피동을 표현한다고 보는 것이 합당할 것이다. 김민선(2005: 114-115)에서는 'X-이 명사-이 되다' 구성 중 '한일 간 협상이 결렬이 되었다'와 같은 문장은 해당 명사가 '하다'와 결합한 문장이 아니라 '시키다'와 결합한 문장과 피동-능동의 의미관계가 성립한다고 보았다. 이러한 예를 볼 때 '결렬이 되다'나 '결렬되다'는 '*결렬을 하다' 또는 '*결렬하다'를 기반으로 하여 형성되었다고 보기보다는 '결렬'에 피동의 의미를 가진 '되다'가 결합함으로써 어휘적인 피동사를 형성한다고 볼 수밖에 없을 것이며 이는 다른 '명사+되다' 구성의 경우에도 마찬가지일 것이다.

30) 앞에서 이정택(2004ㄴ)은 '명사+되다' 구성에 대해 "다른 피동과 비교할 수 없을 만큼 높은 생산성과 사용 빈도를 지니고 있어 생각하기에 따라서는 대표적인 피동의 표현 양식으로 불려질 만하다"고 했다고 하였다. 그러나 사실 '-히-'계 접미사 피동이 생산적이지 않아서 피동임이 의심되는 것과 반대로 '되다'는 오히려 지나친 생산성과 빈번한 출현 때문에 피동임이 의심될 수 있다. Haspelmath(1990: 27)은 피동이 능동과 비교해 다소 제약적으로 나타난다는 점을 지적하였다. 즉 피동 구성은 능동 구성보다 덜 빈번하게 나타나고, 기능적으로 특수화되고, 완전히 생산적이지 않다는 것이다. 그러나 '명사+되다' 구성은 오히려 능동보다도 빈번하게 나타나며 매우 생산적인데 이러한 점을 고려할 때도 이를 전형적인 피동으로 볼 수 없음은 분명하다.

한다고 하였다. 그러나 '명사+받다/당하다/맞다' 구성은 '명사+되다' 구성보다도 선행 명사와 동사 간의 긴밀성이 크지 않다. 이정택(2004ㄴ)은 이들의 피동성을 인정하는 입장이지만 다음과 같이 부사어뿐만 아니라 관형어의 수식이 자유롭기 때문에 이들 구성이 '되다' 구성과 달리 선행 명사와의 긴밀도가 상대적으로 작다고 하였다.

(27) 가. 최전방의 고지들이 적군에 의해 대대적으로 공격을 받았다.
　　나. 최전방의 고지들이 적군에 의해 대대적인 공격을 받았다.
(이정택 2004ㄴ: 147)

(28) 가. 최전방의 고지들이 적군에 의해 대대적으로 공격을 당했다.
　　나. 최전방의 고지들이 적군에 의해 대대적인 공격을 당했다.
(이정택 2004ㄴ: 156)

(27)은 '받다' 구성, (28)은 '당하다' 구성이 쓰인 경우인데 각각의 (가)는 부사어, (나)는 관형어의 수식을 받은 것이다. 이러한 양상은 다음의 '맞다' 구성에서도 나타난다.

(29) 가. 아버지께 호되게 야단을 맞았다.
　　나. 아버지께 호된 야단을 맞았다.[31] (김청자 2003: 56)

본고는 이러한 선행 명사와 동사 간의 분리성을 중시하여 이들 역시 어휘적으로 피동을 표현하는 것이지, 문법적인 피동 현상을 나타내는 것은 아니라고 본다. 다음 예를 보자.

31) 이 예문은 김청자(2003: 56)에 제시된 것을 이정택(2004ㄴ)의 체계에 맞추어 순서를 수정하여 제시한 것이다.

(30) 가. 세상의 존경을 한 몸에 받다. (김청자 2003: 55)

나. 영희: 그 분은 존경 받았니?

철수: 응, 많이 받았지.

(31) 가. 병사는 다리에 부상을 심하게 당하였다. (김청자 2003: 56)

나. 우리 부모님은 높으신 양반들한테 평생 멸시당하고 살았지만, 난 안 당하고 살 거라고 결심했지.

(32) 가. 아버지께 야단을 호되게 맞았다. (김청자 2003: 56)

나. 영희: 야단맞았어?

철수: 응, 많이 맞았어.

위 (30), (31), (32)는 각각 '받다', '당하다', '맞다' 구성의 예이다. 예 (가)는 이들 역시 '명사+되다' 구성처럼 선행명사와 동사 사이에 부사어가 들어갈 수 있다는 것을 보여 주며 예 (나)는 선행명사 없이 동사만으로 자립적으로 쓰일 수 있다는 것을 보여줌으로써 이들 동사의 어휘적 성격을 드러내 준다고 하겠다.

3) '-게 되다' 구성 및 '-도록 되다' 구성

다음으로 살펴볼 것은 (18)의 '-게 되다', (19)의 '-도록 되다'인데 이 중 '-도록 되다'는 이상억(1970/1999: 176)에서 '-어지다', '-게 되다'와 함께, 기동상이면서 피동을 표현하는 형식으로 제시된 것이다. 그러나 다음과 같은 예를 볼 때 '-도록 되다'는 '-게 되다'와 달리 쓰임이 상당히 어색해 보인다.

(33) 가. 철수가 공부를 다시 시작하게 되었다.

나. ?철수가 공부를 다시 시작하도록 되었다.

(34) 가. 민영이가 새 옷을 사게 되었다.

나. *민영이가 새 옷을 사도록 되었다.

(33), (34)에서 보듯 '-게 되다' 구성은 자연스러운 반면 '-도록 되다' 구성은 아주 어색하거나 비문처럼 보이는 경우도 있다. 따라서 '-도록 되다'는 제외하고 '-게 되다'만을 대상으로 살펴보겠다.

'-게 되다'를 피동으로 본 논의 중 최규수(1991, 2005)는 다음과 같이 '-게 되다'가 쓰인 문장을 '-게 하다'가 쓰인 문장에 대응하는 피동문으로 보았다. 최규수(1991: 241)에 제시된 예를 검토하도록 하자.

(35) 가. 영이가 철수가/철수에게/철수를 토끼를 잡게 했다.

나. 철수가 (영이에 의하여) 토끼를 잡게 되었다.

(35)를 보면 이 두 문장은 능동문 (가)의 주어인 영이가 피동문 (나)에서 강등되고 능동문 (가)의 목적어, 또는 여격어로 나타날 수 있는 철수가 피동문 (나)에서 승격되었으며 통사적 절차도 나타나 있는 것으로 보인다.

그러나 이러한 구성은 다음과 같은 이유에서 피동으로 볼 수 없다. 임홍빈(1977/1998)의 설명을 가져오도록 하겠다. 첫째, 임홍빈(1977/1998)은 '-게 되다' 구성은 행위를 하는 데 대한 여건의 변화는 갖지만 직접적인 행위자를 설정할 수 없다고 하였다. 다음 예를 보자.

(36) 가. 내가 공부할 수 있게 동생은 밖으로 나갔다.

나. 동생은 내가 공부할 수 있게 하였다.

다. 내가 공부할 수 있게 되었다.

즉, (36다)를 피동문으로 보려면 (36나)의 '동생'을 행위자로 보아야 한다. 그러나 '동생'은 직접적인 행위자가 아니며 (36다)에서 '내가 공부할 수 있게 된' 것은 '동생이 밖으로 나간' 여건의 변화 때문이다. 둘째, (36다)의 대당 능동문이 (36나)라고 할 때 이 둘은 결코 직접적인 관계에 놓이지 않으며 (36가)를 통한 간접적인 관계만을 설정할 수밖에 없다는 것이다. 이러한 논의를 받아들이면 (36나)와 (36다) 사이에는 능동–피동의 관계가 있다고 볼 수 없다.

이상에서 기존 논의에서 피동으로 제시된 구성들에 대해 검토하였다. 이러한 논의를 바탕으로 앞에서 살펴본 피동의 특성을 고려할 때 피동의 범위 안에 들어올 가능성이 있는 것은 '-히-'계 접미사 구성과 동사에 결합하는 '-어지다' 구성이다. 이제 이들 각각에 대해서 살펴보도록 하겠다.

2.3.2. '-히-'계 접미사 피동

'-히-'계 접미사 구성은 대부분의 논의에서 피동법으로 인정되어 왔다. 다음 예를 보자.

(37) 가. 담이 인부들에 의해 헐렸다.
나. 도둑이 잡혔다.
다. 선생님한테 이름이 적혔다.

위의 예는 피동의 특성에 어긋남이 없다. 그러나 명확히 피동을 나타내는 위와 같은 예가 존재함에도 불구하고 이를 피동으로 보지 않는 논의도 있었다. 여기에서는 그러한 논의를 살펴보고 이에 대한 반론을 제기하도록 하겠다.

먼저 송창선(2004: 146)는 '-히-'계 접미사의 형태론적 특성, 통사·의미적인 특성을 들어 이것이 "피동이라는 문법적 장치를 나타내는 기능을 지니지 않고, 타동사를 자동사로 바꾸는 '자동화'의 기능을 지니고 있"다고 하였다. 송창선(2004)에서 '-이/히/리/기-'에 의한 파생을 '피동'이라고 볼 수 없다는 근거로 든 특성은 다음과 같다. 먼저 형태론적 특성은 어근의 음운론적 환경에 의해 '-이/히/리/기-' 중 어느 것과 결합할 수 있는지 예측할 수 없다는 점, 생산성이 아주 낮다는 점, 또 결합 제약을 명확하게 알 수 없다는 점 등이며, 통사·의미적인 특성은 자동사에 의해 파생되는 피동사가 있다는 점, 피동사가 능동성을 지닐 수 있다는 점, 능동사와 피동사가 의미상 불일치를 보인다는 점 등이다.

이를 바탕으로 송창선(2004)는 '-히-'계 접미사를 피동접미사로 보지 않고 자동화 접미사로 보아야 한다고 했는데 몇 가지 이유에서 이러한 주장은 타당하지 않다. 첫째, 통사·의미적 특성으로 자동사에 의해 파생되는 경우가 있기 때문에 '-히-'계 접미사를 피동접미사로 볼 수 없다고 하였으나 이는 오히려 '-히-'계 접미사를 자동사화 접미사로 볼 수 없게 하는 이유가 된다. 자동사에 결합해서 자동사를 파생시키는 접미사를 자동사화 접미사라고는 할 수 없기 때문이다.

둘째, 다음과 같이 '-히-'계 접미사가 나타난 문장에 '을/를' 명사구가[32] 나타난다는 사실도 이를 자동사화 접미사로 볼 수 없게 한다.

(38) 철수는 낫에 <u>손을</u> 잘렸다.

---

32) 명확히 말하자면 '을/를'이 결합한 명사구 또는 조사구일 것이다. 그러나 본고는 명사구와 조사가 결합한 구성을 명사구로 볼 것인지, 조사구로 볼 것인지에 대해서는 관심을 두지 않는다. 따라서 이러한 구성이 나타날 때 편의상 '을/를' 명사구와 같은 용어를 사용하도록 할 것이다.

셋째, 이 논의는 다음과 같은 문장을 들어 능동사와 피동사가 의미상 불일치를 보이기 때문에 피동화 접미사로 볼 수 없다고 하였다. 그러나 뒤에서 살펴보겠지만 이러한 예들은 파생에 의해 형성된 동사의 의미가 변화할 수 있다는 점을 간과한 것이며 앞으로 살펴볼 본고에서 세운 기준에 의하면 피동에서 제외되는 것들이다.

(39) 가. 나는 감기로 일주일 동안 꼬박 집에 갇혀 지냈다.
나. 나는 여기까지 오는 데 한 시간이 걸렸다.

분명 (39)와 같이 피동으로 볼 수 없는 문장이 존재하는 것이 사실이며 이를 피동으로 볼 수 없다는 송창선(2004)의 입장에는 본고도 동의한다. 그러나 이 때문에 '-히-'계 접미사 모두를 자동사화 접미사로 보는 것은 송창선(2004)가 비판한, '-히-'계 접미사가 나타난 구성 전체를 피동접미사가 결합되었다고 보는 견해와 동일한 문제를 야기할 수밖에 없다.

다음으로 Klaiman(1991)은 한국어에서 피동으로 논의된 예들을 피동이 아니라 '역동(inverse)'이라고[33] 보았다.[34] 그는 '순동(direct)'과

---

33) 'inverse'에 대한 '역동(逆動)'과 뒤에 나오는 'direct'에 대한 '순동(順動)'은 이익섭 선생님께서 제안해 주신 번역어이다. 여기에서 '순(順)', '역(逆)'은 이들이 사건의 참여자에 대한 화제 위계(topic hierarchies)에 따른 교체의 방향과 관련되어 있다는 점을, '동(動)'은 이들이 행위의 문제와 관련되어 있다는 점을 나타내 주기 때문에 타당한 번역어라 생각된다.

34) 이 논저와 이전에 발표된 두 편의 논문(Klaiman 1984, 1988)은 '-히-'계 접미사 구성과 관련된 한국어 피동 현상에 대한 그의 생각의 변화를 보여준다. 첫 번째 논문(Klaiman 1984: 331)에서는 '-히-'계 접미사를 '이른바 피동 형성소(so-called passive formant)'라고 했던 것이 두 번째 논문(Klaiman 1988: 56)에서는 "한국어의 무표적 어간 구성 부류와 유표적 어간 구성 부류가 능동-피동 관계가 아니라고 가정한다"고 하였다. 여기서 무표적 어간 구성 부류는 '-히-'계 접미사 파생 이전의 동사 부류를 말하고 유표적 어간 구성 부류는 '-히-'계 접미사에 의해 파생된 동사 부류를 말한다. 마지막으로 이 논저에서는 보다시피 '-히-'계 접미사 구성을 피동이 아닌 역동이라고 본다.

'역동(inverse)'의 교체를 화용적인 태의 하위 유형으로 보고,[35] 동사형의 교체가 상이한 유형의 존재론적 현저성(ontological salience)을 가진 명사류의 위치에 대한 할당의 교체를 부호화하는 체계로 정의하였다.[36] 그는 다음과 같은 예가 능동-피동의 교체와 유사하다고 하면서도 이처럼 능동-피동의 교체로 볼 수 있는 현상은 두 중심 논항(즉, 논리적 주어와 논리적 목적어)의 존재론적 현저성이 동등할 때에만 일어난다고 하였다.

(40) 가. 그는 그것을 잊지 못한다.

나. 그것은 그에게 잊히지 않는다.[37]

---

35) 이러한 교체를 태로 보는 경우도 있지만 태로 보지 않는 경우는 방향 체계(direction system)로 보기도 한다.

36) 논의를 돕기 위해 순동과 역동의 예를 들기로 하겠다. 다음은 Klaiman(1991: 32)에 제시된 Plains Cree 어에 대한 설명과 예이다.

(i) Ni- sēkih -ā -nān atim
1 scare theme DIRECT 1PL dog
'우리가 개를 겁준다.'

(i)의 동사에는 '-ā'라는 요소가 표시되어 있는데 이것은 '우리'라는 논항이 '개'라는 논항에게 행위를 하는데, 존재론적으로 기대되는 그럴 듯한 방식으로 행위가 이루어짐을 표시하는 순동의 대상(theme) 표시이다. 다음을 보자.

(ii) Ni- sēkih -iko -nān atim
1 scare theme INVERSE 1PL dog
'개가 우리를 겁준다.'

한편, (ii)에는 역동의 대상 표시 '-iko'가 나타나는데 이것은 행위가 역방향으로, 즉 존재론적으로 덜 현저한 '개'가 더 현저한 '우리'에게 행위를 하는 방향으로 이루어진다는 것을 표시한다.

여러 논의에서 역동 역시 피동자 또는 비행위자의 화제성(topicality)이 증가한다는 점에서 피동과 비슷하다는 점이 지적되었다. 그러나 Thompson(1994: 47)는 Shibatani(1985)의 견해를 따라 피동을 정의하고, 피동은 행위자의 억압에 의해 표시되는 반면 역동은 구조적이 아니라 기능적인 비행위자의 승격에 의해 정의된다는 점에서 다르다고 보았다.

37) Klaiman(1991: 172)에서 제시된 예를 한글 표기로 바꾼 것이다. 아래에 제시된

위의 경우에는 '잊다'라는 동사가 비통제적(non-control) 의미를 가지고 있으며 이에 대한 두 논항의 존재론적 현저성 역시 동등하기 때문에 가능한 것이다. 그가 한국어의 '-히-'계 접미사 구성이 피동이 아니라고 한 것은 다음과 같이 술어가 통제의 의미를 갖는 경우, 즉 행위를 나타내는 경우에는 주어의 유정성과 무정성에 따라 제약을 보이기 때문이다.

(41) 가. 남자가 공을 쫓고 있어요.
　　나. *공이 남자에게 쫓기고 있어요.
(42) 가. 그 택시가 저 차를 쫓고 있어요.
　　나. 저 차가 그 택시에게 쫓기고 있어요.
(43) 가. *시간이 나를 쫓고 있어요.
　　나. 나는 시간에 쫓기고 있어요.

(41)은 화자가 '공을 쫓는 남자'에 대해서는 말할 수 있으나 '남자에게 쫓기는 공'에 대해서는 말할 수 없다는 것을, (42)는 둘 다 무정물일 때는 서로에 대해 쫓고 쫓기는 것을 말할 수 있다는 것을, (43)은 무정물 핵심 논항이 논리적 주어이고 유정물 핵심 논항이 논리적 목적어일 때 전자가 후자에 대해 행위하는 것으로 묘사될 수 없다는 것을 보여 준다. 요약하자면 (41)-(43)의 예를 통해 위의 '쫓다'와 '쫓기다' 사이의 동사의 교체는 논리적 주어와 논리적 목적어의 존재론적 현저성에 의해 결정되는 것이며 따라서 능동-피동보다는 순동-역동의 교체로 보아야 한다는 것이다.[38)]

예 (41)-(43)도 마찬가지다.

38) Givón(2001: 156)은 많은 언어에서 역동화가 행위자, 피동자에 대한 의미 규준이 반대로 나타날 경우 일어난다고 하고 필수적인 역동화가 일어나는 언어들의 경우 피동자와 행위자가 다음과 같은 "화제 위계(topic hierarchies)의 반전"을 보

분명 한국어에는 (41)-(43)과 같은 현상이 존재한다. 그러나 위의 현상은 다음과 같은 이유 때문에 순동과 역동의 교체로 볼 수 없다. 첫째, Klaiman(1991)의 견해대로라면 술어가 행위를 나타내는 통제적 의미를 가질 경우에는 (41나)처럼 무정물이 주어로 나타난 문장이 성립하지 않아야 하는데 그것이 가능한 경우도 존재하기 때문이다. 다음을 보자.

(44) 가. 나무가 인부들에 의해 잘렸다.

나. 길이 경찰에 의해 막혔다.

둘째, 일반적으로 역동에서는 행위자가 구조적으로 억압되지(suppressed) 않는다고 한다.[39] 그러나 우리가 살펴보았듯이 '-히-'계 접미사 구성은 행위자가 나타나지 않는 경우가 많다. Klaiman(1991)이 제시한 예를 보면 행위자가 모두 '에게', '에' 명사구로 실현이 된 것

일 때 역동화가 나타난다고 하였다.

범주	행위자	피동자
인칭	3	1, 2
한정성	비한정	한정
조응성	완전한 NP	조응 대명사
유정성	무정	유정
인성	비인간	인간
나이	아이	어른
성별	여성	남성

Klaiman(1991)의 논의는 위의 표에 나타난 범주 중 인성 및 유정성에서 나타나는 화제 위계와 관련하여 '-히-'계 접미사를 역동 표지로 보았다고 할 수 있을 것이다.

39) Siewierska(2005)는 역동과 피동의 차이에 대해 전자는 행위자가 통사적 논항으로 실현되지만 후자는 행위자가 실현될 경우 통사적 부가어로 실현된다고 하였다. 각주 36)의 예문 (ii)를 보자. 역동 대상 표지가 나타났을 뿐, (i)과 비교하여 논항에는 어떤 변화도 없음을 알 수 있다. 그러나 한국어의 '-히-'계 접미사 피동문은 행위자가 부가어로 실현되거나 아예 나타나지 않는 경우가 대부분이다.

을 볼 때 그는 한국어의 피동에 행위자가 잘 나타나지 않는다는 점을 고려하지 않은 것으로 보인다.

셋째, 바로 앞의 문제와 관련되는 것인데 피동은 능동과 달리 자동사문으로 실현되는 등 타동성이 감소되는 데 반해 역동은 순동보다 타동성이 감소되지 않는 경우가 대부분이라고 한다. 그러나 한국어에서 피동으로 논의되는 현상은 타동성이 감소되는 것이다.

넷째, Klaiman(1991)에 따르면 '-히-'계 접미사가 역동의 표지인 셈인데 다음과 같이 '-히-'계 접미사가 결합되지 않은, 어휘적으로 피동의 의미를 실현하는 문장도 주어가 유정물인가 무정물인가에 따라서 적격성이 달라지는 경우가 있다.

(45) 가. 영희가 철수에게 맞았다.
나. *인형이 철수에게 맞았다.

사건에 따라서 '-히-'계 접미사가 실현된 (44)처럼 무정물 주어가 가능한 경우도 있고 (45나)처럼 '-히-'계 접미사가 실현되지 않는 문장에도 무정물 주어가 불가능한 경우도 있으므로 '-히-'계 접미사 구성을 역동이라고 볼 수는 없음이 분명하다.

이상에서 검토한 사실을 종합하면 Klaiman(1991)이 관찰한 현상은 충분히 의미가 있는 것이기는 하나 피동 대신 역동이 한국어에 존재한다고 이해하는 것보다는 한국어 피동이 행위자, 피동자의 유·무정성과 관련된 특징적인 양상을 나타낸다고 이해하는 것이 온당할 듯하다.

2.3.3. '-어지다' 피동

'-어지다' 구성은 '-히-'계 접미사 구성과 달리 '지-'의 문법적인 지위가 무엇이냐에 대한 문제가 쟁점이 되어 왔다. 이에 대한 견해로는 보조동사로 보는 견해,[40] 접미사로 보는 견해,[41] 문장을 주어로 갖는 상위 술어로 보는 견해,[42] 단어형성 전용 요소로 보는 견해,[43] 동사 결합 구성으로 보는 견해,[44] 접어 또는 접사로 보는 견해[45] 등이 있다. 본고에서는 '지다'의 지위에 대해 자세히 언급하지 않고 기타무라(2004: 151-156), 이정택(2004ㄴ: 118-121), 오민석(2006: 38-45) 등에 제시된 논의를 받아들여 이를 보조동사로 보고 논의를 시작하고자 한다.

'-어지다' 구성은 '-히-'계 접미사 구성과 달리 이것이 피동법이냐 하는 문제가 "국어학계에서 통일된 견해를 보이지 못하고" 있다(배희임 1988: 2). 이러한 경향은 이를 피동으로 보는 경우에도 반영이 되어 '-히-'계 접미사 피동과 달리 피동으로서의 온전한 지위를 부여하지 않고 상태피동(배희임 1988)이나 간접피동(성광수 1976ㄱ/1999), 기동적 피동(이정민 1974/1994) 등으로 본 것이 보통이었다. 피동문이 접사 등에 의해 실현되는 엄밀한 형태론적 피동문(strict morphological passives)과 보조동사에 의해 실현되는 우언적 피동문(periphrastic passives)으로 나뉜다고 볼 때[46] '-히-'계 접미사에 의한 피동문이 엄밀한 의미에서 형태론적 피동문이라면 '-어지다' 피동문은 우언적 피동문에 해당한다고 볼 수 있다.[47]

---

40) 이상억(1970/1999), 성광수(1976ㄴ/1999), 이기동(1978ㄱ), 남기심 · 고영근(1993), 서정수(1996), 우인혜(1997), 이정택(1994, 2004ㄴ), 기타무라(1999, 2004), 오민석(2006) 등.

41) 이강로(1967), 배희임(1988), 하치근(1989), 송복승(1995) 등.

42) 임홍빈(1977/1998).

43) 김창섭(1996)의 논의이다. 그러나 이것은 동사나 비자율적 어간에 붙는 경우에 대해서이고 형용사에 붙는 경우는 보조동사로 보았다.

44) 강현화(1998).

45) 김미영(1998).

46) Keenan(1985).

그러나 '-어지다' 구성을 피동이라고 단정하기 전에 과연 이를 피동으로 보는 것이 합당한지, 또 피동으로 본다면 그것이 결합하는 선행 요소가 타동사인 경우만 가능한지 형용사, 자동사인 경우까지도 포함될 수 있는지에 대한 검토가 필요하다. 이 두 가지 문제 중 두 번째 문제부터 살펴보기로 하자.

성광수(1976ㄴ/1999), 김차균(1980), 박성종(1984) 등은 다음과 같이 형용사, 자동사에 '-어지다'가 붙은 경우도 피동으로 보았다.

(46) 가. 영희가 요즘 예뻐졌다.
  나. 요즘엔 산이며 바다에 가지지 않네요.

그러나 (46)에 제시된 예에서 드러나듯 형용사, 자동사에 '-어지다'가 결합한 경우는 문법적 표지를 갖는다는 점을 제외하고는 본고에서 검토한 피동의 특성에 부합하지 않는다. 대응되는 문장에 비추어 행위

---

47) 또한 Keenan(1985: 257-261)는 '우언적 피동문'이 보조동사의 선택에 따라 다음과 같은 자연 부류로 나누어진다고 하였다.

(ⅰ) 보조동사가 '있음(being)'이나 '됨(becoming)'인 경우
(ⅱ) 보조동사가 '수령(reception)', 즉 '얻다(get)', '받다(receive)', '먹다(eat)' 등인 경우
(ⅲ) 보조동사가 '움직임(motion)', 즉 '가다(go)', '오다(come)' 등인 경우
(ⅳ) 보조동사가 '경험(experiencing)', 즉 '겪다(suffer)', '닿다(touch)', '즐겁게 경험하다(experience pleasantly)' 등인 경우

그렇다면 '지다'의 의미는 이들 부류 중 어느 것에 속하는 것일까? Yeon(2003: 111)은 '지다'의 의미를 '떨어짐'으로 보고 위 부류 중 (ⅲ)에 속하는 것으로 보았다. 그러나 '지다'의 의미를 그렇게 단정할 수는 없을 듯하다. 예컨대 '해가 지다'와 같은 예에서는 Yeon(2003)처럼 '落'의 의미를 찾을 수 있지만 '노을이 지다', '주름이 지다'에서는 '生', '때가 지다' 등에서는 '滅' 등의 의미가 있기 때문이다. 이처럼 '지다'가 다양한 의미를 지니기 때문에 과연 어떤 의미의 '지다'가 피동과 직접적으로 관련되고 (ⅰ)-(ⅳ) 중 무엇에 속하는 것인지는 규정하기가 매우 어렵다.

자의 강등이나 피동자의 승격을 나타낸다고 볼 수 없기 때문이다. 다만 타동사에 붙는 '-어지다'에 이끌려 형용사, 자동사에도 동일한 해석을 적용한 것이라고 볼 수밖에 없다.

형용사, 자동사에 '-어지다'가 결합하는 경우를 피동으로 볼 수 없다고 한다면 남은 것은 첫 번째 문제, 과연 타동사에 '-어지다'가 붙은 경우는 피동으로 볼 수 있느냐 하는 것이다. 본고는 타동사와 결합하는 '-어지다' 구성은 피동으로 본다. 물론 '-히-'계 접미사가 결합한 문장 중에서도 피동문을 형성하지 않는 경우가 있는 것처럼 '-어지다'가 결합한 문장 중에도 피동문을 형성하지 않는 경우가 있을 것이며, 이 때문에 개별 문장에 대한 피동문의 판별이 따로 이루어지기는 해야 할 것이다. 그러나 다음 (47)에서 보듯 '-어지다' 구성이 나타난 문장은 대당 능동문의 존재, 행위자의 강등, 피동자의 승격, 문법적 표지 등 피동의 특성을 가지고 있기 때문에 개별 문장의 피동문 판별은 나중에 논의되더라도 일단 타동사와 결합한 '-어지다' 구성은 피동법 안에 포함될 가능성이 충분하다고 볼 수 있다.

(47) 가. 결국 다음 세대에 의해 역사의 진실은 밝혀질 것입니다.

가'. 결국 다음 세대가 역사의 진실을 밝힐 것입니다.

나. 장애자를 장애자로 머물게 하는 사회의 장애는 하루 빨리 고쳐져야 합니다.

나'. 우리는 장애자를 장애자로 머물게 하는 사회의 장애를 하루 빨리 고쳐야 합니다.

그렇다면 왜 많은 논의들은 (47)과 같은 예가 존재함에도 불구하고 '-어지다' 구성을 피동으로 보지 않았던 것일까? 이러한 논의들에는 이를 기동적 의미를 지닌 것으로 보는 견해(서정수 1996, 우인혜 1997),

정태화 변형으로 보는 견해(임홍빈 1977/1998) 등이 있는데 이 중 우인혜(1997)을 중심으로 살펴보기로 한다. 우인혜(1997)은 기본적으로 '-어지다' 구문이 기동상을 드러내는 것이라고 본다. 이때 기동상이 의미하는 바는 동작이나 상태의 첫 시작점을 나타내는 것, 또는 어휘 단위, 의미 단위의 변화면에 중점을 두는 것이라고 한다. 여기에서 주목할 점은 형용사, 자동사에 '-어지다'가 결합되는 경우뿐만 아니라 타동사에 '-어지다'가 결합되는 것도 기동상이라고 보았다는 것이다. 자동사와 형용사에 '-어지다'가 붙는 경우는 논외로 하고 이 논의가 타동사에 붙는 경우도 피동이 아니라고 제시한 이유 중 중요한 몇 가지를 다음에 차례로 살펴보기로 하겠다.

첫째, 타동사에 '-어지다'가 결합한 경우도 기동상의 의미가 그대로 추출될 수 있으므로 피동문보다 기동문으로 볼 수 있다고 하였다. 예를 들어 '그 김치 항아리는 땅 깊숙이 묻어졌다'의 '묻어졌다'는 묻는 동작이 바로 이루어진 시작점을 나타낼 수도 있고 묻는 동작이 가능해지게 됨, 곧 의미적 양상의 변화를 뜻하기도 하기 때문에 기동상이라고 한다는 것이다. 그러나 이러한 의미적 양상의 변화는 '-히-'계 접미사 피동에도 나타난다. 여기서 '묻어졌다' 대신 '묻혔다'를 쓰더라도, 마찬가지로 묻는 동작이 이뤄지는 시작점이나 묻는 동작이 가능한 의미적 양상의 변화를 드러낸다.

둘째, 타동사에 '-히-'계 접미사가 붙은 후 '-어지다'가 붙은 것들, 예를 들어 '묻히어졌다'와 같은 경우를 들고 만약 '-어지다'를 피동이라고 한다면 이중 피동이 되므로 이에 대해 합리적인 설명을 하기 위해서도 기동상으로 보는 것이 낫다고 하였다. 그러나 이는 기본적으로 우인혜(1997)이 형용사, 자동사에 '-어지다'가 붙은 것과 타동사에 '-어지다'가 붙은 경우를 동일시한 데서 빚어진 문제이다. 만약 이 둘을 분리해서 타동사에 '-어지다'가 붙은 경우만을 피동이라고 본다면 타동사에 '-히-'계 접미사가 붙은 '묻히다'와 같은 것은 통사적으로 자동사이므로 그때의 '-어지다'는 자동사에 붙은 '-어지다'와 함께 논의되어야 할 것이다.[48)]

셋째, 다음과 같이 '-어지다'와 결합하지 않는 타동사가 많기 때문에 이 구문을 피동문으로 보는 것이 온당하지 않다고 하였다.

(48) 가. ?밥이 먹어진다.
나. ?그 사람이 자주 만나진다.[49)]

그러나 이는 '-히-'계 접미사 피동의 경우에도 동일하게 적용되는 것이다. '-히-'계 접미사 피동의 경우, 위의 (가)에 대비되는 '밥이 먹힌다'가 존재하기는 하지만 전형적인 피동문과 다른 의미를 가지며 (나)의 '만나다'와는 아예 결합하지 않는다.

넷째, '-어지다' 구문이 보이는 부정형이나 완료형과의 어울림에서

---

48) 영어에서도 'get-피동'을 식별하는 문제에 있어서 'get' 다음에 동사의 과거분사형이 온 문장을 모두 피동으로 보지 않고 경우에 따라 피동과 피동이 아닌 문장으로 구분하는 경우가 있다.

(i) The house is getting rebuilt.
(ii) Such criticisms will get treated with the contempt they deserve.
(iii) This story eventually got translated into English.
(iv) We are getting bogged down in all sorts of problems.
(v) I have to get dressed before eight o'clock.
(vi) I don't want to get mixed up with the police again.
(vii) Your argument gets a bit confused here.

(i)-(iii)은 get-피동이라고 여겨지는 반면, (iv)-(vii)은 피동이 아닌 것으로 본다고 한다(Quirk 외 1985: 161).

49) 그러나 이러한 문장은 실제로 잘 쓰인다. (48가)와 같은 경우는 세종 형태의미분석말뭉치에서 예를 찾을 수 없었지만 일상 대화에서는 '아까 그렇게 많이 먹었는데 밥이 또 먹어지니?'와 같은 문장을 많이 들을 수 있으며 (48나)와 같이 '만나다'와 '-어지다'가 결합한 경우는 세종 형태의미분석말뭉치에서 9개의 용례를 찾을 수 있었다.

도 이를 기동상으로 보는 것이 설득력이 있다고 하였다. 그러나 이 두 가지는 '-히-'계 접미사 피동에서도 많이 나타나는 현상이다. 먼저 '-히-'계 접미사 피동의 경우에도 부정과 잘 나타나는 경우들이 있다. 세종계획 형태의미분석말뭉치를 조사한 바에 의하면 피동사 '믿기다'는 68회 나타나는데 단 하나의 예를 빼고는 모두 부정문에서 나타난다. 반면 '믿기다'와 뜻이 비슷한 '믿어지다'는 221회 나타나는데 부정문이 아닌 문장에서도 자주 나타나는 등 '믿기다'보다 오히려 더 자유롭게 쓰인다. 완료형과 '-어지다'가 잘 어울리므로 '-어지다'가 피동이 아니라는 주장 역시 완료상, 또는 결과상의 '-어 있다'가 '-어지다'뿐만 아니라 '-히-'계 접미사 피동과도 잘 결합하므로 재고되어야 한다.[50]

지금까지 우리는 우인혜(1997)에서 '-어지다' 구성을 피동으로 볼 수 없다고 제시한 근거의 대부분이 '-히-'계 접미사 구성에도 적용되는 것임을 알 수 있었다. 따라서 이러한 근거를 바탕으로 '-히-'계 접미사 구성만 피동이고 '-어지다' 구성은 피동이 아니라고 결론 내릴 수는 없음이 분명하다.

반대로 '-어지다'를 피동으로 보는 논의 중에는 이기동(1978ㄱ)과 같이 '-어지다' 구문이 비자동적 과정으로서 오히려 자동적 과정인 '-히-'계 접미사 피동보다 의도적이고 인위적인 외부의 힘이 전제된다고 하는 견해도 있는 반면 최영환(1991), 이정택(2004ㄴ)과 같이 '-어지다' 구문이 '-히-'계 접미사 구문보다 주어 외부에 있는 원인이 분명히 드러나지 않는다고 보는 견해도 있다. 따라서 '-히-'계 접미사 구성과 '-어지다' 구성 어느 한 쪽이 더 피동적이다, 그렇지 않다고

---

50) 박진호(2003: 36)은 '-어 있다'와 동사들이 결합하는 빈도를 조사했는데 전체적인 특성 중 피동적인 것이 많다는 점이 두드러진다고 하였다. 'X-되-' 형식, 접미사에 의해 형성된 피동사, 보조용언 '지-'를 대표로 하는 동사들이 '-어 있다' 결합에서 높은 비중을 차지한다고 하였다.

할 수는 없다고 생각된다. 이 두 구성은 때로는 다음과 같이 동일한 동사를 기반으로 형성되어 큰 의미 차이가 없이 나타난다.

(49) 가. 하는 수 없이 적어 온 전화번호로 북한 무역 대표부에 연락하려 했는데 전화가 걸어지질 않았다.

가'. 하는 수 없이 적어 온 전화번호로 북한 무역 대표부에 연락하려 했는데 전화가 걸리질 않았다.

나. 온 세상이 전셋값 때문에 발칵 뒤집어졌다.

나'. 온 세상이 전셋값 때문에 발칵 뒤집혔다.

다. 그리고 불의 세기를 잘 조절해야 달걀이 부드럽게 잘 말아져요.

다'. 그리고 불의 세기를 잘 조절해야 달걀이 부드럽게 잘 말려요.

반면에 다음과 같이 하나의 동사가 의미에 따라 '-어지다'와 '-히-' 계 접미사 어느 한쪽만 취하는 경우도 발견된다.

(50) 가. 그럴 때 우리들의 손은 살그머니 내밀어져서 금방이라도 붙잡을 듯이 손가락이 펴진다.

나. 그녀의 구부러진 어깨와 내밀어진 엉덩이의 각도가 어쩐지 여러 날을 힘겹게 노동에 시달린 느낌을 준다.

(51) 가. 그러다 보니 50명 정도나 수용할 수 있을 이 조그만 성당 한 귀퉁이로 내밀린 것은 아닐까 싶은 것이었다.

나. 처음엔 거리로 내밀리던 전경들이 다연발차를 앞세우고 교문 앞으로 진입해 왔다.

(50)의 '내밀어지다'는 '신체나 물체의 일부분이 밖이나 앞으로 나가게 하다'의 뜻의 '내밀다'에 대응되어 쓰여, 피동자가 신체의 일부이

고 행위자가 그것의 소유자인 경우로 볼 수 있으며 '내밀리다'로 대체될 수 없다. 반면 (51)의 '내밀리다'는 '힘껏 밀어서 어떤 공간에서 밖으로 나가게 하다'의 뜻의 '내밀다'에 대응되어 쓰였으며 역시 '내밀어지다'와 대치되지 않는다.

물론 '-히-'계 접미사와 '-어지다'라는 다른 형식에 의해 실현되었으므로 이들이 실현된 구성이 동일한 의미를 가지지 않는다는 점은 분명하나 그러한 의미 차이 때문에 어느 한 쪽만 피동으로 볼 수는 없는 것이다. 피동법으로서 이들 각각의 개별적인 양상에 대해서는 3장과 4장에서 장을 달리하여 살펴볼 것이다.

2.4. 개별 피동문의 판별

2.4.1. 문제 제기

2.3에서는 피동법으로 '-히-'계 접미사 피동과 '-어지다' 피동을 제시하였다. 그러나 이러한 형식을 갖춘 문장 중에도 피동문으로 보기 어려운 문장들이 존재하므로 이 절에서는 이들 중 피동문으로 볼 수 있는 문장과 피동문으로 볼 수 없는 문장을 판별하기 위해 몇 가지 고려해야 할 점에 대해 검토하도록 할 것이다. 우리는 앞서 피동법을 제안하면서 피동의 특성을 기준으로 삼았는데 동일한 기준이 피동문의 판별에도 적용될 것이다.

이에 앞서 피동문 판별을 다룬 이전의 논의를 살펴보도록 하자. 본고에서 제시된 피동법이 '-히-'계 접미사 피동과 '-어지다' 피동이므로 원칙적으로 이 두 피동법을 동일한 비중으로 다루는 것이 온당하다. 그러나 '-히-'계 접미사 피동과 달리 '-어지다' 피동은 이를 피동으로 보지 않은 논의가 많았고 설령 피동으로 다루었다 하더라도 피동문 판별에 관해 언급된 문제가 '-히-'계 접미사 피동에서 논의된 것들과 대부분 중복되므로 편의상 '-히-'계 접미사 피동에 대한 논의를 중심으로 살펴보려 한다.

우리가 살펴볼 논의는 배희임(1988), 우인혜(1997), 이홍식(1991)인데 먼저 배희임(1988)은 타동사에 '-히-'계 접미사가 붙은 구성을 모두 피동으로 보되, 이를 보다 기본적이고 전형적인 피동인 동작피동과 덜 전형적인 피동인 상태피동(즉 파생자동사 구문)으로 나누었다.[51] 다음의 예를 보자.

(52) 가. 도둑이 순경에게 쫓긴다.

나. 영희의 차가 시동이 잘 걸린다.

다. 벽돌이 차곡차곡 쌓인다.

(53) 가. 영이의 옷이 못에 걸렸다. (비의도적인 경우)

나. 집안에 근심이 쌓인다.

(52), (53) 모두 '-히-'계 접미사가 결합되어 있으나 배희임(1988: 3-5)은 (52)는 대당 능동문을 상정할 수 있고 행위자를[52] 예상할 수 있기 때문에 동작피동으로, (53)은 행위자를 고려하지 않고 일어나는, 혹은 일어나지는 일 자체로서 파악하는 편이 자연스럽기 때문에 상태피동으로 구분하였다. 그러나 예문을 검토해 보면 이러한 구분이 과연 타당한 것인가에 대한 의문을 제기하게 된다.

---

51) 또한 '-히-'계 접미사 피동의 경우에는 나름대로 제시된 기준에 따라 동작피동과 상태피동으로 나눈 데 반해 '-어지다' 피동은 그러한 고려 없이 모두 상태피동으로 분류하고 있어서 '-어지다' 피동을 '-히-'계 접미사 피동문보다 덜 전형적인 피동으로 보았음을 알 수 있다.

52) 배희임(1988)의 용어로는 능동주이다.

(52나)를 중심으로 문제를 살펴보기로 하자. (52나)는 그가 제시한 바에 따르면 동작피동이지만 같은 동작피동으로 분류된 (52가, 다)와 다른 성격을 보인다. 먼저 이 문장은 특정한 행위자를 예상할 수 없고 동작보다는 속성을 나타내며 대당 능동문 '철수는/X는 영희의 차를 시동을 잘 건다'에 온전히 대응된다고 볼 수 없기 때문에 임홍빈(1977/1998: 344)에서 제시한 다음 예와 같은 경우라 생각된다.

(54) 가. 이 종이는 잘 접힌다.
　　나. 이 칼이 잘 깎인다.

임홍빈(1977/1998: 344)은 이들을 피동문으로 보기는 했으나 다른 대상에서 영향을 받는 측면보다는 '종이'나 '칼' 자체의 어떤 내재적 속성이 문제가 되는 것들이라고 하였다.

또한 배희임(1988: 5)은 동작피동은 행위자에 의해 동작을 입는 피동성이 뚜렷한 반면 상태피동은 피동성이 약하며 구문적으로 차이난다고 부언하였는데 그러한 구문상의 차이에서도 (52나)는 동작피동인 (52가, 다)보다는 상태피동과 가까워 보인다. (52나)에 행위자를 실현시켜 다음에 제시해 보자.

(52나') ?영이의 차가 철수에 의해 시동이 잘 걸린다.

행위자가 나타난 (52나')는 자연스럽게 성립한다고 보기 어렵다. 반면 (52가, 다)는 행위자의 실현이 자연스럽다. (52가)는 이미 행위자가 실현되어 있기 때문에 (52다)의 경우만 행위자를 실현시켜 제시하겠다.

(52다') 벽돌이 인부들에 의해 차곡차곡 쌓인다.

이처럼 특정한 행위자가 존재한다고 보기 어렵고 대당 능동문과 의미가 다른 (52나)를 동작피동으로 파악한 배희임(1988)의 논의는 그가 동작피동과 상태피동을 나눈 기준으로 제시한 행위자와 대당 능동문의 개념에 대해 보다 명확한 설명이 필요함을 보여준다.[53)]

다음으로 우인혜(1997)의 논의를 살펴보도록 하자. 우인혜(1997: 43–46)에서 제시한 피동문의 조건을 요약해서 보이도록 한다.

(55) 피동문의 조건

가. 구문론적 조건: 피동문은 원칙적으로 대응되는 타동사 구문의 능동문이 있어야 한다.

나. 형태론적 조건: 피동문을 이룰 수 있는 동사는 타동사라야 하고 피동접미사 등의 첨가로 능동형에서 피동형으로 바뀐다.

다. 의미론적 조건: 피동문은 능동문에서 변형이 이뤄진 것으로서 초점의 차이나 어감의 차이 또는 문체적인 변이 등의 차이를 보일 수 있으나 기저적인 지적 의미(cognitive meaning)에는 다름이 없다.

(55)는 결국 능동의 타동사 구문이 있어야 된다는 것, 피동접미사 첨

53) 사소한 문제인지 모르겠지만 동작피동과 상태피동의 구분과 용어 자체가 가진 문제도 있다. 배희임(1988)에는 왜 이러한 용어를 썼는지에 대한 근거가 분명히 제시되어 있지 않다. 일반적으로 상태피동은 영문법에서 전통적으로 피동과 형태가 같지만 확실히 피동이라 보기 어려운 구성을 가리키기 위해 써 온 용어로, 이를 피동으로 볼 수 없다고 주장하는 학자들도 많다. Quirk 외(1985: 169–170)를 참고하면 상태피동은 "The building is already demolished."와 같은 문장으로, 결과적인 상태를 나타낸다고 하여 이러한 구성이 그동안 상태피동이라고 불리어 왔다고 하고 있다. 즉, 드러나지 않은 어떤 행위자의 행위에 의한 결과로 이루어진 상태를 나타내며 실제로 피동의 행위자구 'by N'을 취할 수 없고 서술형용사문과 유사한 문장을 상태피동문이라고 말하는 것이다. 이와 같은 상태피동과 배희임(1988)에서 말하는 상태피동이 다름은 말할 것도 없다. 후자는 전자가 갖는 행위에서 유래된 상태성도 없으며 다만 전형적인 피동문과 거리가 있다는 점에서만 전자와 공통점을 가질 뿐이다.

가에 의해 형성되어야 한다는 것, 이것이 변형에 의해 형성되었기 때문에 기저의 지적 의미에는 차이가 없다는 것으로 정리할 수 있다. 우인혜(1997)은 이러한 기준에 따라 피동을 진피동과 의사 피동으로 나누고 진피동만이 진정한 피동이며 의사 피동은 형식만 피동일 뿐 실상은 자동사로 굳어진 것들이라고 하였다. 또 진피동도 위의 조건을 완벽하게 갖추었느냐 그렇지 않았느냐에 따라 전형적 피동과 비전형적 피동으로 나뉘게 된다.

그렇다면 우인혜(1997)이 실제로 피동문을 어떻게 판별했는지 제시된 예를 통해 살펴보도록 하자.

(56) 가. 이 문제가 누구에게나 쉽게 풀렸다.
나. 시중 자금 사정이 얼마쯤 풀렸다.
다. 날씨가 많이 풀렸다.

(우인혜 1997: 46)

우인혜(1997: 46-48)에 의하면 (56가)는 (55)의 세 요건을 모두 갖추었으므로 전형적 피동문에 해당하며 (56나)는 형태와 의미적인 면은 피동이지만 능동 관계가 명확치 않으므로 비전형적 피동에 해당한다고 한다. 그러나 이 둘은 모두 진피동, 즉 피동에 들어가는 것이다. 마지막으로 (56다)는 피동 형태가 쓰였으나 피동적 동작보다 결과 상태의 표현이며 다른 조건에 맞지 않으므로 의사 피동이며 피동과 별개인 자동사로 처리된다고 하였다.[54] 이러한 구분은 일견 명확해 보인다. 그러나 비전형적이지만 피동으로 분류된 (56나)의 문장에 다시 (55)의

54) 진피동과 의사 피동의 구분은 Quirk 외(1985: 167)의 피동문의 구분과, (55)에 보이는 피동문의 조건은 임홍빈(1978/1998: 338)에서 다뤄진 피동문의 요건에 대한 논의와 연관성을 갖는 것으로 보인다.

기준을 적용해 보자. 일단 '풀다'라는 타동사에 '-히-'계 접미사가 결합했다는 점에서 (55나)의 조건은 충족한다. 그러나 대응하는 능동문과 관련된 (55가, 다)는 충족하지 않는다. (55가)의 기준은 대당 능동문의 존재인데, '정부가/X가 시중 자금 사정을 얼마쯤 풀었다'라는 능동문이 가능한지 의문이며 이것이 가능하지 않다면 (55다)는 적용조차 할 수 없기 때문이다. 그렇다면 이 문장은 피동이 아니라고 분류된 (56다)와 크게 다르지 않다고 볼 수 있다. 또한 논의의 내부에서 위의 기준은 일관성 없이 적용되어, 피동에서 제외된 (56다)가 57쪽에서는 비전형적 피동이지만 피동의 범위에 포함되어 있다.

다음은 우인혜(1997: 66)에 제시된 예이다.

(57) 가. 나무꾼에 의해 나뭇잎이 떨렸다.
　　나. 나무꾼이 나뭇잎을 떨었다.
(58) 가. 무서움에 몸이 떨렸다.
　　나. 무서움에 몸을 떨었다.

(57), (58)은 둘 다 '떨다'라는 동사와 그것에 '-히-'계 접미사가 결합한 '떨리다'가 쓰였지만 대당 능동문 (57나)의 '떨다'는 '붙은 것을 떨어지게 하다', (58나)의 '떨다'는 '작은 폭으로 빠르게 계속 흔들려 움직이다'를 의미한다고 한다. 앞에서 살펴본 피동문 조건에 따르면 (57), (58)의 (가)는 세 조건을 모두 충족시키므로 전형적인 피동의 범주에 들어가야 한다. 그러나 우인혜(1997: 66)은 (57가)만 전형적인 피동으로, (58가)는 자동사로 환원된 의사 피동으로, 즉 피동이 아닌 것으로 보고 있다. 이러한 판단의 근거는 분명히 드러나 있지 않다. 다만 (58가)의 능동문 (58나)가 타동문의 구문 구조를 가지기는 하나 진정한 능동 타동문보다는 자동문에 가깝기 때문에 이에 대응하는 (58

가)도 피동으로 보기 어렵다고 한 것으로 보아 대응되는 능동문의 의미가 판별에 영향을 미친 것으로 보인다. 결국 (58가)는 피동문의 조건 (55)를 충족했는데도 피동문이 아닌 것이 된다.

이 밖에 앞에서 제시한 피동문의 조건 외에 '피동의 의미'를 기준으로 판단한 경우도 보인다.

(59) 가. 두 사람의 일이 뒤틀렸다. (우인혜 1997: 55)

나. 일이 다 틀렸다. (우인혜 1997: 67)

(59가)는 "능동문과의 대응은 온전히 이루어지지 않지만 '피동의 의미'는 얼마쯤 살아있으므로"[55] 피동문으로, (59나)는 의사 피동으로 피동문이 아닌 것으로 본 것이다. 그러나 앞에서 살펴본 (58가)와 같이 어느 정도는 능동문과의 대응을 보이는 문장을 (59나)와 같이 피동의 조건을 전혀 갖추지 않은 문장과 동일하게 의사 피동으로 다루는 것이 타당한지 하는 문제도 생각해 볼 수 있다.

이상에서 살펴본 배희임(1988), 우인혜(1997)의 논의는 피동을 정도성(程度性)을 가진 것으로 파악했다는 공통점을 지니고 있다. 이러한 생각은 이정택(2004ㄴ)과 같은 최근의 연구에도 이어지고 있다. 이정택(2004ㄴ: 11-12)은 '날이 풀렸다'와 같은 문장을 능동으로 볼 수도 없고 그렇다고 피동으로도 분류할 수 없기 때문에 이를 능동과 피동의 중간 단계에 있는 것으로 본다고 함으로써 앞의 두 연구와 동일한 문제의식을 가졌다는 것을 보여준다. 그러나 그럼에도 이 논의는 어떤 범주의 전반적인 구조를 밝히기 위해서 그 범주의 주변보다는 전

55) 우인혜(1997: 55, 따옴표는 필자). 이때 '피동의 의미'가 정확히 무엇인지는 제시되어 있지는 않으나 아마도 일반적으로 우리가 생각하는 피동의 의미, 즉 최현배(1937/1961)의 '남의 힘을 입어 되는 움직임'이나 무엇으로부터의 '피영향성(affectedness)' 등을 가리키는 것이라고 생각된다.

형성을 보여 줄 수 있는 대표적인 사례에 주목하여야 한다고 하고 주변적인 현상을 논외로 하였다는 점에서 앞의 두 연구와 다른 관점을 취한다.

본고는 이정택(2004ㄴ)의 이와 같은 견해에 대해 한편으로 동의하면서도 그러한 작업과 동시에 피동과 피동 아닌 것의 경계에 있는 현상에 대한 검토 역시 이루어져야 한다고 생각한다는 점에서 입장을 달리한다. 이러한 면에서 본고의 논의는 피동의 주변적 현상들에 대해 천착한 배희임(1988), 우인혜(1997)과 입장을 같이한다고 볼 수 있다. 그러나 우리가 앞에서 살펴본 것처럼 이들 논의는 각각이 갖는 큰 의의에도 불구하고 제시된 기준들, 예컨대 동작피동과 상태피동, 또는 전형적인 피동과 비전형적인 피동, 진피동과 의사 피동을 구분하는 기준들이 때때로 다른 의미와 방식으로 적용된 경우가 있으므로 이에 대한 검토가 필요할 것으로 보인다.

앞의 두 논의와 비교해 볼 때 이홍식(1991)은 피동문 판별의 기준을 엄격하게 적용함으로써 피동문과 피동문 아닌 문장의 구분을 명확히 하였다는 점이 다르다고 할 수 있다. 이 논의에는 크게 두 가지의 기준이 제시되었다. 첫째, 피동의 의미를 지녀야만 피동문으로 볼 수 있다고 했다. 이때 이홍식(1991)이 파악한 피동의 의미는 이향천(1991)의 견해를 일부 수용하여 '피동주'가[56] 문장의 주어가 되는 것으로 보았는데[57] 피동의 의미에서 핵심이 되는 것은 행위주, 행위, 피동주의 존재라고 하였다. 둘째, 능동문이 상정되지 않으면 피동문으로 볼 수 없

56) 본고의 용어로는 피동자이나 의미역에 있어서 피동주역에 한정되는 것이다.

57) 이홍식(1991)이 이향천(1991)의 견해를 '일부' 수용했다고 한 것은, 이향천(1991)이 '주어'라는 개념을 부정하고 '주제'만을 인정한 것을 받아들이지 않고 전통적인 개념인 주어를 받아들였기 때문이다. 또한 이향천(1991)은 피동을 문법적인 현상으로 정의하지 않고 의미적으로만 정의했으나 이홍식(1991)은 의미적인 '피동 현상'과 문법적인 '피동 구문'을 구분했다.

다고 했는데 이는 배희임(1988), 우인혜(1997)에서도 살펴본 기준이다.

이 중 첫 번째 문제에 대해서 검토할 필요가 있다. 이 문제와 관련하여 제시된 다음 예를 살펴보자.

(60) 가. 철수가 작두에 손을 잘렸다.
나. 철수가 작두에 손이 잘렸다.

그에 따르면 (60가)는 주어가 '피동주'가 아니기 때문에 피동문으로 볼 수 없다. (60가)의 주어는 철수인데 철수는 '피동주'라기보다는 '경험주'이고, 피동주는 '손'인데 주어가 아니므로 피동문이 아니라는 것이다. 반면 의미가 거의 같은 (60나)는 '피동주'인 '손'이 주어로 실현되었으므로 피동문이라고 하였다.

이와 같은 논의를 검토할 때 우리가 고려해야 할 점은 두 가지이다. 먼저 이홍식(1991)이 제시한 '피동주'가 무엇인가 하는 점이다. 그에 따르면 '피동주'는 사건의 참여자이다. 그렇다면 본고의 피동자와 크게 다를 바 없다. 그러나 그가 (60가)의 '철수'가 피동주가 아니라 경험주라고 하여 구분한 것을 보면 '피동주'는 피동주의 의미역을 가진 피동자로 한정이 된다고 볼 수 있다.

그렇다면 두 번째로, 피동문의 주어가 피동주역의 의미역을 가져야 한다는 전제가 과연 타당한지 검토되어야 한다. 본고에서는 1.2에서 '피동자'의 용어를 정의하면서 이것이 피동주로만 한정되지 않는다고 언급한 바 있었지만 피동문 주어의 의미역과 관련된 다른 논의도 이러한 전제를 받아들이기 어렵게 한다. Foley & Van Valin(1984: 31)은 피동문의 주어인 피동자의 의미역을 피동주(Patient)를 비롯하여 대상(Theme), 처소(Locative), 수령자/도달점(Recipient/Goal), 출발점(Source) 등으로 보았으며[58] Siewierska(1988: 243) 역시 "피동문의 주어는 직접

목적어의 원형적인 의미역인 피동주(Patient)의 의미역뿐만 아니라 원칙상으로는 행동주(Agent)가 아니면 어떤 의미역이든지 가질 수 있다"고 언급하고 있기 때문이다. 피동문에 대한 면밀한 분석을 통해 한국어의 경우에는 피동문의 주어가 피동주의 의미역만을 갖는다고 한정할 가능성도 존재한다. 그러나 다른 언어들에 대한 연구에서 피동문의 주어로 그 밖의 의미역을 가진 명사구도 인정되고 있는 만큼 이를 피동문 판별의 기준으로 전제하고 피동문으로 볼 가능성이 있는 문장을 배제하는 것은 다시 검토되어야 할 것으로 보인다.

피동문 판별에 대한 혼란은 국어사전에서도 보인다. 이에 대해 우인혜(1997: 70-101)에서 5개 사전을 대상으로[59] 피동사 처리의 문제점을 정리한 바 있으므로 본고에서는 그 논의에서 언급하지 않은 『표준국어대사전』만을 살펴보겠다.[60] 『표준국어대사전』은 '피동법'을 "문장이 피동이 되게 하는 표현법"이라고 정의하고 '피동문'은 "피동사가 서술어로 쓰인 문장. '도둑이 경찰에 잡히었다', '아기가 엄마에

58) Foley & Van Valin(1984: 31)의 예로, (ⅰ)은 주어 명사구가 출발점(Source)의 의미역을, (ⅱ)는 수령자/도달점(Recipient/Goal)의 의미역을 갖는 경우이다.

(ⅰ) Fred was robbed of $50.00 by the mugger.
(ⅱ) Mary was presented with the award by the announcer.

만약 여기에 이홍식(1991)의 기준을 적용한다면 (ⅰ), (ⅱ) 두 문장도 피동문이 아니라고 보아야 할 것이다.

59) 이희승(1982) 『국어대사전』, 신기철/신용철(1988) 『새우리말큰사전』, 김민수 외(1991) 『국어대사전』, 한글학회(1992) 『우리말 큰사전』, 사회과학원언어연구소(1992) 『조선말대사전』이다.

60) 『표준국어대사전』에는 약 574개의 피동사가 등재되어 있다. 이 중에는 129개의 북한말이 포함되어 있기 때문에 북한말을 빼면 약 445개, 단일어근 동사에서 파생된 피동사의 개수로만 한정하면 약 194개 정도이다. 김형배(1995: 41)는 피동사의 개수를 340여개로 제시했고 양정석(1997)은 비관용어 192개, 관용어 63개, 모두 합해 255개로 제시했는데 이 중에서 보다 피동사다운 피동사의 수는 골라내면 170개라고 하였다. 김윤신(2001ㄱ: 104)은 단일어근 타동사에서 파생된 피동사의 개수를 162개로 잡고 있다. 이와 같이 개수가 달리 집계된 것은 피동사에 대한 직관과 자료가 다르기 때문인 것으로 보인다.

게 안기었다' 따위"라고 정의하였다. 이에 따르면 피동문은 결국 사전에서 피동사로 뜻풀이된 항목들의 예문이므로 이를 중심으로 살펴보도록 한다.

실제로 사전에서 피동사가 어떻게 처리되었는지 '달다'에 '-히-'계 접미사가 결합된 '달리다'를 찾아보도록 하자. 사전에는 동음이의어 '달리다'가 5개 있는데 이 중 피동사로 처리된 '달리다^{1}'의 뜻풀이를 일부 보이기로 한다.

(61) 달리다^{1}

[1]① '달다^{3}[1]①'의 피동사. ¶벽에 달린 액자/문에 종이 달리다.

② '달다^{3}[1]②'의 피동사. ¶저고리에 새로 달린 동정이 아주 예쁘다.

③ '달다^{3}[1]③'의 피동사. ¶신혼 방에 전화가 달린 지가 얼마 되지 않았다.

④ '달다^{3}[1]④'의 피동사. ¶이 논문에는 각주가 많이 달려 있다.

⑤ '달다^{3}[1]⑤'의 피동사. ¶이 책에 달린 제목은 책의 내용과 어울리지 않는 것 같다.

⑥ '달다^{3}[1]⑥'의 피동사. ¶그가 먹은 술값이 내 이름으로 장부에 달려 있다.

⑦ '달다^{3}[1]⑦'의 피동사. ¶윷판에 우리 편 막동이 달린 후부터 긴장감이 더해 갔다.

⑧ '달다^{3}[1]⑧'의 피동사. ¶기관차에 객차가 달려 있다.

⑨ 열매가 맺히다. ¶나무에 사과가 많이 달렸다.

⑩ 어떤 일에 줄곧 매이다. ¶그는 일주일 동안 그 일에 달려 있다.

[2]① '달다^{3}[2]'의 피동사. ¶그녀는 얼떨결에 사람들에게 달려서 그곳까지 가게 되었다./그는 아이가 셋이나 달린 홀아비이다.

② 어떤 일이나 상태 따위가 무엇에 의존하다. ¶일의 성패가 여러

분에게 달려 있습니다./너의 운명은 이 사업에 달려 있다고 해도 과언이 아니다.

위의 뜻풀이를 보면 '달리다[1]'은 [1]⑨, [1]⑩, [2]②의 경우에는 '피동사'로 뜻풀이되어 있지 않다. 즉 이 경우의 '달리다'는 피동사가 아니며 이 동사가 쓰인 문장은 피동문이 아니다. '-히-'계 접미사가 붙었지만 피동사인 것과 아닌 것을 구분한 것은 배희임(1988), 우인혜(1997), 이홍식(1991) 등의 처리와 같은 맥락이라고 볼 수 있다. 그렇다면『표준국어대사전』에도 이들을 피동사와 피동사가 아닌 것으로 나눈 어떤 기준이 있을 것이고 사전에 기술된 뜻풀이와 용례들을 통해 그 기준을 찾을 수 있을 것이다.

(62)를 보자.

(62) 가. 뒷동산에 있는 배나무에는 아직 열매가 맺히지 않았다.
　　나. 나무에 사과가 많이 달렸다.

사전에서 (62가)의 '맺히다'는 '맺다'의 피동사로, (62나)의 '달리다'는 피동사가 아닌 것으로 되어 있다. 의미상 비슷하고 둘 다 피동의 표지로 여겨지는 '-히-'계 접미사가 결합되어 있는데 이처럼 하나는 피동사로, 다른 하나는 피동사가 아닌 것으로 기술된 데에는 언뜻 보기에 대당 능동문과의 연관성이 작용한 것 같다. (62가)는 '배나무가 열매를 맺었다'라는 능동문이 자연스러운 반면 (62나)는 '?나무가 사과를 많이 달았다'라든지 '*X가 나무에 사과를 많이 달았다'라는 능동문의 가정이 어려워 보이기 때문이다.[61]

---

61) 그러나 언뜻 보면 어색한 '나무가 사과를 많이 달았다'와 같은 문장이 다음과 같이 때때로 자연스럽게 쓰이는 경우가 있다.

다음은 '흔들리다'의 경우이다.

(63) 가. 바람에 나뭇잎이 흔들린다.

나. 석유 파동 사건으로 세계 경제가 송두리째 흔들렸다.

우리는 앞서 (62)의 예에서 대당 능동문의 성립 여부가 피동문 판별의 기준이 아닐까 하는 추측을 했었다. 그러나 위의 (63)은 어떤 기준이 적용되었는지 알기 힘들다. 하나의 표제어 안에서 (63가)의 '흔들리다'는 "상하나 좌우 또는 앞뒤로 자꾸 움직이다"로, (63나)의 '흔들리다'는 "'흔들다③'의 피동사"로 뜻풀이가 되어 있는데 이것은 (63나)만 피동문으로 기술되어 있다는 뜻이다. 그러나 (63가)의 경우도 '바람이 나뭇잎을 흔든다'와 같은 능동문을 상정할 수 있고 나뭇잎이 스스로 흔들렸다기보다는 바람이라는 외부 행위자의 힘을 입었다고 생각할 수 있으므로 이 둘을 달리 처리한 것에 대한 명확한 기준을 살펴볼 수 없다.

다음 (64)는 '모이다'의 경우인데 '흔들리다'처럼 하나의 표제어가 다의어로 기술된 것이다.

(64) 가. 이 산은 조그마한 돌들이 모여서 된 돌산이다.

나. 모인 김에 어디 놀러나 갈까?

여기 제시된 두 문장은 모두 피동사가 쓰인 문장으로 처리되어 있다. (64가)는 어색하나마 '이 산은 X가 조그마한 돌들을 모아서 된 돌산이

그 나무는 큼직한 사과를 잔뜩 달고 서 있었다.

위와 같은 문장을 고려하면 (62나)는 대당 능동문이 성립하지 않는다고 보기는 어려울 것 같다.

다'와 같은 대당 능동문이 상정될 가능성이 있다. 그러나 (64나)와 같은 문장은 'X가 (우리를) 모은 김에 어디 놀러나 갈까?'와 같은 대당 능동문이 표현하는 상황을 나타내는 것인지 확실치 않을 뿐만 아니라 여기에 쓰인 '모이다'가 자발적으로 모인 상황을 나타낸다고 할 경우 의미가 매우 다르기 때문에 대당 능동문이 존재한다고 볼 수 있는지에 대한 의문을 제기하게 된다. 그러나 사전에는 '모이다'가 모두 피동사로 뜻풀이되어 있으므로 (64나)가 사람들이 자발적으로 모인 상황을 나타낸다고 해도 피동문이라고 할 수밖에 없다.

또 한 가지 검토할 문제는 자동사에 '-히-'계 접미사가 붙은 경우도 피동사로 보고 있다는 점이다. 잘 알려진 '날리다'의62) 경우는 제외하고 '걷히다', '먹히다', '들뜨이다'의 뜻풀이 중 일부를 가져오겠다.

(65) 걷히다[1]

① '걷다[1]①'의 피동사. ¶안개가 걷히다

② '걷다[1]②'의 피동사. ¶대운동회마저 지나고 나니 웅성대던 고을 거리는 장마 걷힌 뒤인 것처럼 갑자기 쓸쓸해졌다.≪김남천, 대하≫

(66) 먹히다

① (…에/에게) '먹다[2]ⅠⅠ①'의 피동사. ¶최 서방이란 사람이 병에 걸려 죽게 된 마누라의 약을 구하러 밤길을 걷다가 호랑이에게 잡혀 먹혔다는 거야.≪이병주, 지리산≫

② (…에)(-기에) '먹다[2]Ⅰ2④'의 피동사. ¶이 공사에는 100만 원이 먹힌다.

62) 한편 '날리다'와 함께 자동사 파생 피동사로 자주 논의되는 '울리다'는『표준국어대사전』에서 '울다'와 관계없이 기술되어 있다.

(67) 들뜨이다63)

(…에) '들뜨다①'의 피동사. ¶그는 애인을 만날 일에 들뜨여서 일이 손에 잡히지 않았다.

위에 제시된 대로 (65) '걷히다'는 '걷다[1]①, ②'의 피동사로, (66) '먹히다②'는 '먹다[2]Ⅰ2④'의 피동사로, (67) '들뜨이다'는 '들뜨다①'의 피동사로 뜻풀이되어 있는데 이는 각각 능동사가 들어간 예문에서 확인할 수 있듯 자동사의 피동으로 기술된 것이다.

(68) 걷다[1]

가. 잔뜩 끼었던 구름이 걷고 맑은 하늘이 보이기 시작했다.

나. 며칠간 계속되던 장마가 걷고 오랜만에 햇빛이 들었다.

(69) 먹다[2]

가. 공사에 철근이 생각보다 많이 먹어 걱정이다.

나. 낡은 집 수리에는 자칫 새로 짓는 것보다 비용이 더 먹을 수 있다.

(70) 들뜨다

시험에 합격한 그는 기쁨에 들떠 잠을 이루지 못했다.

우리는 앞에서 피동의 특성으로 피동자의 승격과 행위자의 강등을 살펴본 바 있다. 그러나 지금 문제가 되고 있는 '걷히다'와 '걷다', '먹히다'와 '먹다', '들뜨이다'와 '들뜨다'의 관계는 사전에 제시된 바를 받아들인다면 이러한 특성이 전혀 나타나지 않는다. 논의를 돕기 위해 사전에서 상정하고 있는 이들의 능동–피동의 관계를 보이기로 한다.

---

63) 비록 사전에는 피동사로 등재되어 있으나 이 단어에 대한 수용성은 사람들마다 다른 것으로 보인다.

(71) 걷다 — 걷히다

가. 잔뜩 끼었던 구름이 걷고 맑은 하늘이 보이기 시작했다.

나. 잔뜩 끼었던 구름이 걷히고 맑은 하늘이 보이기 시작했다.

(72) 먹다 — 먹히다

가. 공사에 철근이 생각보다 많이 먹어 걱정이다.

나. 공사에 철근이 생각보다 많이 먹혀서 걱정이다.

(73) 들뜨다 — 들뜨이다

가. 시험에 합격한 그는 기쁨에 들떠 잠을 이루지 못했다.

나. 시험에 합격한 그는 기쁨에 들뜨여 잠을 이루지 못했다.

이러한 문장을 피동으로 보는 것은 앞에서 이전의 논의를 검토하며 살펴본 기준이나 피동에 대한 보편적인 인식과 다른 것이다.

이상에서 우리는 이전의 논의와 사전에서의 피동사 처리를 통해 피동문 판별에 대한 몇 가지 기준을 살펴보았다. 그러한 검토를 통해 알 수 있었던 것은 우선 이전의 논의에서 제시된 기준이 앞서 살펴본 피동의 원형적 특성과 크게 다르지 않다는 것이다. 이를 다시 가져오기로 하겠다.

(3) 가. 대응되는 능동문이 존재한다.

나. 능동문의 주어, 즉 행위자는 피동문에서는 나타나지 않거나 사격어로 나타난다.

다. 능동문의 목적어, 즉 피동자는 피동문에서는 주어로 나타난다.

라. 형태론적 표지를 지닌다.

그럼에도 그러한 논의에서 제안한 기준으로 피동문을 판별할 때 기준의 적용이 어렵거나 사전에서 피동사의 처리가 불분명해 보이는 경우를 발견할 수 있었는데 이는 기준 자체의 문제라기보다는 다음 두 가지에 이유가 있는 것으로 보인다. 첫째, 피동 자체가 경계가 명확하지 않은 범주인데다가 한국어의 경우에는 피동의 표지를 가지는 문장이 피동 이외의 예외적인 현상을 나타낼 수 있다는 것과, 둘째, 피동의 특성과 여러 논의에서 제시된 기준에 포함되어 있는 개념이 불분명하다는 것이다.

따라서 다음에서는 피동법을 정리하면서 이미 고려된 (3라)를 제외하고 논의의 편의를 위하여 (3가)를 대당 능동문의 존재, (3나, 다)를 행위자 강등과 피동자 승격이라는 표현으로 제시하고 왜 이들을 기준으로 피동문 판별의 문제를 검토해야 하며 그때 고려해야 할 문제는 무엇인지 살펴보도록 하겠다.

2.4.2. 대당 능동문의 존재

피동문을 판별할 때 대당 능동문의 존재 여부를 고려한다는 것은 명확하고 단순한 문제인 것 같아 보이지만 이를 실제로 적용할 경우 그것이 존재하는지 존재하지 않는지의 경계를 긋는 것은 매우 어려운 일이다.

먼저 다음과 같이 대당 능동문이 존재하지 않는다는 점에서는 공통성을 보이지만 그렇다고 하여 한데 묶어 기술하기 어려운 상이한 양상을 보이는 경우들이 있다.

(74) 가. 날씨가 풀렸다.

나. *하나님이/X가 날씨를 풀었다.

(75) 가. 이를 갈 때가 되었는지 이가 자꾸 흔들린다.

나. *이를 갈 때가 되었는지 X가 이를 자꾸 흔든다.

기존 논의에서 (74)는 행위자가 초자연적인 존재라는 점에서, (75)는 행위가 저절로 이루어진다는 점에서 문제가 제기되어 온 것들이다.

다음으로, 대당 능동문이 존재한다고 볼 수 있지만 의미 차이가 있어서 이러한 의미 차이를 인정할 때 과연 이를 능동-피동 관계에 있다고 볼 수 있을지 의심되는 경우이다.

(76) 가. 오늘은 밥이 먹힌다.
　　 나. 오늘은 밥을 먹는다.

(76)에서 (가)는 (나)라는 대당 능동문을 고려할 수 있지만 (가)에는 (나)와 달리 행위자 '나'의 의지와 상관없이 밥을 자꾸 먹게 된다든지, 아니면 밥을 먹을 수 있다든지 하는 의미가 더 드러난다. 어쨌든 (76가)도 (76나)라는 대당 능동문이 존재한다고 본다면 이는 같은 '먹히다'가 쓰인 다음 예문과 동일하게 피동문으로 판별될 것이다.

(77) 가. 새우가 고래에게 먹힌다.
　　 나. 고래가 새우를 먹는다.

그러나 (77가)는 (76가)에 비하여 대당 능동문과의 의미 차이가 그리 크지 않다.

이상에서 살펴본 예를 놓고 볼 때, 대당 능동문이 존재하지 않는다고 (74가)와 (75가)를, 대당 능동문이 존재한다고 (76가)와 (77가)를 동일하게 처리하는 것이 합리적인 것일까? 피동문의 판별에서 대당 능동문의 존재라는 문제가 다시 고려되고 명확해져야 한다는 본고의 문제 제기는 이러한 예에서 비롯된 것이다.

2.4.3. 행위자 강등과 피동자 승격

(3나, 다)에서 피동의 원형적 특성으로 제시된 행위자의 강등과 피동자의 승격은 피동에 관한 논의에서 매우 중요하게 다뤄지는 특성임에도 불구하고 한국어의 피동 논의에서는 크게 주목받지 못했다고 볼 수 있다. 그런데 우리는 2.2.2에서 피동과 관련된 유형론적 연구를 검토하면서 이 두 가지 특성 중 행위자 강등이 피동자 승격보다 보편적인 특성으로 언급되어 왔다는 것을 알 수 있었다. 그러나 본고는 그와 같은 주장을 전제하지 않으려 한다. 먼저, 반대로 피동자의 승격을 더 중요한 특성으로 언급하는 논의도 있어 왔고[64] 일단 양자가 피동의 특성으로 모두 존재하는 이상 둘 중 행위자 강등만을 실현하는 언어가 있는 것처럼 피동자 승격만을 실현하는 언어도 있을 수도 있다는 가능성을 인정하는 것이 타당하다는 생각에서다.

이와 관련해서 특히 주목하고자 하는 것은 2.4.1에서 살펴본, 자동사문인 능동문에 대응되는 피동문으로 사전에서 처리된 예들이다. 앞에서 살펴본 다른 언어의 비인칭 피동문이 비슷한 경우였는데 이것이 능동의 자동사문에 대응됨에도 피동문으로 논의된 것은 피동의 표지를 가졌을 뿐만 아니라 이 두 가지 특성 중 행위자 강등을 실현시켰기 때문이었다. 따라서 앞에서 살펴본 예들을 자동사 피동문으로 인정하려면 역시 행위자 강등이나 피동자 승격의 특성을 충족시키는지 살펴보아야 할 것이다.

이상 2.4.2와 2.4.3에서 각각 대당 능동문의 존재, 행위자 강등과 피동자 승격이 피동문 판별과 관련해 보다 명확히 설명되고 적용되어야 함을 살펴보았으며 이들이 (3)에 제시된 피동의 원형적 특성에 근

---

64) 대표적으로 Perlmutter & Postal(1977)을 들 수 있다.

거한 것임을 밝힌 바 있었다. 그러나 이 밖에 한국어 피동문의 판별에서 고려해야 할 것이 하나 더 있는데 이것은 피동과 관련된 다른 범주, 즉 중동과의 연관성에서 파악되어야 한다는 점에서 앞의 것들과 구별된다.

2.4.4. 중동적 특성을 보이는 부류

여기에서는 먼저 피동문인지 아닌지 판별하기가 어려웠던 문장 중 중동으로 설명될 가능성이 있는 일례를 제시하고 한국어 피동 논의에서 왜 중동이 고려되어야 하는지에 대한 근거를 제시하겠다.

앞에서 우리는 다음과 같은 문장을 동작피동으로 파악한 배희임(1988)의 처리에 의문을 제기했었다.

(78) 영희의 차가 시동이 잘 걸린다.

동작피동으로 분류된 다른 문장과 달리 '철수가 영희의 차를 시동을 잘 건다'와 같은 능동문과 분명히 대응된다고 보기도 어렵고 '철수'와 같은 특정한 행위자를 상정하지 않기 때문이었다.

그런데 (78)과 비슷한 경우를 중동문으로 분류한 다른 언어의 예를 찾아볼 수 있다. 각각 독일어, 영어, 프랑스어의 예이다.

(79) 가. Dieses Buch liest sich leicht.

나. This book reads easily.

다. Ce livre se lit facilement.

('이 책은 잘 읽힌다.')

(Fagan 1992: 9)

(79)와 같은 예는 논의에 따라 중동(middle), 피동적 중동(passive middle), 촉진(facilitative),[65] 가능 피동(potential passive) 등으로 언급되었으나 크게 중동의 한 유형에 속하는 것이다.

그렇다면 (79)와 같은 문장이 어떻게 중동으로 분류될 수 있을까? 우리는 2.2.3에서 참여자와 관련된 능동, 피동, 중동의 대립적인 특성에 대해서 살펴보았었다. 제시되었던 그림 중 피동과 중동만 다시 가져오기로 하겠다.

(80) 가. 피동

나. 중동

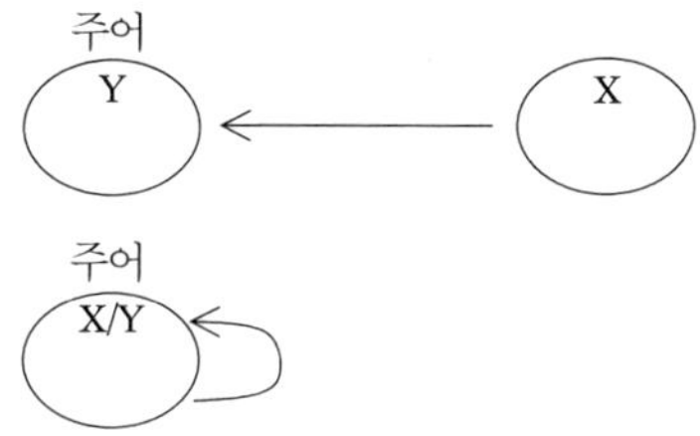

(80)의 그림에서 보듯 중동은 주어가 행위를 유발하는 동시에 행위를 받는다는 점에서 주어가 행위를 겪기만 하는 피동자인 피동과 다르다. (79)와 같은 문장이 중동으로 파악된 것은 외부의 행위자보다도 '이 책' 자체가 잘 읽히는 행위를 유발하는 동시에 읽힘에 의해 영향을 받기 때문임을 알 수 있다. 본고에서 중동적 성격이 있다고 보는 한국어 문장 (78) 역시 (79)에 제시된 문장과의 단순한 의미적 유사성에서뿐만 아니라 (80)에 제시된 대립적 특성을 바탕으로 해서 중동으로 파악될 수 있다. 차가 행위자에 의해 시동이 잘 걸리고 못 걸리는 것이 아니라 차가 시동이 잘 걸리도록 행위를 유발하는 동시에 시동이 걸리

65) 이에 대한 번역어로 백미현 역(2003)은 '작위'를 택했다. 그러나 '작위'라고 할 경우에 이 용어가 가지는, 행위의 용이성과 관련된 의미가 드러나지 않기 때문에 '촉진'이나 '용이' 등의 번역이 더 낫지 않을까 생각된다. Kemmer(1993: 147)은 이러한 유형의 현상들이 이 용어가 명확히 드러내는 사건 발생의 쉽고 어려움 외에도 속성에 대한 판단이나 비교 등도 포함한다고 하였다.

는 행위의 영향을 받는 것이다.

이제 우리는 (78)과 중동이 갖는 개념적 유사성에 대해서는 확인을 했다. 그렇다면 이에 대해 혹자는 피동의 접미사가 피동을 나타낼 뿐이지 그것이 중동을 나타낸다는 것이 가능하냐는 질문을 던질지도 모른다. 그동안 우리가 '-히-'계 접미사에 대해 피동접미사로서 너무나 확고한 지위를 부여해 왔다는 점과 (79)에 제시된 중동문은 피동의 표지가 실현되지 않았다는 점이 그러한 질문을 가능하게 한다. 그러나 피동이 중동과 표지를 공유하는 현상은 통시적으로도, 공시적으로도 흔한 현상이다. 일례로 Haspelmath(1990)은 피동이 나타나는 31개 언어의 39개 피동 표지 중에서 25개가 피동 외의 다른 용법을 가지고 있었고 피동으로만 쓰이는 경우는 14개뿐이었다고 하였는데 그가 제시한 피동 외의 다른 용법 중에는 중동과 관련된 의미들이 다수 포함되어 있었다.[66)]

심지어 고대 그리스 어의 경우에는 중동 안에 피동이 포함되었던 것으로 여겨지기도 하였다. Andersen(1991: 51)이 제시한 예이다.

(81) és hr' asamínthous bá-nt-es eüxéstas
to then bathing tub(APl) go(Aor)-PartA-NPl well polished(APl)
<u>loú-sa-nto</u>
wash-Aor-3PlM[67)]
'Then having climbed into the well polished bathing tubs they <u>(a) washed</u>

---

66) Haspelmath(1990)에서 피동 형태소가 다른 용법으로 쓰이는 경우로 제시한 것에는 재귀(reflexive), 상호(reciprocal), 결과상(resultative), 반사동(anticausative), 가능 피동(potential passive), 상태변화(fientive), 재귀-사동(reflexive-causative), 탈목적어 구성(deobjective), 탈주어 구성(desubjective) 등이 있다.

67) A: accusative, Pl: plural, Aor: aorist, PartA: participle active, N: nominative, 3: third person, M: medium, middle

themselves, (b) washed each other (c) were (automatically) cleansed (d) were washed.' (그들은 잘 닦인 목욕통 안으로 들어가 (a) 자신을 씻었다, (b) 서로를 씻겼다, (c) (저절로) 씻겨졌다, (d) (남에 의해) 씻겨졌다.[68])

Andersen(1991)은 중동의 기본적인 의미를 "반사동(anticausative)"이라고[69] 보고 고대 그리스 어에서는 중동의 굴절어미가 "반사동뿐만 아니라 부가적으로 재귀, 상호, 그리고 피동 구성을 포함한 다양한 다른 구성에서도 쓰인다"고 하였다. 이러한 의미는 그가 제시한 (81)의 예에서 중동 표지가 달린, 밑줄 친 'loú-sa-nto'에서도 드러나는데 이것은 자신들이 자신의 몸을 씻었다는 재귀적(reflexive) 의미(81a), 서로 씻겨주었다는 상호적(reciprocal) 의미(81b), 저절로 씻겨졌다는 반사동적(anticausative) 의미(81c), 다른 사람에 의해 씻겨졌다는 피동적(passive) 의미(81d)로 해석이 가능하다.[70]

---

68) (d)의 '남에 의해'는 (c)의 저절로 씻겨진 경우와의 의미 차이를 드러내기 위해서 필자가 삽입한 것이다.

69) 행위자 없이 저절로 일어나는, 자연발생적(spontaneous) 의미와 관련되는 것이다. 논의에 따라서 '반사동'과 거의 같은 의미로 '자연발생'이라는 용어를 사용하는 경우도 있으나 후자의 용어를 쓰는 견해에서는 '반사동' 이외의 현상까지 포함시키기도 하는 것 같다. 이에 대해서는 3.2.3에서 자세히 후술하겠다.

70) 이처럼 고대 그리스 어나 산스크리트 어의 경우에는 중동에서 피동이 비롯되었다는 주장이 지배적이다. Andersen(1991)은 이들 언어의 문헌을 근거로 피동이 중동의 하위 의미 중 하나였기 때문에 중동의 의미 중 하나로 피동을 전제하는 입장이다. 한편 Shibatani(1999: 409)는 자연발생적(spontaneous) 의미를 나타내는 중동의 하위 유형의 용법이 영향 받은 실체와 구별되는 행위자가 개념화되는 상황으로 확대됨으로써 피동이 생기게 되었다고 보았다.
  한편 다른 유럽어에 대해서는 반대로 피동에서 중동이 나왔다는 주장도 있는데, Kemmer(1993)과 같은 주장이 그에 해당한다. Kemmer(1993: 152, 198)은 라틴어의 -r이 중동 표지인 동시에 완료를 제외하고 모든 인칭과 시제에서 나타나는 규칙적인 피동 표지였으며 원래는 피동 용법이 중동 용법의 기원이었던 것으로 본다. Klaiman(1991: 45, 278)도 Kuryłowicz(1964)의 견해를 인용하여 그리스 어의 경우는 피동이 중동보다 이후에 발달되었다는 것이 정설이지만 다른 유럽어에서는 그렇지 않다고 하였다. 다시 말해 Kuryłowicz에 따르면 인도-유

따라서 만약 그동안 피동의 예외로 설명되어 오던 현상들이 중동과 관련될 가능성이 있다면 그러한 가능성을 아예 차단하기보다는 그에 대한 세밀한 검토를 통해 피동과 중동과의 관계를 확인하는 것이 온당한 입장일 것이다.

이상에서 피동문 판별에서 고려해야 할 몇 가지 문제를 피동의 원형적 특성과 태 범주적 특성에 기반을 두고, 대당 능동문의 존재, 행위자 강등과 피동자 승격, 중동적 특성을 보이는 부류로 나누어 살펴보았다. 그러나 여기에서는 단순히 이러한 문제들이 피동문 판별에서 검토되어야 한다는 필요성과 근거만을 제시했지 실제적인 판별은 이루어지지 않은 상태다. 이에 대해서는 3장, 4장에서 '-히-'계 접미사 피동문과 '-어지다' 피동문 각각을 다루면서 본격적으로 살펴보도록 하겠다.

2.5. 마무리

이 장에서는 피동의 특성을 기준으로 피동법을 제안하고 피동문 판별을 위해 고려해야 할 몇 가지 문제를 제시하였다. 이때 피동의 특성은 피동의 원형적 특성과 그것의 주변적 현상의 측면과, 능동, 중동, 피동의 태 범주에 존재하는 대립적인 특성의 측면으로 나누어 제시되

럽어에서 능동-피동이 능동-중동보다 역사적 우위에 있으며 mediopassive(중피동)라는 용어도 주된 피동 기능 외에 부차적인 중동 기능을 함축하는 것이며 진정한 중동은 단지 능동태의 의미적 변종일 뿐이라는 것이다(Klaiman 1991).

그러나 라틴 어에 대해서도 Andersen(1991: 52-53)의 언급을 보면 위의 주장이 맞다고 쉽게 단정내릴 수는 없을 것 같다. 그는 위와 같이 라틴 어에서 피동이 중동보다 우위에 있었다는 주장에 반박하여 그러한 근거의 일부가 라틴 어의 'passivum'이라는 용어가 '느끼거나 견딜 수 있다'는 의미를 가졌기 때문에 현재의 피동(passive)이라고 여겨진 데 있다고 보았는데, 이것은 사실 오해이며 이것의 실제 기능은 중동태의 특성을 나타내는 것이었다고 하였다.

었다. 이러한 피동의 특성을 기준으로 피동법으로 설정될 수 있는 여러 구성 중 '-히-'계 접미사 구성과 '-어지다' 구성을 피동법으로 보았는데 여기에는 피동을 문법적인 현상으로 파악하고자 하는 본고의 관점이 담겨 있다고 볼 수 있다.

이어서 피동문 판별의 기준으로 피동의 원형적 특성과 주변적 현상을 근거로 하여 대당 능동문의 존재, 행위자의 강등과 피동자의 승격을 제시하고, 태의 한 범주로서 피동이 가지는 대립적 특성을 근거로 하여 중동적 특성을 보이는 부류에 대해 고려해야 함을 언급하였다.

3. '-히-'계 접미사 피동

3.1. 도입

2장에서는 피동법을 '-히-'계 접미사 구성과 '-어지다' 구성으로 한정하고 피동문을 판별하는 기준을 제시하였다. 3장은 2장의 논의를 바탕으로 이 중 '-히-'계 접미사 피동의 구체적인 양상에 대해 논하는 자리다.

먼저 2장에서 제시한 대로 다음 세 가지 문제, 즉 대당 능동문의 존재, 행위자 강등과 피동자 승격, 중동적 특성을 보이는 부류와 관련하여 피동문을 판별한 후, 이를 바탕으로 피동문의 여러 양상을 검토한다. 특히 행위자의 실현과 피동자 실현의 문제, 부사어 실현과 명령법 및 청유법 어미의 결합 문제, 피동문의 의미를 중심으로 논의하도록 한다.

3.2. 피동문의 판별

3.2.1. 대당 능동문의 존재

대당 능동문의 존재를 피동문 판별에서 고려할 때 우리가 살펴볼 문제는 다음에 제시된 예에서 집약적으로 드러난다.

(1) 가. 날씨가 풀렸다.
　　나. *X가 날씨를 풀었다.
(2) 가. 밤길을 걷다가 돌부리에 걸려 넘어졌다.
　　나. *밤길을 걷다가 돌부리가 (발을) 걸어 넘어졌다.
(3) 가. 가시가 손에 박히었다. (이기동 1978ㄱ: 543)
　　나. X가 가시를 손에 박았다.
(4) 가. 이 종이는 잘 접힌다.
　　나. X가 이 종이를 잘 접는다.

각각의 능동문 (나)의 '*' 표시만을 고려한다면 (1), (2)는 대당 능동문이 존재하지 않는 경우로, (3), (4)는 대당 능동문이 존재하는 경우로 나뉠 것이다. 그러나 다시 살펴보면 (1가)는 대당 능동문 (1나)의 타동사구 '날씨를 풀었다'가 아예 성립하지 않는 경우인 반면, (2가)는 (2나)의 타동사구 '발을 걸었다'는 성립하지만 능동문의 주어인 행위자로 상정된 '돌부리' 때문에 대당 능동문이 어색한 경우임을 알 수 있다. 다음으로 (3가)는 적격한 대당 능동문인 (3나)가 존재하는 것 같지만 (3가)는 행위자가 없이 저절로 일어난 사건인 반면 대응되는 능동문 (3나)는 행위자가 존재하는 경우이며 (4가)는 행위자가 종이를 접고 있는 사건을 기술한 (4나)와 달리 행위자와 관계없이 종이의 속성이 어떻다는 기술이라는 점에서 의미가 다른 경우이다.

이와 같이 대당 능동문의 성립 여부와 관련된다는 점에서 공통적인 (1)-(4)의 문장들이 이면에는 몇 가지 다양한 문제들을 내포하고 있음을 알 수 있는데 논의의 편의를 위해 이들을 다음과 같이 구분해서 살펴보고자 한다.

(5) 가. 능동문의 동사구가 존재하지 않는 경우 ········ (1)
나. 행위자에 문제가 있는 경우 ································ (2), (3)
다. 능동문과 의미 차이가 있는 경우 ······················ (4)

각 경우에 대한 논의를 시작하기 전에 이것이 편의상의 구분이라는 점을 덧붙인다. 예를 들어 예문 (2), (3)은 행위자에 문제가 있는 경우로 언급되었고 (4)는 능동문과 의미 차이가 있는 경우로 언급되었으나 사실은 (2), (3)의 경우도 능동문과 의미 차이가 있는 경우로 살펴볼 수 있는 예이며 (4)의 경우도 행위자의 측면에서 살펴볼 수 있는 경우이다. 위와 같은 구분은 (1)-(4)의 각 문장을 대당 능동문의 존재와 관련하여 본고가 특히 어떤 점에 주목하고 살펴보았는지에 따른 것임을 밝혀 두고자 한다.

먼저 능동문의 동사구가 존재하지 않는 경우부터 살펴보기로 하겠다. 앞에서 제시한 문장을 다시 가져오겠다.

(1) 가. 날씨가 풀렸다.
나. *X가 날씨를 풀었다.

어떤 논의는 위 문장이 '자연적 사태'를 나타내기 때문에 조물주와 같은 절대자인 행위자를 가정한다면 피동문으로 볼 수 있다고 한다. 그러나 (1가)는 그러한 논의가 지적한 것처럼 행위자에 문제가 있는 것이 아니다. 문제는 행위자가 조물주이든 하늘이든 다른 무엇이든 '날씨를 풀다'가 쓰이는 능동문은 상정 자체가 불가능하다는 데 있다. 예를 들어 역시 자연적 사태라고 할 수 있는 '비를 내리다'와 같은 동사구를 살펴보자. 이 역시 보통의 행위자가 주어가 되는 것이 불가능하다는 점은 '날씨를 풀다'와 비슷하다. 그러나 다음과 같은 기원문에서 '비를 내리다'는 자연스럽게 쓰이는 반면 '날씨를 풀다'는 불가능하다.[1)]

(6) 가. 하늘이시여, 제발 비를 내려 주소서.
   나. *하늘이시여, 제발 날씨를 풀어 주소서.

(1가)와 같은 예로는 다음 문장을 들 수 있다.

(7) 가. 숙제가 다른 일에 밀렸다.
   나. 그 여자가 집안에 묻혔다.
   다. 집안에 근심이 쌓인다.
   라. 여기저기 얼어 죽은 송장이 널렸다.
   마. 그 얘기를 들으니까 정말 기가 막히더라.

어떤 행위자가 오더라도 (7)의 의미로 '숙제를 밀'고, '그 여자를 집안에 묻'고, '근심을 쌓'고, '송장을 널'고, '기를 막'을 수 없다. 즉 이들 모두는 대당 능동문 자체가 존재하지 않는다. 본고는 이와 같이 어떤

1) (6가)는 우형식(1990)에서 가져온 문장이다. 우형식(1990)은 '비를 내리다'라는 타동 구문이 불가능한데 (6가)와 같은 기원문에서만 쓰일 수 있다고 하였다. 그러나 필자에게는 '하나님이 비를 내리셨다'와 같은 문장도 자연스럽게 느껴진다.

경우에도 대당 능동문 자체가 존재할 수 없는 문장들은 피동문이라고 보지 않을 것이다.

물론 위와 같은 예들은 다음과 같이 동일한 형태의 피동사가 쓰인 피동문과 전혀 관계가 없다고 볼 수는 없다.

(8) 가. 엉킨 실이 드디어 풀렸다.
　　나. 철수는 사람들한테 밀렸다.
　　다. 항아리가 땅에 묻혔다.
　　라. 인부들에 의해 벽돌이 쌓였다.
　　마. 빨랫줄에 빨래가 널렸다.
　　바. 댐의 건설로 강이 막히면 피해가 적지 않을 것이다.

(1가)와 (7) 같은 문장들을 피동문으로 본 논의들은 그것들과 피동문 (8) 사이의 관계를 중시했을 것이다. 그러나 그러한 논의들은 '-히-' 계 접미사가 결합된 문장을 일괄적으로 피동문이라고 함으로써 피동문 판별의 짐을 덜게 되는 이점을 가지지만 그렇게 상정된 피동이 일반적인 피동의 개념과 상당히 멀고, 또 파생에 의해 형성된 피동사가 능동사와 독립적으로 어휘 변화를 겪을 수 있다는 사실을 포착하지 못한다는 단점을 가진다. 본고는 이러한 문장을 피동사에서 의미가 전이된 자동사가 쓰인 문장으로 보는데 이 같은 설명은 이를 "바꾸힌 움직씨의 본대 움직씨 되기(變動詞의 本動詞化)"로 보고 피동사와 달리 처리한 최현배(1937/1961: 438)의 입장과 동궤의 것이라고 볼 수 있다.[2)]

---

2) 최현배(1937/1961)에서 제시한 예 일부만 제시한다.

(i) 날이 풀히다 (解凍)
(ii) 날을 풀다 (×)

다음 역시 대당 능동문의 능동 타동사구가 존재하지 않기 때문에 피동문으로 볼 수 없는 경우인데 이전 시기에는 대당 능동문이 존재했다는 점에서 위의 경우와 구별되는 유형이다. 다음을 보자.

(9) 가. 이 책은 한 시간 걸리면 다 읽겠다.
   나. *이 책은 한 시간을 걸면 다 읽겠다.

(10) 가. 내 아내가 돋보인다(도두보인다).
   나. *사람들이 내 아내를 돋본다(도두본다).

(9가)는 박성종(1984: 50)가 제시한 예로 현재의 직관으로는 (9나)에서 보듯 대응하는 능동문이 성립하지 않으므로 피동문이라고 할 수 없다. 그러나 박성종(1984)는 이 문장을 피동적인 용법이라기보다 자동 표현에 가깝다고 하면서도 다음과 같은 예를 고려하여 피동사가 아니라고 해서는 안 된다고 하였다.3)

(11) 짚신 짜는 데만도 두 점이 걸렸으니, 가마니 짜기에는 열 점을 걸어야 할 걸세. (박성종 1984: 50, 밑줄은 필자)

박성종(1984)가 제시한 (11)과 같은 예를 받아들인다면 이전 시기에는

그는 이러한 예들이 입음의 뜻이 전혀 없으므로 (ii)와 같은 본동사로 환원할 수 없다고 하였다. 또한 이것이 맞춤법에도 반영되어 '풀히다', '틀히다' 등으로 적는 피동사와 달리 소리 나는 대로 '풀리다', '틀리다'로 적는다고 하였다.

이처럼 파생된 피동사가 어휘적으로 의미 확장이 되어 쓰이는 것은 한국어 피동의 특성에 그 원인이 있다고 볼 수 있다. 이에 대해서는 논의가 좀 더 전개된 이후에 상술할 것이다.

3) 박성종(1984)는 위의 '걸리다'와 같은 동사들이 원동사 '걸다'로부터 파생되었으나 원동사와 유대감을 상실하여 원동사와 대등한 자격과 지위로 사용된다고 하고 '본동사'라 이름 붙였다. 또 이러한 동사로 '그치다', '내리다', '멈추다', '모이다', '뜨이다', '매달리다' 등을 들고 이들 모두를 미분화 피동사로 다루었다.

'(시간을) 걸다'라는 의미의 동사구가 쓰이는 대당 능동문이 존재했다고 볼 수 있다. 그러나 현재의 직관으로는 이러한 문장을 상정할 수 없고 화자가 이들의 관계를 인식하고 있다고 보기도 어렵다. 따라서 (9가)는 피동문이라고 볼 수 없다.

(10가)도 비슷하다. 『표준국어대사전』에는 '돋보이다', '도두보이다'가 '돋보다', '도두보다'의 피동사로 처리되어 있다. 그러나 현재는 (10가)가 능동문 (10나)에 대응한다고 볼 수 없으므로 역시 피동문이라고 볼 수 없다.

다음에 살펴볼 것은 행위자에 문제가 있는 경우로 앞에서 예로 든 (2), (3)의 경우이다. 먼저 (2)부터 살펴보겠다.

(2) 가. 밤길을 걷다가 돌부리에 걸려 넘어졌다.
   나. *밤길을 걷다가 돌부리가 (발을) 걸어 넘어졌다.

(2가)의 대당 능동문 (2나)는 아주 어색해서 일반적으로 비문으로 판정된다. 따라서 대부분의 논의에서는 (2가)를 대당 능동문이 존재하지 않는다는 이유로 앞에서 다룬 (1가)와 동일한 맥락에서 설명해 왔다. 그러나 다시 살펴보면 (1가)와 달리 (2가)는 '돌부리'를 전형적인 행위자 '영희'로 바꾸면 대당 능동문을 가지는 피동문이 된다. 다음을 보자.

(12) 가. 영희에게 발이 걸렸다.
   나. 영희가 발을 걸었다.

본고는 (12)와 같은 예를 근거로 (2가)를 피동문으로 보아야 한다고 생각하는데 이와 같은 입장을 취할 경우 다음 세 가지 이점이 있다.

첫째, (2가)가 어색하거나 비문으로 여겨지는 대당 능동문을 갖는 것은 이들의 행위자가 유정물이 아닌 무정물과 같은 비전형적인 행위자이기 때문인데 이는 능동문의 행위자는 유정물이 우세하고 피동문의 행위자는 무정물이 우세하다는 경향을 반영하는 것이라 볼 수 있다. 이러한 경향은 Dewart(1979)의 실험에서도 뒷받침된다. 이 실험에서는 피험자들이 유정물이 행위자로 기능하는 그림에 대해서는 문장을 능동태로 부호화하는 경향이 있음을 보인 바 있다.[4)] 둘째, 앞에서 비문이라고 판단되었던 능동문 (2나)가 실제로 나타나는 경우가 있다는 것은 이를 쉽게 대당 능동문이 존재하지 않는다고 단언할 수 없게 한다.

(13) 폐금광 가는 길가에 / 큰 부채처럼 늘어 서 있던 포플러 / 그 나무그림자들 틈에 끼여서 / 내 그림자도 덩달아 길어지던 해질녘에 / 느닷없이 <u>발을 걸어 / 나를 넘어뜨렸던 돌부리</u>[5)]

(최승호, 「돌부리」)

마지막으로 (2가)와 달리 행위자가 사람이라서 피동문임을 의심받아 본 적이 없는 (12가)도 행위자에서 의도성을 제거한 다음과 같은 상황을 가정할 경우, 대당 능동문이 성립한다고 말하기 어렵다는 점도 본고의 주장을 뒷받침한다.

(14) 어머니: 순희야, 너 왜 울고 있니?

순희: 영희한테 발이 걸려 넘어졌어요.

---

4) 또한 네덜란드 어를 대상으로 Cornelis(1997: 121)이 VDB 코퍼스를 조사한 결과에서도 능동문의 행위자는 제도, 무정물, 추상적 실체 등의 행위자가 34%, 인간 등 유정물 행위자가 66% 나타난 반면 피동문은 제도, 무정물, 추상적 실체 등의 행위자가 65%, 인간 등 유정물 행위자가 35%였다고 한다.

5) '/'은 행의 구분을 표시하기 위해 임의로 삽입한 것이다.

어머니: 영희야, 네가 순희 발을 걸었어?

영희: 아니, 저는 발 안 걸었어요. 순희가 그냥 저한테 걸려 넘어진 거예요.

행위자 '영희'의 의도성이 없는 위와 같은 상황에서 '순희가 영희한테 발이 걸렸다'라는 피동문은 성립하지만 '영희가 순희 발을 걸었다'라는 대당 능동문은 말하기가 어렵다. 그렇다고 행위자의 의도성이 있고 없고에 따라 이를 피동문이다, 피동문이 아니다 할 것인가? 많은 논의에서 대당 능동문이 성립 안 된다는 이유로 (2가)를 피동문에서 제외했지만 실제로 이들 대당 능동문은 의인화를 통해 행위자에 의도성을 부여할 경우에는 (13)에서 보듯이 쓰일 수 있다. 이는 능동문은 전형적인 행위자가, 피동문은 비전형적인 행위자가 많이 쓰이는 경향, 또 주어로 유정물을 선호하는 경향을 지닌 한국어의 특성에서 그 이유를 찾을 수 있다고 생각한다.6)

(2가)와 같이 행위자의 비전형성 때문에 대당 능동문의 실현이 어색하지만 피동문으로 판단할 수 있는 예로 다음 예도 추가할 수 있을 것이다.

(15) 가. 나는 장미 가시에 찔렸다.

나. ?장미 가시가 나를 찔렀다.

(16) 가. 팔이 작두에 잘렸다.

나. ?작두가 팔을 잘랐다.

다음에 살펴볼 (3)은 행위자가 존재하지 않는 경우이다.

6) 나중에 살펴보겠지만 한국어에서 피동과 중동이 구분 안 된다는 것도 이것의 이유가 된다.

(3) 가. 가시가 손에 박히었다.
　　나. X가 가시를 손에 박았다.

(3가)와 같은 문장을 근거로 이기동(1978ㄱ)은 '-어지다' 피동과 달리 '-히-'계 접미사 피동이 "우발적"이고 "자동적"인 성격을 가진다고 하였다. 본고는 이기동(1978ㄱ)처럼 '-히-'계 접미사 구성 전체가 우발적이고 자동적인 성격을 가진다고 파악하는 데에는 동의하지 않지만 적어도 (3가)와 같은 문장이 그러한 성격을 가진다는 데에는 동의한다. 그런데 이때 (3가)가 엄밀한 의미에서 (3나)와 같은 대당 능동문과 정확하게 대응된다고 할 수 있으며 더 나아가 (3가)를 피동문으로 볼 수 있을까?

이와 같은 문장은 일반적으로 행위자 없이 저절로 일어나는 사건을 가리키는, 자연발생 구성(spontaneous construction)[7] 또는 반사동(anticausative)이라고 하는 중동(中動)의 특성을 지닌 현상과 관련되며 피동과 얼마간의 거리가 있는 현상이다. 여기서 잠깐 (3가)의 성격을 명확히 드러내기 위해 이와 관련된 현상에 대한 다음의 인용문을 살펴보도록 하자.

(17) 반사동은 많은 점에서 피동과 유사하다. 즉 두 구성 모두 기본 동사의 직접 목적어가 주어로 실현된다. 예를 들어 "Anton opened the door"에 대해 반사동은 "The door opened", 피동은 "The door was opened"이다. (중략) 피동과 반사동은, 전자는 행위자구를 가지지 않

7) '자연발생'을 '자동', 또는 '절로 됨' 등으로 번역할 수도 있을 것이다. 이것이 "문이 저절로 열렸다"와 같은 문장을 표현한다고 할 때 의미상으로는 '절로 됨'이 더 적절하다. 그러나 '절로 됨'이라는 번역은 '절로 됨(의) 구성', '절로 됨(의) 사건' 등 다른 단어와 어울려 쓰일 때 어색한 경우가 많기 때문에 '자연발생'이라는 번역을 선택하기로 한다.

> 을지라도 상황을 일으키는 사람이나 사물의 존재가 함축되는 반면 후자는 상황이 저절로(spontaneously) 일어난다는 점에서 다르다.
>
> (Comrie 1985: 325-326)

즉 (3가)는 행위자를 함축하지 않고 저절로 일어나는 사건을 의미한다는 점에서 (17)에서 언급된 반사동, 즉 자연발생 구성과 가까우며 피동과는 구별되는 것이다. 이것의 명확한 성격에 대해서는 3.2.3에서 중동적 특성을 가진 다른 부류를 함께 고찰하면서 살펴보도록 할 것이다.

그렇다면 다음과 같은 문장도 행위자가 없다는 점에서 자연발생 구성이라고 보아야 할까?

(18) 레이스가 많이 달린 화려한 드레스였으면 좋았을 텐데.

이 문장 역시 특정한 행위자가 존재하지 않는 것으로 보인다.[8] 그러나 (3가)와 달리 (18)에는 행위자가 누구인지 모를 뿐이지 레이스를 단 행위자가 분명히 있으며 행위자 없이 저절로 레이스가 달렸다고 볼 수는 없다. 따라서 (18)은 명확한 행위자가 드러날 수 없다는 점에서는 (3가)와 유사하나 행위자를 함축한다는 점에서 피동문임이 분명하다.[9]

이제 (4), 능동문과 의미 차이를 가지는 경우로, 행위자의 행위보다

---

8) 이러한 문장은 보통 '행위자 없는 피동'(agentless passive)이라고 불린다.

9) 피동문에서는 오히려 행위자가 문장에 나타나지 않는 것이 더 일반적이라고 한다. 예를 들어 Jespersen(1924/1965: 168)는 영어 피동문의 70-94%가 행위자에 대한 언급이 없는 피동문이라고 했다. 또한 Shibatani(1985: 831)에 인용된 바에 의하면 Yamamoto(1984)는 일본어의 경우 신문·잡지 등의 텍스트의 경우에는 70-80%, 소설의 경우에는 60-70%의 피동문이 행위자 없이 나타난다고 하였다.

피동자로 제시된 성분의 속성을 문제 삼는 경우이다.

(4) 가. 이 종이는 잘 접힌다.
나. X가 이 종이를 잘 접는다.

(4가)와 같이 파악되는 예로 다음 각 (가)의 문장을 추가하겠다.

(19) 가. 영희의 차가 시동이 잘 걸린다.
나. 철수가/X가 영희의 차를 시동을 잘 건다.
(20) 가. 이 책은 잘 팔린다.
나. 점원이/X가 이 책을 잘 판다.
(21) 가. 이 비누는 찬물에 잘 풀린다.
나. 어머니가/X가 이 비누를 찬물에 잘 푼다.

(4가)를 포함하여 (19)-(21)의 (가)는 종이가 잘 접히고, 차가 시동이 잘 걸리고, 책이 잘 팔리고, 비누가 잘 풀리는 것이 특정한 행위자에 의해 좌우되는 것이 아니라 종이, 차, 책, 비누에 달려 있음을 보인다. 따라서 행위자가 철수든, 영희든, 순희든 이와 같은 현상에는 변함이 없다. 따라서 이들 문장은 능동문 (나)와 달리 행위자가 중요하지 않으며 능동문과 의미적 차이를 갖는다.

본고는 이러한 예가 2.4.4에서 언급했던 중동의 한 유형과 관계된다고 보았는데 Kemmer(1993: 147)에서는 이를 '피동적 중동'(passive middle),[10] 더 한정적으로는 '촉진'(facilitative)이라고, Haspelmath(1987,

10) Kemmer(1993: 147)은 '피동적 중동'을 '보통 인간인 외적인 원인자(causer)가 존재하는 것으로 이해되나 화자의 시점에서 볼 때 피동자에 비해 불특정적이거나 상대적으로 중요하지 않아서 화용적으로 덜 강조"되는 것이라고 하였다.

1990)에서는 '가능 피동(potential passive)'이라고 언급하였다. 이에 대해서도 3.2.3에서 중동적 특성을 지니는 부류를 다루면서 (3가)와 함께 살펴보도록 할 것이다.

3.2.2. 행위자 강등과 피동자 승격

여기서는 능동문과 피동문 사이에 나타나는 행위자와 피동자의 변화와 관련된 문제를 살펴볼 것이다. 피동문은 능동문과 비교해 행위자가 강등되고 피동자가 승격되는 현상으로 이해되어 왔다. 다음에 살펴볼 예는 대당 능동문을 갖는 것 같지만 이 두 가지 특성 중 어느 하나도 충족시키지 않으므로 피동문이라고 보기 어려운 경우이다.

(22) 가. 오늘따라 고기가 많이 물렸다.
　　나. *오늘따라 낚시가/X가 고기를 많이 물었다.
　　다. 오늘따라 고기가 (낚시를) 많이 물었다.

(22)에서 (가)를 피동문으로 보려면 대당 능동문 (나)가 성립해야 하지만 (나)는 의미상 성립한다고 보기 어렵다. 오히려 (가)는 (다)와 관련을 맺는다고 볼 수 있는데 이 둘 간에 능동-피동의 대응 관계를 설정할 수 없으며 (가)의 '물리다'는 피동사 '물리다'로부터의 유추를 통해 형성된 것으로 보인다.[11]

11) (22가)와 (22다)는 의미가 유사하며 (22다)에 '낚시를'이 올 수 있다는 점을 제외하고는 논항 실현의 양상 역시 비슷하다. 그렇다면 이들 간의 유사성을 중시하여 이때 '물리다'에 결합되어 있는 접미사 '-리-'를 의미와 통사 범주를 바꾸지 않는 접미사로 볼 가능성도 있을 것이다. 그러나 본고가 이를 그렇게 보지 않고 피동접미사에서 유추된 것으로 본 것은 '물리다'가 쓰인 문장과 '물다'가

다음에 살펴볼 예 역시 대당 능동문이 존재하는 것 같으나 행위자 강등이나 피동자 승격을 보이지 않는다는 점에서 피동문으로 볼 수 없다.

(23) 가. 철수가 철봉에 매달렸다.
　　나. X가 철수를 철봉에 매달았다.
(24) 가. 오늘은 사람이 많이 모이네.
　　나. X가 오늘은 사람을 많이 모으네.
(25) 가. 나도 사람들 속에 좀 섞였으면.
　　나. ?X가 나도 사람들 속에 좀 섞었으면.

(가)에 대해 '-히-'계 접미사가 결합되지 않은 능동문 (나)를 각각 상정할 수 있는데 『표준국어대사전』에서는 이 중 (24가)의 '모이다'와 (25가)의 '섞이다'를 피동사로 처리하였다. 그러나 (23가)를 포함하여 이들 (가)는 대당 능동문 (나)가 성립한다는 이유로 피동문이라고 볼 수 없다. 기본적으로 대당 능동문과 의미가 아주 다르며 그렇다고 보았을 때 행위자가 강등되거나 피동자가 승격된다고 볼 수도 없고[12)]

쓰인 문장이 다음과 같은 차이를 보이기 때문이다.

(i) 내 낚시에 고기가 물렸다.
(ii) *내 낚시에 고기가 물었다.

(i)이 문제의 '물리다', (ii)가 능동의 '물다'가 쓰인 문장이다. 예문에서 보듯 이들은 '에'가 쓰인 명사구의 실현에 차이를 보인다. 또한 의미적으로도 '물다'가 쓰인 문장에서는 '고기'가 행위자인 반면 '물리다'가 쓰인 문장에서는 '고기'가 영향을 받는 실체로서 피동자와 의미적으로 가까운 존재이다. 이와 같이 '물다'와 통사적, 의미적 차이를 보이지만 피동사가 아닌 '물리다'를 어떻게 처리해야 할지 더 검토할 필요가 있다.

12) Hopper & Thompson(1980)의 타동성 개념을 적용할 경우에도 이들은 피동문과 거리가 먼 양상을 보인다. Hopper & Thompson(1980) 이전의 연구들이 타동성을 통사적으로 파악하여, '모 아니면 도'(all or nothing)의 개념으로 보았다면 이 연

무엇보다도 주어가 행위자이므로[13] 능동문으로 볼 수밖에 없기 때문이다.[14]

지금까지 살펴본 것은 타동사에 '-히-'계 접미사가 결합된 경우였다. 다음에 살펴볼 것은 자동사에 '-히-'계 접미사가 결합된 경우이

구는 타동성을 정도성 있는 의미적 자질로 파악했을 뿐만 아니라 동사만이 갖는 성질이 아니라 절 전체에 걸친 전국적(全局的) 자질로 정의하였다는 점에서 이전의 연구와 뚜렷한 선을 긋는다. 그들은 타동성과 관련된 열 개의 매개변인(parameter) 혹은 자질(property)을 제시하고 이에 따라 타동성을 파악하였다. 능동문과 피동문에 관한 언급을 보자면, 능동문이 행위자와 피동자가 개입된 사건을 행위자 중심으로 기술하여 높은 타동성을 보인다고 한다면 피동문은 사건의 의미 안에서는 행위자와 피동자가 있지만 능동문보다는 타동성이 낮다고 볼 수 있다. 이러한 견해를 (23)-(25)의 (가)에 적용하면 이들은 감소된 타동성을 가진다고 볼 수 없기 때문에 피동문으로 보기 어렵다고 할 수 있을 것이다.

한편 임홍빈(1978/1998)은 피동을 탈행동성이나 비의도성, 상황의존성의 의미를 가진 것으로 본 바 있는데 흥미로운 것은, 오히려 그러한 점을 근거로 (23)-(25) (가)의 유형을 피동문이라고 보았다는 것이다. 이 논의에 따르면 이러한 유형은 피동의 상황의존적이고 탈행동적인 특성 때문에 오히려 피동자의 입장이 강조된 경우라는 것이다.

13) 이것이 (22가)와의 차이점이다. (22가)는 의미가 어떻든 고기가 영향을 받는 실체, 즉 피동자에 가깝다는 인상이 강한데 이들은 행위자임이 분명하다.

14) 본고의 논지에서는 벗어나지만 위와 같이 형태는 피동사인데 의미적으로 능동사인 경우들이 종종 발견된다는 것은 주목할 만하다. 본문의 (23)-(25)의 (가)의 예 외에 다른 예들을 더 제시하겠다.

(i) 친구들하고 잘 <u>어울리고</u> 싶다.
(ii) 나도 구경꾼들 틈에 <u>끼여서</u> 구경했다.
(iii) 가수를 보자 사람들이 구름떼같이 <u>몰렸다</u>.

Kemmer(1993)에 기초를 둔 Park(1994)는 이러한 현상 역시 중동으로 보았다. 물론 의미적으로 살펴본다면 이러한 현상 역시 중동으로 볼 수 있는 여지가 있다. 예를 들어 Kemmer(1993)에 언급된 다른 언어의 예를 보면 (24가)의 '모이다'와 같은 동사가 능동의 '모으다'에 대응되는 중동의 하나로 처리되어 있기 때문이다.

그러나 본고에서는 이러한 견해가 가능성이 있다는 점에는 동의하지만 결론은 유보하도록 한다. Park(1994)는 이러한 예를 재귀적 중동, 상호적 중동이라고 보았지만 이를 그러한 부류를 두어 묶기에는 예가 너무나 적고 그 성격도 불분명하기 때문이다. 따라서 다른 언어의 재귀적 중동, 상호적 중동과 일부 유사한 예가 있다고 해서 이를 근거로 한국어에도 이들 범주를 상정하는 것은 타당하지 않다고 생각한다. 그에 비해 본고가 중동의 예로 보는 (3가), (4가)의 부류는 비슷한 예들이 많이 발견된다.

다. 일반적으로 전형적인 피동문은 능동 타동문과 대응관계를 갖는 것이 보통이다. 행위자와 피동자, 두 참여자가 관련된 사건을 나타내기 때문이다. 그렇다면 자동사에 '-히-'계 접미사가 결합되어 자동사 피동문으로 볼 가능성을 지닌 현상들은 어떻게 다루어야 할까? 이에 대한 논의는 대부분 '날리다', '울리다', 혹은 '졸리다'에 집중되어 왔고 앞의 두 동사에 관해서는 동형의 사동사와 관련지어 설명하는 경우가 많았다. 그러나 이 밖에도 자동사에 '-히-'계 접미사가 결합한 것으로 보이는 다양한 동사가 존재하고 이 중에는 '날리다', '울리다'와는 달리 동형의 사동사가 없는 경우도 많기 때문에 그간의 논의는 상당히 제한적이었다고 볼 수밖에 없다. 따라서 본고에서는 이와 관련된 다양한 예들을 제시하고 이전의 논의에서 다루지 않은 문제들을 드러내고자 한다.

논의의 편의를 위해 자동사에서 파생되었을 가능성을 보이는 동사들을 동형의 사동사가 존재하는지, 어기 동사가 자동사로만 쓰이는지 자·타 양용으로 쓰일 수 있는지, 이 두 가지에 따라 다음 네 부류로 구분하여 제시하고자 한다.15)

(26) 동형의 사동사가 있고 어기 동사가 자동사적 용법만 보이는 부류: 날리다, 울리다, 그을리다 등

(27) 동형의 사동사가 없고 어기 동사가 자·타 양용으로 쓰일 수 있는 부류: 걷히다, 먹히다, (열매가) 열리다, 맺히다 등

(28) 동형의 사동사가 있고 어기 동사가 자·타 양용으로 쓰일 수 있는 부류: 불리다 등

15) (26)-(29)는 현상을 분석하기 전의 잠정적인 구분이며 같은 부류로 묶였다고 해서 동일한 설명을 적용할 수 없다. 그럼에도 이와 같은 구분을 한 것은 동형의 사동사가 존재하느냐 하는 문제와 어기 동사가 자동사적 용법만 가지느냐 아니면 타동사적 용법도 가지느냐 하는 문제가 이들 문장의 해석에 중요한 영향을 미치기 때문이다.

(29) 동형의 사동사가 없고 어기 동사가 자동사적 용법만 보이는 부류: 졸리다, (감기가) 들리다, 들뜨이다 등

먼저 첫 번째 부류부터 살펴보기로 하겠다.

1) 동형의 사동사가 있고 어기 동사가 자동사적 용법만 보이는 부류

이 부류에는 '날리다', '울리다', '그을리다' 등이 포함된다. 이들은 각각에 대해 파생 이전의 어기 동사가 나타난 문장 (가), 사동사가 나타난 문장 (나), 사동사와 동형이며 피동사로 여겨지는 문제의 동사가 나타난 문장 (다)를 제시할 수 있다. 다음을 보자.

(30) 가. 낙엽이 바람에 난다.
나. 바람이 낙엽을 날린다.
다. 낙엽이 바람에 날린다.
(31) 가. ?종이 운다.
나. 사환이 종을 울린다.
다. 종이 사환에 의해 울린다.
(32) 가. 그는 얼굴이 햇빛에 그을었다.
나. 그는 햇빛에 얼굴을 그을렸다.
다. 그는 얼굴이 햇빛에 그을렸다.

그러나 (32다)의 '그을리다'는 (가), (나)의 주어가 동일하다는 것 외에 몇 가지 이유에서 (30), (31)의 '날리다', '울리다'와 달리 파악되어야 하므로 먼저 '날리다', '울리다'에 대해서 살펴보고 이에 대해서는 나중에 살펴보도록 하겠다.

'날리다', '울리다'에 대한 설명은 이들이 나타난 문장을 피동문으로 보는 입장과 피동문이 아닌 것으로 보는 입장으로 크게 나뉠 수 있다. 또 전자는 다시 피동사 '날리다, 울리다'가 동형의 사동사 '날리다, 울리다'에서 파생된 것으로 보는 견해와, '날다', '울다'에서 파생된 것으로 보는 견해로 나뉜다. 먼저 이들을 피동문으로 보는 견해 중 사동사 '날리다', '울리다'에서 파생된 것으로 보는 견해를 살펴보도록 하겠다.16)

송복승(1995: 142-151)는 이들이 자동사에서 파생되었다고 보거나 타동사에서 파생되었다고 보는, 두 가지 가능성 모두를 인정하면서도 후자가 설득력 있다고 보고 다음과 같은 과정을 제시했다.

(33) 가. 낙엽이 난다.
　　나. 바람이 낙엽을 날린다.
　　다. 낙엽이 바람에 날린다.

그에 따르면 (가)에서 (나)의 과정을 통해 능동사 '날다'로부터 사동사 '날리다'가 파생되며 (나)에서 (다)의 과정을 통해 사동사 '날리다'에서 피동사 '날리다'가 파생되는 것이다. 그가 이러한 설명을 택한 것은 자동사 피동을 인정하는 것보다 타동사인 사동사로부터 파생되었다고 보는 것이 한국어 피동 체계 전체의 설명을 위해 바람직하다는 생각에서다. 대신 이와 같은 설명은 '사동사로 파생된 동사는 다시 피동사로 파생되지 않는다'라는 일반적인 피동사 파생의 제약을 위반하므로 이러한 약점을 보완하기 위해 능동사에 사동 파생이 적용된 이후에 그 파생 동사가 어휘화되어 타동사로 굳어지고 어휘부에 등재된

16) 이익섭(1972), 이익섭・임홍빈(1983), 송복승(1995), 우인혜(1997) 등이 그러한 견해를 제시하였다.

이후에 피동접사가 다시 결합되어 파생된 형식으로 보는 것이 좋다고 하였다.

위와 같은 설명은 송복승(1995)가 언급한 것처럼 피동의 체계에 부합한다는 것 외에 우인혜(1997: 81)에서 지적한 바대로 '낙엽이 날린다'라는 문장이 자동사문 '낙엽이 난다'보다는 사동사문 '바람이 낙엽을 날린다'와 의미적 일치를 보인다는 장점을 가진다. 그러나 능동사 '날다', '울다'에서 사동사 '날리다', '울리다'가 파생된 후 그 파생 동사가 어휘화되어 타동사로 굳어지고 어휘부에 등재된 이후에 피동접사 '-히-'가 다시 결합되어 파생된 형식으로 본다면 왜 여기에 피동의 '-히-'계 접미사가 나타나지 않느냐 하는 문제가 남는다. 일반적으로 어간 말에 이미 'ㅣ' 모음을 갖는 다음절 어간 동사는 피동사를 가지지 않는다고 알려져 있고[17] 실제로 이러한 경향이 있는 것이 사실이지만 어간이 'ㅣ' 모음으로 끝났는데도 '-히-'계 접미사가 결합한 '부리이다', '부치이다', '가리이다'와 같은 예가 발견되기 때문이다.[18] 만약 정말 '날리다', '울리다'가 이렇게 형성이 되었다면 '날리이다', '울리이다'의 형태가 왜 전혀 나타나지 않는지가 설명되어야 한다.[19]

17) 임홍빈(1978/1998: 310)에 타동사가 피동사를 갖지 않는 경향성이 잘 정리되어 있다. 그 중에는 음운론적으로 조건된 것으로 어간 말에 i를 이미 가진 다음절 동사들이 제시되어 있는데 여기에는 '죽이다', '살리다' 등의 사동사, '던지다', '때리다' 등의 동사들이 포함되어 있다.

18) 이들의 수용가능성 여부는 사람마다 다를 것으로 생각된다. '가리이다'의 경우만 『표준국어대사전』에 제시된 예문을 보이도록 하겠다.

(i) 산이 안개에 가리이어 보이지 않는다.
(ii) 길이 안개로 완전히 가리였다.

19) 역사적으로는 사동사에 피동사가 파생되는 것이 가능했었고 우리가 지금 논의하고 있는 '울리다' 역시 이전 시기에는 사동사에서 파생된 피동사였던 것으로 추정된다. 다음은 강명순(2001ㄱ: 126)이 사동사에서 피동사가 파생된 예로 제시한 것이다. 각각 어기 동사(또는 형용사), 사동사, 피동사의 순서이다.

(i) ᄂᆞᆽ다-ᄂᆞ초다-ᄂᆞᆽ초이다

이러한 설명이 불가능하다면 이에 대한 대안으로 이익섭(1972), 이익섭・임홍빈(1983)에서 제시된 바와 같이 사동사가 피동사로 영파생되었다고 볼 수도 있다. 그러나 이러한 설명은 명료하기는 하지만 과연 영파생을 설정할 수 있는지 하는 근본적인 문제부터 논의가 되어야 하며 굳이 왜 이런 몇몇의 예에서만 영파생이 나타나고 다른 예들에서는 영파생이 나타나지 않는지에 관한 문제가 설명되어야 한다.

다음은 '날리다', '울리다'를 '날다', '울다'에서 파생된 피동사로 보는 견해다. 이러한 견해로는 기타무라(2004), 백미현(1999), 우형식(1990) 등이[20] 있다. 이 중 앞의 두 논의만 살펴보겠다. 먼저 기타무라

(ii) 달다(煎)-달히다-달히이다
(iii) 몯다(集)-모도다-모도이다
(iv) 울다-울이다-울이이다
(v) 웃다-우이다-우이이다
(vi) 죽다-주기다-주기이다

그러나 우리의 입장은 이러한 현상을 바라볼 때 가능한 한 공시적인 시각을 유지해야 한다는 것이다. 공시적으로 '울리다'가 사동사 '울리다'에 '-히-'계 접미사가 결합한 피동사이고 사동사 '울리다'와 능동-피동의 관계를 유지하고 있다면 '울리이다'라는 형태가 나타나야 한다. '울리이다'라는 형태가 전혀 나타나지 않는데 '울리다'만 나타난다면 여기에는 피동접미사가 결합되지 않았다고 보아야 한다.

20) 우형식(1990)은 '날리다', '울리다'가 '날다', '울다'에서 파생되었다고 보고 그 이유를 '날다', '울다'가 다음과 같은 예에서 보듯 타동성이 있기 때문이라고 보았다. 다음 예를 보자.

(i) 가. 아이가 억지울음을 울었다.
나. 새가 하늘을 날고 있다.

그러나 자신도 지적하였듯이 (i)에 직접 대응되는 피동구성은 불가능하다.

(ii) 가. *억지울음이 아이에 의해 울렸다.
나. *하늘이 새에 의해 날렸다.

본고는 (ii)와 같은 피동문이 성립되지 않으므로 위와 같은 논의는 성립되지 않는다고 생각한다. 비슷한 예로 자동사 '걷다'가 있는데 이 역시 동족목적어를 취할 수 있다는 점에서 '울다'와 같은 경우라고 할 수 있다. 그러나 '걷다'의 경

(2004: 102)는 기본적으로 한국어의 피동에 나타나는 '-히-'계 접미사를 '결합되는 동사의 의미역-틀에서 동작주를[21] 흡수하는 것'이라고 하였다. 여기서 '흡수'는 의미역-틀에서 동작주 논항 자체를 없애는 것과 논항을 없애지는 않지만 내적 논항화시키는 것을 아울러 가리키는 것이다. '날리다'의 경우만 107-110쪽에 제시된 예와 논의를 통해 살펴보자.

(34) 가. 장날이 돌아오는 나흘 내내 기껏해야 휴지 나부랭이$_1$나 회오리바람$_2$에 날리곤 하던 쓸쓸한 빈터와 기둥만 앙상하던 빈 가게들이, (생략)

나. 회오리바람$_2$이 휴지 나부랭이$_1$를 날린다.

다. 휴지 나부랭이$_1$가 난다(=날다).

가'. <-동작주, 도달점$_2$, 대상$_1$>

나'. <+동작주, 대상$_1$>

다'. <+동작주>

만약 '날리다'가 사동사 '날리다'에서 왔다고 한다면 (가)는 (나)와 같은 대당 능동문을 상정할 수 있을 것이다. 이것이 우리가 조금 전에

우에는 사전에 피동사 '걸리다'가 등재되지 않았으나 다음과 같이 대당 능동문의 목적어인 '걸음'을 주어로 하는 피동문이 종종 발견된다. 이러한 예에 비추어서도 '울다'에서 피동사 '울리다'가 파생되었다고 볼 수는 없는 것 같다.

(iii) 가. 나는 걸음을 걸었다.
나. 걸음이 걸렸다.

21) 기타무라(2004)는 이것이 의미역으로 행동주(Agent)에 해당되는 것이라 보고 있기 때문에 본고의 행위자와 다른 개념이다. 따라서 행위자라는 용어로 바꿔 쓰지 않고 '동작주'라는 용어를 그대로 제시하였다. 반면에 본고의 피동자에 해당하는 용어인 기타무라(2004)의 '피동작주'는 의미역이 대상(Theme), 피동주(Patient), 도달점(Goal) 등으로 '동작주'와 달리 다양하다.

살펴본 첫 번째 견해다. 그러나 그는 이러한 설명을 따르지 않고 (가)를 자동사 '날다'에 '-히-'가 결합되어 파생된 것으로 본다. 즉 (가)의 대당 능동문을 (다)로 보고, (다')의 의미역-틀을 갖는 자동사에 '-히-'가 결합됨으로써 '-히-'의 '동작주의 흡수'에 의해 (가')의 의미역-틀을 가지게 되었다는 것이다.

한편 백미현(1999)는 피동뿐만 아니라 사동에 나타나는 접미사가 모두 주어 참여자의 감소된 능력부여(reduced empoweredness)를 나타낸다고 본다. 그에 따르면 인간인 행위자가 주어의 위치에 의미적으로 가장 잘 맞는데 그 위치가 덜 적당한 참여자로 채워질 경우 '-히-'계 접미사가 동사에 결합하게 된다. 다음 (35나)의 '울리다'의 '-히-'계 접미사가 그러한 기능을 하는 것이다.

(35) 가. 아이가 운다.
나. 알람이 울린다.

기타무라(2004)와 백미현(1999)의 주장은 자동사에 '-히-'가 결합하는 경우도 피동으로 인정한다는 점에서 본고의 견해와 다르지만 타동사와 자동사에 결합하는 '-히-'계 접미사의 의미 기능을 포괄적으로 설명하였다는 의의를 갖는다. 그러나 이들의 논의에는 다음과 같은 문제가 있다. 첫째, 기타무라(2004)가 주장한 것처럼 '-히-'가 '동작주 흡수'의 기능을 가진다면 왜 '먼지가 날렸다', '알람이 울린다'는 가능한데 '*새가 날렸다', '*아이가 울린다'와 같은 경우는 불가능한지 설명하지 못한다는 것이다.[22] 둘째, 이들 논의에는 기본적으로 '날리다',

22) 사소하지만 또 한편 중요한 문제로 과연 기타무라(2004)가 이렇게 해서 생성된 (34가)와 같은 문장을 무엇으로 보고 있느냐도 문제다. 그가 '날리다', '울리다'를 사동사의 영파생으로 보지 않고 위와 같은 설명을 도입한 이유 중 하나는 '졸리다'도 같은 틀 안에서 설명하기 위한 것이었다. '졸리다'의 경우는 다음과

'울리다'에 결합된 접미사와 피동문에 결합된 접미사를 동일한 것으로 설명한다는 전제가 깔려 있다. 그러나 그러한 전제는 이들이 실제로 동일할 경우에만 가능한 것이지 그렇지 않다면 성립될 수 없는 것이다.

지금까지 살펴본 견해는 '날리다', '울리다'를 사동사 '날리다', '울리다'에서 파생된 것으로 보든, 자동사 '날다', '울다'에서 파생된 것으로 보든 이들을 피동사로 본 것이었다. 한편 김창섭(1990), 고광주(2001ㄱ) 등은 이들을 피동사라고 보지 않는다. 먼저 김창섭(1990: 100-102)은 문제의 '울리다', 즉 이 논의의 '울리다$_1$'이 다음과 같은 과정을 거쳐 형성되었다고 보았다.

(36) (아이가) 운다$_a$ ⟶ [파생] (아이를) 울린다$_b$

↓[은유]

(종이) 울린다$_1$ [?] ⟵ (종을) 울린다$_2$

(김창섭 1990: 100)

타동사 '울리다$_2$'는 '울리다$_b$'에서 은유에 의해 나온 단어이고 '울리다$_1$'

같이 설명하게 된다.

(i) 어제도 그제도 그끄제도 …… 나$_1$는 졸려서 견딜 수가 없었다. ≪날개≫
(ii) 나$_1$는 졸았다.
(i') <-동작주, 대상$_1$>
(ii') <+동작주$_1$>

(기타무라 2004: 135)

이러한 설명이 (34가)의 설명과 일관성을 유지한다는 점에서 본고는 반론을 제기하지 않는다. 문제는 그가 '졸리다'가 쓰인 문장 (i)의 경우에는 대당 능동문 (ii)를 가지기는 하지만 그 동작주가 사격 논항이나 원인 부가어로 존재하는 것이 아니라 대상 논항으로 주어가 되는 경우이기 때문에 피동문으로 볼 수 없다고 한 반면 역시 동작주가 사격 논항이나 원인 부가어로 존재하는 것이 아니라 대상 논항으로 주어가 되는 '날리다', '울리다'가 쓰인 문장의 경우에는 108쪽에서 피동문이라고 보고 있다는 점이다.

은 '울리다$_2$'와 별개의 단어가 아니라 자동사, 타동사 미분화의 하나의 동사라는 것이다. 우리가 주목할 것은 여타의 절차를 제외한, '울리다$_1$'과 '울리다$_2$'에 대한 설명이다. 이러한 견해를 수용할 때 '울리다$_1$'과 '울리다$_2$'는 '-거리-, -이-' 동사들을 포함하는 광범위한 자동사·타동사 미분화 동사에 속하게 된다고 하였다.

고광주(2001ㄱ)도 결론은 김창섭(1990)의 논의와 비슷하나 능격동사를[23] 논항구조상 내재논항을 하나만 갖는 동사로 정의하고 문제의 '울리다', '날리다'를 사동사인 타동사 '울리다', '날리다'와 타동사-능격동사 교체를 보이는 것으로 파악하였다. 이러한 결론에 이르게 된 근거는 첫째, 사동사의 피동사화가 불가능하다는 것, 둘째, 자동사 '날다', '울다'와 논의 대상인 '날리다', '울리다'의 의미가 다르며 '날리다', '울리다'가 드러내는 양상은 피동사가 아닌 능격동사에 해당한다는 것이다. 또한 김창섭(1990)에서도 지적된 것이지만 사동사 '날리다'와 자동사 '날리다'가 보이는 관계는 타동사-능격동사의 교체 구문에 다양하게 나타나고 있기 때문이다.

본고는 다음과 같은 이유에서 김창섭(1990), 고광주(2001ㄱ)과 대체적인 견해를 같이 한다. 첫째, 단지 몇 가지 예외의 설명을 위해서 사동사에서 피동사로 파생되었다고 하는 것은—영파생되었다고 보거나 어휘부에서 타동사로 굳어진 후 피동접미사가 결합되었다고 보거나에 관계없이— 실제 현상을 기술하는 데에 도움이 안 되며 이미 자·타 양용 동사가 광범위하게 존재하고 있으므로 이와 연관 짓는 것이 논리적으로 타당하다고 생각한다.[24]

둘째, 능동과 피동이 공시적으로 나타나는 언어 현상이라고 볼 때

23) 고광주(2001ㄱ)의 '능격동사'의 개념은 1.3.3에서 상술한 바 있다.
24) 고광주(2001ㄱ)에 따르면 타동사-능격동사의 교체 구문이겠지만 이때의 능격동사라는 용어 사용에 이론(異論)이 많기 때문에 본고는 이를 택하지 않는다.

과연 언어를 사용하는 화자와 청자가 사동사 '날리다', '울리다'와 자동사 '날리다', '울리다'를, 능동과 피동의 관계로 인식하고 있을지 하는 것도 의문이다. 피동이라면 피동의 표지가 나타나지 않을 이유가 없기 때문이다.

셋째, 간접적인 근거로, '날리다'에서 형성된 '흩날리다', '휘날리다', '드날리다'의 존재도 우리의 설명을 뒷받침한다.

(37) 가. *꽃잎이 흩난다.
나. 바람이 꽃잎을 흩날린다.
다. 꽃잎이 바람에 흩날린다.
(38) 가. *깃발이 휘난다.
나. 바람이 깃발을 휘날린다.
다. 깃발이 바람에 휘날린다.
(39) 가. *명성이 드날았다.
나. 그가 명성을 드날렸다.
다. 그의 명성이 드날렸다.

(37)-(39) (나), (다)의 예는 이들 동사가 '날리다', '울리다'와 동일하게 타동사, 자동사의 관계로 파악될 수 있음을 보여준다. 그러나 '날리다', '울리다'의 경우와는 달리 이들은 각각의 (가)에서 보듯이 '흩날다', '휘날다', '드날다'가 존재하지 않기 때문에 여기에서 형성되었다고 볼 수는 없다.

따라서 앞의 두 견해, '날리다', '울리다'를 사동사 '날리다', '울리다'에서 파생된 것으로 보는 견해와[25] 자동사 '날다', '울다'에서 파생

25) 이러한 견해에서는 '흩날리다' 등의 형성에 대해 다음 두 가지 안을 가정할 수 있을 것이다. 먼저 (ⅰ)의 경우를 생각해 보자.

된 것으로 보는 견해에서는[26] 사동사 '날리다'와 피동사 '날리다'가 별개의 어휘항목인데도 우연히 동일하게 각각 '흩날리다', '휘날리다', '드날리다'로 합성, 또는 파생되었다는 설명을 해야 한다. 반면 본고가 선택한 자・타 양용의 '날리다', '울리다'를 상정하는 견해에서는[27] 하나의 어휘항목이 다의적으로 자동사, 타동사로 실현되는 '날리다'가

(i)

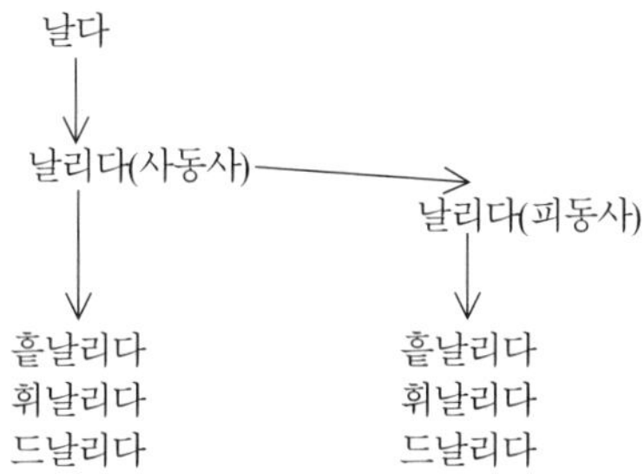

즉, '날다'가 사동사 '날리다'가 된 후 이것이 피동사 '날리다'로 파생되고 사동사 '날리다'와 피동사 '날리다'가 우연히 동일한 형태의 '흩날리다', '휘날리다', '드날리다'로 합성, 또는 파생되는 것이다.

또 다른 안은 피동사 '날리다'는 그대로 두고 사동사 '날리다'에서 형성된 '흩날리다', '휘날리다', '드날리다'가 사동사 '날리다'가 피동사 '날리다'로 파생되었던 것처럼 각각 피동사 '흩날리다', '휘날리다', '드날리다'로 파생된다고 보는 것이다.

(ii)

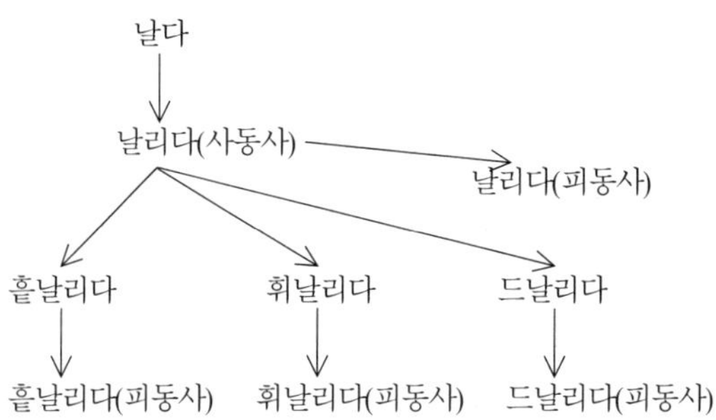

이 두 번째 안은 사동사 '날리다'에서 피동사 '날리다'가 파생되었다고 본다면 역시 타동사 '흩날리다' 등에서 피동사 '흩날리다' 등이 동일한 방식으로 파생되었다고 보는 것이 자연스럽다는 생각에서 가능하지만 오히려 첫 번째 안보다도 복잡하다는 단점이 있다.

26) 이러한 견해에서는 이를 다음과 같이 설명할 것이다.

역시 자·타 양용인 '흩날리다', '휘날리다', '드날리다'로 합성, 또는 파생되었다고 보면 되므로 설명이 훨씬 간단해진다.

이상에서 '날리다', '울리다'에 대해 살펴보았다. 마지막으로 '그을리다'에 대해 살펴보기로 하겠다. '울리다', '날리다'와 달리 '그을리다'는 별로 주목을 받지 못해 왔는데[28] 우리가 살펴볼 것은 다음 (다)

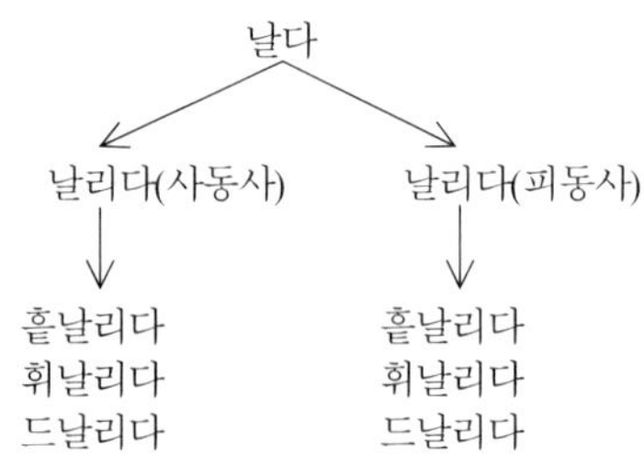

즉, '날다'가 사동사 '날리다'와 피동사 '날리다'로 각각 파생된 후 이들이 우연히 동일한 합성 또는 파생을 거쳐 '흩날리다', '휘날리다', '드날리다'가 되었다고 보는 것이다.

27) 이러한 견해에서는 다음과 같은 과정을 가정하게 된다.

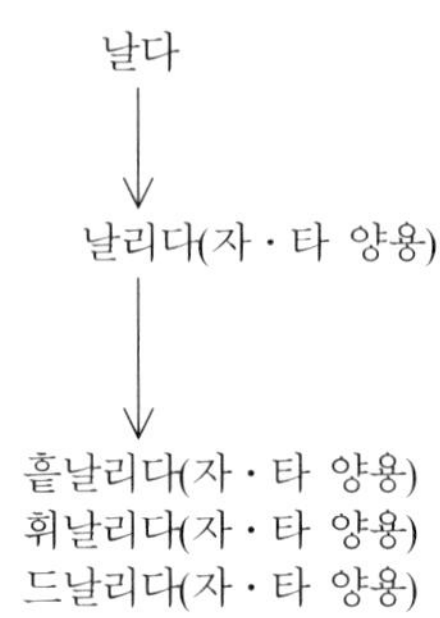

즉 앞의 두 견해처럼 별개의 사동사와 피동사가 각각 우연히 동일한 형태의 '흩날리다', '휘날리다', '드날리다'를 형성했다고 보기보다는 그림과 같이 자·타 양용의 '날리다'가 역시 자·타 양용의 '흩날리다', '휘날리다', '드날리다'를 형성했다고 보는 것이다.

28) 다만 백미현(1999)에서 '울리다' 등과 같이 '주어의 감소된 능력 부여'의 기능을 가진 접미사 '-히-'가 결합된 예로 파악했으며 김윤신(1997)에서 '피동성 능격구성'의 한 예로 파악했을 뿐이다. 이때 '피동성 능격구성'은 사동성을 갖지 않으며 주어가 행위자가 아니라 행동에 의해 피해를 입는 피동자인 구성이다. 그

에 나타난 '그을리다'이다.

(40) 가. 햇볕에 몸이 그을었다.

나. (나는) 햇볕에 몸을 그을렸다.

다. 햇볕에 몸이 그을렸다.

(41) 가. 나무가 불에 그을었다.

나. 그는 나무를 불에 그을렸다.

다. 나무가 불에 그을렸다.

(40)-(41)의 (나), (다)에서 보듯 '그을리다'는 피동형과 사동형이 동일한 형태로 나타난다는 점에서 '날리다', '울리다'와 같이 파악될 수 있다.

그러나 다음 예에서 보듯 '그을리다'는 '날리다', '울리다'와 구별되어야 한다.

(42) 가. ?종이 운다.

나. 종이 철수에 의해 울린다.

(43) 가. 먼지가 바람에 난다.

나. 먼지가 바람에 날린다.

(44) 가. 아이가 운다.

나. *아이가 철수에 의해 울린다.

(45) 가. 새가 난다.

나. *새가 날린다.

러나 '그가 고기를 불에 그을렸다'와 같은 예문을 고려한다면 '그을리다'를 '피동성 능격구성'으로만은 볼 수 없다.

'울리다', '날리다'는 자동사 '울다', '날다'와 의미 차이가 있다. 즉 (42), (43)에서 '울다', '날다'가 쓰인 문장 (가)는 '울리다', '날리다'가 쓰인 문장 (나)와 비교해서 어색하거나 의미가 다르다. 또 (44), (45)에서는 반대로 '울다', '날다'가 쓰인 문장 (가)는 자연스러운데 '울리다', '날리다'가 쓰인 문장 (나)는 성립하지 않는다. 자동사 '울다', '날다'와 '울리다', '날리다' 간에 존재하는 위와 같은 차이 때문에 앞에서 우리는 '울리다', '날리다'를 자동사 '울다', '날다'와의 관계가 아니라 사동사 '울리다', '날리다'와의 관계를 통해 파악했었다. 그러나 '그을다'와 '그을리다'는 '울리다', '날리다'와 달리 (40가, 다), (41가, 다)에서 보듯 의미의 차이나 문법성의 차이가 없기 때문에 '울리다', '날리다'에 준해서 처리할 수는 없다.

일단 사동사 '그을리다'는 '그을다'에서 파생된 것이 분명하다. 그렇다면 논의의 대상인 (40)-(41) (다)의 '그을리다'는 어떻게 파악할 수 있을까. 가능성은 두 가지이다. 첫째, (가)의 '그을다'에서 파생된 것으로 보는 것이다. 그러나 이렇게 볼 경우에도 『표준국어대사전』에서 처리하고 있는 것처럼 피동사로 볼 수는 없다. 앞에서 살펴본 피동의 특성을 보이지 않기 때문이다. 그렇다면 이때 결합한 접미사는 무엇인가가 문제가 된다. '그을다'가 쓰인 문장 (40)-(41) (가)와 '그을리다'가 쓰인 (40)-(41) (다) 사이에 어떠한 의미 차이도, 문법 관계의 차이도 보이지 않는다는 점에 비추어 이때 결합한 접미사를 이현희(1987), 구본관(1997)에서 제시된 의미와 통사범주를 바꾸지 않는 접미사로 볼 가능성이 있다.

두 번째 가능성은 앞서의 '울리다', '날리다'에 대한 본고의 선택처럼 '그을다'에서 파생된 (40)-(41) (나)의 사동사 '그을리다'가 (다)의 '그을리다'와 본래 자・타 양용 동사로서의 교체를 보인다고 하는 것이다. 이렇게 볼 경우 왜 사동사 '그을리다'가 자동사 '그을다'와 의미 차이 없는 또 다른 자동사 '그을리다'의 용법을 동시에 갖느냐가 문제이다.

현재로서는 이 두 가지 설명 중 어느 한 쪽이 옳다고 결론짓기가 어렵다. 의미와 통사범주를 바꾸지 않는 접미사나 자·타 양용으로 쓰이는 동사 부류에 대한 세밀한 고찰이 먼저 이루어진 이후에 이에 대한 해석이 가능할 것으로 보인다.

2) 동형의 사동사가 없고 어기 동사가 자·타 양용으로 쓰일 수 있는 부류

여기에서 살펴볼 동사는 '걷히다', '먹히다', '(열매가) 열리다', '맺히다' 등이다. '동형의 사동사가 없고 어기 동사가 자·타 양용으로 쓰일 수 있는 부류'라는 제목이 명시하듯이 이들은 '날리다', '울리다', '그을리다'와 달리 같은 형태의 사동사가 존재하지 않는 대신 파생 이전의 어기 동사 '걷다', '먹다', '열다', '맺다' 등이 자동사로도, 타동사로도 나타날 수 있는 부류이다. 따라서 앞에서 살펴본 부류처럼 사동사와 관련지을 가능성은 애초부터 배제된다고 할 수 있겠다.

먼저 '걷히다'부터 살펴보도록 하겠다. 각각의 예문을 어기 동사인 자동사, 타동사, 문제의 '-히-'계 접미사가 결합된 동사의 순으로 제시한다.

(46) 가. 구름이 걷었다.
　　나. 햇빛이 구름을 걷었다.
　　다. 햇빛에 구름이 걷혔다.

2.4.1에서 살펴보았지만 (46다)의 '걷히다'는 『표준국어대사전』에서

(46가) '걷다'의 피동사로 기술이 되어 있다. 그러나 역시 피동의 특성을 고려할 때 (46가)를 능동문으로 본다면 (46다)는 피동문이 아니다. 이 둘의 관계를 전제로 하고 생각할 수 있는 가능성은 피동이 아닌 다른 의미 기능을 지닌 접미사 '-히-'가 '걷다'에 결합되었다고 보는 것이다.

그러나 본고는 이보다는 (46다)가 타동문 (46나)를 대당 능동문으로 하는 피동문일 가능성이 더 타당하다고 생각한다. 단지 이러한 판단을 망설이게 하는 것은 『표준국어대사전』에 (46다) '걷히다'가 (46가) '걷다'의 피동사로 뜻풀이되어 있고 타동사인 (46나) '걷다'는 이들과 의미적 연관이 없는 동음이의어로 등재되어 있다는 점이다. (46가)의 '걷다'가 '걷다[1]'로, "구름이나 안개 따위가 흩어져 없어지다", "비가 그치고 맑게 개다"로 뜻풀이되어 있는데 (46나)의 '걷다'는 '걷다[3]'으로, "늘어진 것을 말아 올리거나 가려진 것을 치우다" 등으로 뜻풀이 되어 있기 때문이다.

그러나 실제로 타동사 '걷다[3]'이 쓰인 용례를 보면 이것에서 '걷히다'가 파생되었다고 생각할 수 있는 경우가 많이 발견된다.29)

(47) 가. 전 엄마의 검은 눈동자에 있는 하얀 구름을 걷어 버리고 싶어요.
나. 우리는 새로운 차원의 디지털 아트 여행을 통해 미래의 기술이 거는 주술의 안개를 걷어 낼 수 있을 것입니다.

반대로 (46가)의 자동사 '걷다[1]'의 용례는 그다지 찾아볼 수 없다는 것

29) 이렇게 볼 때 피동사 '걷히다'와 관계를 맺지 않으면서도 의미가 비슷한 자동사 '걷다'가 문제다. 실제로 이런 의미의 '걷다'는 잘 눈에 띄지 않는다. 세종 형태의미분석말뭉치에는 이러한 '걷다[1]'이 5회 나타나는데 실제로 예를 살펴보면 3회는 타동사인 '걷다[3]'이며 나머지 2회는 '길을 걷다'의 '걷다[2]'가 잘못 표시된 것이다. 오히려 자동사 '걷다[1]'도 타동사 '걷다[3]'의 동음이의어가 아니라 다의어로 본래적인 자·타 양용 동사 유형으로 볼 수 있는 가능성이 있다.

도 이러한 가능성을 뒷받침한다.

이와 달리 다음에 살펴볼 '먹히다', '(열매가) 열리다', '맺히다'는 파생 이전의 '먹다', '열다', '맺다'가 자·타의 용법을 보이나 전형적인 타동사로 쓰인다고 단정하기 어려운 경우이다. 먼저 '먹히다', '(열매가) 열리다'부터 살펴보자.

(48) 가. {이 공사가, 이 공사에} 철근이 많이 먹는다.
　　나. 이 공사가 철근을 많이 먹는다.
　　다. {이 공사가, 이 공사에} 철근이 많이 먹힌다.
(49) 가. {나무에, 나무가} 열매가 많이 열었다.
　　나. 나무가 열매를 많이 열었다.
　　다. {나무에, 나무가} 열매가 많이 열렸다.

이들은 어기 동사 '먹다', '열다'가 (가)에서 보듯 '이/가' 명사구를 취하기도 하고 (나)에서 보듯 '을/를' 명사구를 취하기도 한다는 점에서 앞에서 본 '걷다'와 비슷해 보인다. 그러나 (나)의 '먹다', '열다'는 비록 '을/를' 명사구를 취하기는 했으나 전형적인 타동사라고 보기 어렵다.30) 한송화(2000: 77)은 이와 같은 '먹다'에 대해 타동사 '먹다'로부터 의미가 확대되었으며 주어의 비행위성 때문에 (48가, 나)와 같이 '을/를'이 '이/가'로도 교체될 수 있다고 보았다.

현재로서는 이와 같은 '먹히다', '열리다'가 무엇인지 해결할 수가 없다. '먹다', '열다'가 '이/가' 명사구와도 '을/를' 명사구와도 자유롭

30) 다음과 같이 '을/를'을 취한 성분을 관계절 표제 명사로 실현시켰을 때 전형적인 목적어와 달리, 성립하지 않는다는 것도 그러한 근거가 된다.

(i) *이 공사가 많이 먹는 철근.
(ii) *나무가 많이 연 열매.

게 결합하므로 이를 타동사 '먹다', '열다'와 동일하게 다룰 수는 없을 듯하다. 일단 피동으로 해석할 가능성을 배제한다면 첫째, 의미와 통사 범주를 바꾸지 않는 접미사가 결합된 것이라고 보는 방법, 둘째, 피동접미사에서 유추된 것으로 보는 방법, 셋째, 피동접미사와 동일한 접미사인데 자동사와도 결합이 가능하므로 피동이 아닌 다른 기능을 수행하는 것으로 보는 방법 등이 있을 수 있다. 그러나 첫 번째 해석은 구본관(1997) 등에서 논의된 의미와 통사 범주를 바꾸지 않는 접미사가 보통 '-이-'로 실현된다는 점에서 '먹히다'처럼 '-히-'로 나타난 경우를 어떻게 처리해야 할지가 문제가 된다. 적어도 '먹히다'만을 고려한다면 이때의 '-히-'는 두 번째 해석, 피동접미사에서 유추된 것으로 보는 것이 더 타당할 듯하다. 반면 마지막 세 번째 해석은 자동사 '먹다', '열다'가 쓰인 (48)-(49) (가)와 이러한 접미사가 결합한 (48)-(49) (다)의 문장이 의미나 기능에 있어서 거의 차이를 보이지 않으므로 가능성이 희박한 것으로 보인다.

다음으로 '맺히다'는 '먹히다', '열리다'보다 더 복잡한 양상을 보여준다.

(50) 가. {이마에, ?이마가} 땀이 맺었다.
　　나. *이마가 땀을 맺었다.
　　나'. *철수가 이마에 땀을 맺었다.
　　다. {이마에, 이마가} 땀이 맺혔다.
(51) 가. {장미에, 장미가} 봉우리가 맺었다.
　　나. 장미가 봉우리를 맺었다.
　　다. {장미에, 장미가} 봉우리가 맺혔다.

(다)의 예에서 보듯 '맺히다'는 (50), (51), 어느 쪽이든 땀이나 봉우리

가 맺힌 장소의 명사구가 '에'나 '이/가', 모두와 결합하여 나타날 수 있다. 그러나 파생 이전의 어기 동사 '맺다'는 각각의 예 (가)와 (나)에서 보듯이 상이한 양상을 보여주며 이들 동사의 차이점은 『표준국어대사전』에서도 살펴볼 수 있다.

(52) 맺다

[1](…에) 물방울이나 땀방울 따위가 생겨나 매달리다. ¶이마에 땀방울이 맺다/언니의 눈에는 눈물방울이 맺어 있었다.

[2](…에)(…을)열매나 꽃망울 따위가 생겨나거나 그것을 이루다. ¶나무에 열매가 맺다/장미에 꽃망울이 맺을 때까지 잘 보살펴라.//장미가 빨간 봉오리를 맺었다./이 나무는 열매를 맺지 못한다.

(53) 맺히다

[2](…에)①'맺다[1]'의 피동사. ¶꽃잎에 이슬이 맺히다/이마에 땀이 맺히다/주전자 뚜껑에는 수증기가 맺혀 맑은 증류수가 한 줌 정도 고여 있었다.≪최인호, 지구인≫/숙자의 눈에 글썽하게 눈물이 맺혔다.≪이병주, 지리산≫

②'맺다[2]'의 피동사. ¶장미에 꽃망울이 맺히다/뒷동산에 있는 배나무에는 아직 열매가 맺히지 않았다.

즉 (50가)에 나타난 '맺다'는 "물방울이나 땀방울 따위가 생겨나 매달리다"는 뜻을 가진 (52) [1]의 '맺다'이고 (51가, 나)의 '맺다'는 "열매나 꽃망울 따위가 생겨나거나 그것을 이루다"의 의미의 (52) [2]의 '맺다'이다. 그리고 (50가)의 '맺다'는 첫 번째 명사구가 '이/가'와 함께 나타나는 문장이 어색하며 (50나, 나')에서 보듯 타동사로 쓰이지 않는 반면 (51가, 나)의 '맺다'는 이 두 가지가 자연스럽게 실현되고 있다. 따라서 비록 두 '맺히다'가 형태적, 의미적으로 유사하며 통사적으로도 같은 구조를 나타낸다고 할지라도 각각의 어기 동사는 상이한 양상을 보이므로 이 둘은 구별해서 다루는 것이 온당할 것이다.

먼저 (50)의 경우부터 살펴보도록 하자. 위에서 살펴본 바를 고려하면 (50다)는 능동 타동문에 대응되지 않으며 행위자 강등이나 피동자 승격이 나타나지 않기 때문에 피동문으로 볼 여지가 없다. 따라서 (50다)의 '맺히다'는 앞에서 살펴본 '먹히다'와 연장선상에서 논의되어야 할 것이다. 한편 (51)의 경우는 사정이 다르다. (51다)는 (51나)의 '맺다'가 타동사일 수 있으므로 피동문으로 볼 가능성이 있기 때문이다. 즉 (51나)의 '봉우리'는 목적어일 가능성이 있다는 것이다. 먼저 '봉우리'는 관계절의 표제 명사로 나타날 수 있다.

(54) 장미가 맺은 봉우리

또한 다음에서 보듯이 접속문에서의 공유 현상도 성립한다.

(55) 장미가 봉우리를 맺었고 철쭉도 맺었다.

이처럼 '봉우리를'이 전형적인 목적어가 나타내는 양상을 보인다는 것은 일단은 (51나)가 타동문일 가능성이 크다는 것을 의미한다. 그러나 우리는 (51나)가 타동문이라고 해서 (51다)가 이에 대응되는 피동문이라고 쉽게 단정을 짓지 않으려 한다. (51다)는 타동문 (51나)와도 관계를 맺을 수 있지만 자동문 (51가)와도 관계를 맺을 수 있기 때문이다. 또한 자동문 (51가)와 피동문 (51다)가 의미나 구조에 있어서도 큰 차이가 없다는 점도 문제이다. 이미 '봉우리'가 주어의 위치에 올 수 있는 자동문이 존재하는데 그와 의미 차이가 없는 피동문을 만든다는 것은 분명히 경제적이지 않은 일이기 때문이다. 결국 이 문제 역시 '맺다'를 포함한 자·타 양용으로 쓰이는 동사 부류에 대한 검토가 선행되어야 할 것이다. 이에 대해서는 일단 판단을 유보하도록 한다.

3) 동형의 사동사가 있고 어기 동사가 자·타 양용으로 쓰일 수 있는 부류

이 유형에 속하는 동사로 관찰된 것은 『표준국어대사전』에 등재된 동사로는 '불리다' 하나뿐이다. 『표준국어대사전』에 실린 '불리다'의 뜻풀이를 살펴보자.

(56) 불리다[5]

동(…에) '불다[1] 1'의 피동사. ¶낙엽이 바람에 불려 날아가다/집들은 차례차례 흔적도 없이 사라졌고, 높다란 먼지만이 떠돌다가 해풍에 불려 흩어졌다.≪황석영, 영등포 타령≫/헐렁헐렁한 문짝은 바람에 불리어 잠시도 가만히 있질 아니한다.≪이문희, 흑맥≫

(56)에서 보듯 우리가 살펴볼 '불리다'는 '불다[1] 1'의 피동사로 뜻풀이 되어 있다. 그렇다면 '불다[1] 1'을 찾아보기로 하자.

(57) 불다[1]

동 1 바람이 일어나서 어느 방향으로 움직이다. ¶동풍이 부는 날/따뜻한 바람이 불다/저녁때가 되자 세찬 바람이 불기 시작했다./빗줄기가 폭포수처럼 쏟아져 내리는데 바람마저도 맹렬히 불어 굵은 나뭇가지들이 뚝뚝 부러지는 소리가 요란했다.≪홍성암, 큰물로 가는 큰 고기≫

사전에 제시된 대로라면 '불리다'는 자동사 '불다'에서 파생된 것으로 보이며 이들의 관계는 다음 예문으로 보일 수 있다.

(58) 가. 바람이 불었다.
나. 바람에 낙엽이 불렸다.

그러나 본고에서 이러한 '불리다'를 "동형의 사동사가 있고 어기 동사가 자·타 양용으로 쓰일 수 있는 부류"라고 이름 붙인 것처럼 이것은 그 밖에 타동사 '불다'와 동형의 사동사 '불리다' 등과도 관련을 맺는다.

(59) 가. 아이가 피리를 불었다.
나. 선생님이 아이에게 피리를 불렸다.

그러나 의미를 따져 보면 우리가 살펴보고 있는 (58나)의 '불리다'는 (59)와는 관련이 없음을 쉽게 알 수 있다. 그렇다면 (58나)는 (58가)로써만 설명될 수 있는 것일까? 만약 (58나)가 (58가)를 대당 능동문으로 가지는 것이라면 이는 이전에 우리가 살펴본 예들과 상당히 다른 양상을 보이는 것이다. (58가)의 능동문에 행위자만 제시되어 있고 피동자는 (58나)에서야 비로소 나타나기 때문이다. 그러나 굳이 이러한 예외적인 관계를 상정할 필요 없이 (58나)는 '바람이 낙엽을 불었다'와 같은 대당 능동문으로 설명될 수 있다고 생각된다. 언뜻 보기에 '바람이 낙엽을 불었다'는 비문으로 보이나 이것이 다음과 같이 제약적으로나마 쓰이는 경우가 있기 때문이다.

(60) 바람이 낙엽을 불어 갔다.[31)]

31) 이 문장은 김창섭 선생님께서 제안하신 것이다.

즉, '바람이 낙엽을 불었다'와 같은 문장은 (60)과 같은 환경에서 쓰일 수 있으며[32] 이러한 예를 고려할 때 (58나)는 타동사 '불다'와 관련을 맺는 피동문이라고 볼 수 있다.

4) 동형의 사동사가 없고 어기 동사도 자동사적 용법만 보이는 부류

여기서 우리가 검토할 예는 '졸리다', '(감기가) 들리다', '들뜨이다' 등이다. 먼저 '졸리다'를 살펴보자.

(61) 가. 철수는 존다.
　　나. *철수는 졸린다.
(62) 가. 병아리는 존다.
　　나. *병아리는 졸린다.
(63) 가. (나는) 존다.
　　나. (나는) 졸린다.
(64) 가. 너도 조니?
　　나. 너도 졸리니?

---

32) 이처럼 능동문과 피동문 사이에 어미의 결합에서 차이를 보이는 현상은 다른 능동문과 피동문의 관계에서도 나타난다.

(i) 개구리가 하마한테 깔렸다.
(ii) ?하마가 개구리를 깔았다.
(iii) 하마가 개구리를 깔고 앉았다.

피동문 (i)은 대당 능동문으로 (ii)를 가질 것으로 예상되지만 실제로 (ii)는 매우 어색하다. 그러나 (ii)가 전혀 불가능하다고 볼 수 없는 것은 (iii)과 같은 문장으로 실현되기 때문이다. 이 같은 능동문과 피동문의 어미 결합의 차이가 이들 동사의 어떠한 특성 때문인지에 대해서는 여기에서 논하지 않는다.

각각의 (가)는 '졸다'가, (나)는 '졸리다'가 쓰인 문장이다. 위의 예문을 통해 살펴볼 수 있듯이 '졸다'는 인칭의 제약이 없는 반면 '졸리다'는 (61), (62)의 (나)와 같이 3인칭에서는 성립하지 않고 (63), (64)의 (나)와 같이 1인칭의 평서문과 2인칭 청자 의문문에만 가능하다.

송복승(1995)는 '졸리다'가 피동사로 파생된 이후 어휘화를 겪은 것으로 인칭에 따라 제약이 나타나며 자동사로도, 형용사로도 쓰일 수 있기 때문에 피동의 범주에서 제외하는 것이 타당하다고 언급하고 있다. 그러나 '졸리다'는 '-히-'계 접미사가 결합되었을 뿐이지 피동사로 파생되었다고 볼 수 없다. 앞에서 우리는 피동문이 아닌데 피동접미사와 동일한 형식의 접미사가 결합된 문장들을 살펴보았으며 의미와 통사범주를 바꾸지 않는 접미사, 또는 피동의 접미사에서 유추해서 쓰이는 접미사에 대한 가능성을 열어 두었었다. 그런데 '졸리다'에 붙은 접미사는 그것들과 달리 파악되어야 한다. 앞에서 살펴본 문제의 접미사는 의미나 통사 범주를 바꾸지 않았지만 '졸리다'에 붙은 접미사는 (61)-(64)에서 보듯이 적어도 의미를 바꾸는 데에는 관여를 하기 때문이다.

그런데 (61)-(64)에서 살펴본 '졸리다'가 나타난 문장의 양상은 일부 피동문에서 나타나는 양상과 관계가 있어 보인다.

(65) 가. 나는 산이 보인다.

나. *{너는, 그는} 산이 보인다.

(66) 가. 나는 소리가 잘 들리지 않는다.

나. *{너는, 그는} 소리가 잘 들리지 않는다.

(67) 가. 나는 아무래도 그 말이 믿기지 않는다.

나. *{너는, 그는} 아무래도 그 말이 믿기지 않는다.

(65)-(67)은 능동의 타동문에 대응하여 행위자를 강등시키고 피동자를 승격시킨다는 점에서 피동문이다. 다만 특별한 양태적 의미를 실현시키기 때문에 전형적인 피동문과 달리 설명되어야 할 것이다.[33] 그러나 (65)-(67)의 (나)에서 보듯 특별히 시점의 옮김 등을 통해 인칭의 제약을 해소하지 않는 한 2인칭 평서문과 3인칭 문장은 성립이 이상한데 이 점은 우리가 앞서 '졸리다'의 경우에서 살펴본 것이었다. 위와 같은 예문을 통해 비록 '졸리다'는 피동사가 아니지만 피동문에 나타나는 '-히-'계 접미사와 동일한 접미사가 결합하여 파생한 동사임을 알 수 있다.

다음은 '(감기가) 들리다', '들뜨이다'이다.

(68) 가. 그는 감기가 들었다.
　　나. 그는 감기가 들렸다.[34]

---

33) 이러한 유형의 피동문에 대해서는 중동적 피동문의 한 가지로 3.2.3에서 다루게 될 것이다.

34) 세종 형태의미분석말뭉치를 살펴보면 (68나)의 '감기' 자리에 오는 명사는 다음과 같은 부류로 나뉜다.

(ⅰ) 가. 신, 귀신, 마귀, 헛것, 매구혼
　　나. 감기, 고뿔, 부황, 당학, 경기, 사레
　　다. 맛, 재미, 주눅, 걸신

(가)는 초자연적인 존재, (나)는 질병이나 신체적 반응, (다)는 느낌이나 기분, 태도 등이다. 그런데 특이하게 (68나)의 경우, '감기가'의 조사 '가'가 '에'로 교체될 수 있다.

(ⅱ) 가. *그는 감기에 들었다.
　　나. 그는 감기에 들렸다.

현재로서 위의 (ⅱ나)는 먼저 (68나)에 나타나는 '들리다'가 나타난 후 피동문에 유추해서 위와 같은 문장이 나타났다고 보거나 아니면 '그는 감기에 걸렸다'와 같은 문장에서 유추해서 나타난 것으로 볼 가능성이 있다.

(69) 가. 그의 초대에 기분이 들떴다.

나. 그의 초대에 기분이 들뜨였다.

(68), (69)는 파생 이전의 (가)와 파생 후의 (나) 사이에 의미와 통사 범주의 변화가 없다는 점에서 공통점이 있다. 따라서 이 경우 역시 의미와 통사범주를 바꾸지 않는 접미사가 결합된 것 또는 공시적으로 피동접미사에서 유추하여 결합된 것으로 보인다. 한 가지 더 언급할 것은 (69나)의 '들뜨이다'는 『표준국어대사전』에 피동사로 등재되어 있으나 이를 피동으로 볼 근거는 전혀 없다는 것이다. 이는 『표준국어대사전』에 '개다[1]의 잘못'으로 올라 있는 '개이다'나 '설레다의 잘못'으로 올라 있는 '설레이다'와 같은 유형으로 여겨진다.

이상에서 행위자 강등과 피동자 승격이라는 피동의 특성에 따라 대당 능동문이 타동문인 경우와 자동문인 경우를 살펴보았다. 특히 후자의 문제를 네 가지 유형으로 나누어 살펴보면서 이와 관련된 여러 가지 문제가 얽혀 있음을 확인할 수 있었다. 이러한 문제 중에서 '-히-'계 접미사와 유사한, 혹은 동일한 형태를 지녔으나 피동접미사로 볼 수 없는 요소들을 확인할 수 있었는데[35] 이는 본고의 직접적인 주제

35) 크게 의미와 통사범주를 바꾸지 않는 접미사, 피동접미사에서 유추된 것으로 보이는 접미사, '-히-'계 접미사와 동일하지만 '졸리다'처럼 피동으로 볼 수 없는 구성에서 쓰인 접미사 등을 확인할 수 있었다. 구본관(1997)에서는 의미와 통사범주를 바꾸지 않는 접미사가 피·사동접미사에서 유추해서 쓰인 것이 아닐까 하는 가능성을 비친 바 있다. 만약 그러한 가능성이 사실이라면 본고에서 의미와 통사범주를 바꾸지 않는 접미사와 피동접미사에서 유추된 접미사로 구분한 것 역시 동일하게 볼 수 있을 것이다. 그러나 이렇게 본다면 구본관(1997: 134)에서 제시한 것처럼 의미와 통사범주를 바꾸지 않는 접미사는 '-이-'로만 나타나기 때문에 왜 '-히-'계 접미사의 이형태 중 '-이-'만 나타나는지에 대해 설명해야 한다는 문제가 있다. 또한 본고에서 살펴본 피동접미사에서 유추된 접미사는 '-히-' 등으로도 나타났기 때문에 이러한 '-히-'와 구본관(1997)에 제시된 의미와 통사범주를 바꾸지 않는 접미사 '-이-'가 동일한 것인지 아니면 다른 것인지, 또는 정말로 의미와 통사범주를 바꾸지 않는 것인지 등에 대한 검토가 필요하다.

와 관련된 것이 아니므로 더 이상 언급하지 않고 넘어가기로 하겠다.

3.2.3. 중동적 특성을 보이는 부류

우리는 지금까지 피동문의 판별에 대한 문제를 대당 능동문의 존재, 행위자 강등과 피동자 승격, 두 가지 측면에서 살펴보았으며 특히 3.2.1에서는 한국어의 피동이 중동(中動)과 관련이 있음을 확인할 수 있었다. 3.2.3에서는 중동과 관련하여 다음 세 가지 문제를 중심으로 논의하도록 한다.

첫째, 본고는 한국어에 피동뿐만 아니라 중동도 존재하며 이들 간에는 명확히 구분되기 어려운, 겹쳐지는 영역이 존재한다고 보는 입장에 있다. 그러나 본고 이전에도 한국어에서 피동을 중동과 관련지어 파악해야 한다는 논의가 존재한 반면, 이를 반박한 논의도 존재했으므로 양쪽 견해 모두를 검토함으로써 이 문제에 대한 본고의 입장을 명확히 보일 필요가 있다.

둘째, 앞에서 이미 중동과 관련되는 몇 가지 현상들을 언급하였으나 그들의 특성이나 유형에 대해서는 분명히 제시하지 않았다. 여기에서는 이와 관련된 문제를 상세하게 검토하는 한편, 앞에서 논의되지 않은, 이와 관련된 다른 현상들까지 포함하여 살펴보도록 할 것이다.

셋째, 피동과 중동의 범주 설정에 대한 문제가 있다. 한국어에서 피동과 중동 사이에 겹쳐지는 부분이 있다면 이를 피동에 포함시켜야 할지, 아니면 별개의 범주로서 구별해야 할지에 대한 견해를 밝히도록 한다.

먼저 첫 번째 문제부터 살펴보도록 하자. 우리는 이미 1.3에서 중동과 피동을 관련시킨 논의로 O'Grady(1991), Park(1994), 백미현(1999),

김윤신(2001ㄱ), 정성여(2001), 시라이시(2002) 등을 간략하게 살펴보았다. 이 중 Park(1994)의 논의를 상세하게 살펴보고자 하는데 이 연구는 한국어 피동에 중동을 본격적으로 끌어들여 논의하였다는 점에서 큰 의의를 가진다. Park(1994)는 '-이/히/리/기-' 접미사가 기본적으로는 사동 표지(CM)이며 그것의 다의적인 의미가 피동, 사동, 중동으로 실현된다고 보았는데 이때 중동은 Kemmer(1993: 243)에서 제시된, 다음의 특성을 가진 것이다.

(70) 중동은 (가) 시발자(initiator)가 종점(endpoint) 혹은 영향 받는 실체(affected entity)인 사건으로 이루어지는 의미 영역이며 (나) 그러한 사건은 낮은 정도의 정교화(elaboration)를 보이는 것으로 특징지어진다.[36]

이를 바탕으로 Park(1994)는 중동 유형의 사동표지구문(middle type CMC)을 다음과 같이 제시했다. 편의상 각 유형의 대표적인 예를 함께 보이도록 한다.

---

36) 원문은 다음과 같다.

> The middle is a semantic area comprising events in which (a) the initiator is also an Endpoint, or affected entity and (b) the event is characterized by a low degree of elaboration.
>
> (Kemmer 1993: 243)

Kemmer는 (a), (b) 두 가지 특성 중 (b)가 더 본질적인 중동의 특성이라고 하였다. 그러나 본고는 이에 대해 동의하지 않는다. 행위자 없는 피동(agentless passive) 같은 경우는 비록 피동이기는 하나 행위자를 제외하고 사건을 기술한다는 측면에서는 역시 (b), 즉 낮은 정교화(low degree of elaboration)라는 특성을 가지기 때문이다. 그보다 피동과 중동을 구분할 수 있는 특성은 피동은 시발자와 종점이나 영향을 받는 실체가 행위자와 피동자로 구별되는 반면 중동은 이 양자가 구별되지 않는 점이라고 생각된다. 따라서 본고는 (a)가 중동의 보다 본질적인 특성이라고 본다.

(71) 가. Caused-Passive CMC: 인호가 미나에게 안겼다.
나. Reflexive CMC: 인호가 엄마에게 매달렸다.
다. Reciprocal CMC: 물과 기름은 섞이지 않는다.
라. Stimulus-Experiencer CMC: 산이 보인다.
마. Facilitative CMC: 이 책은 잘 팔린다.
바. Spontaneous CMC: 문이 저절로 열렸다.

(71)의 분류는 각 구문의 의미와 실현되는 문형을 근거로 한 것이다. 언뜻 보기에도 이 연구에서 제시한 (71) 중 몇몇 예는 앞에서 본고가 중동의 특성을 지녔다고 본 유형의 문장들에 해당함을 알 수 있다. 그러나 Park(1994)의 논의는 다음 몇 가지 점에서 검토가 필요하다.

첫째, Park(1994)에서 제안한 큰 틀에 대해서 살펴보도록 하자.[37] 이 논의는 사동 표지가 하나의 다의적인 접사이고 사동, 피동, 중동 각각의 사동표지구문은 사동을 중심으로 하는, 구별되지만 관련된 하나의 가족이라고 주장한다(Park 1994: 147). 그런데 이렇게 볼 경우 한국어의 피동과 중동은 어떤 경우 문맥이 주어져도 구별이 어려울 만큼 밀접한 범주인데 반해 사동은 이 두 구성과 비교적 구별이 잘 되는 범주라는 점을 설명하지 못한다. 다음을 보자.

(72) 어머니가 아이에게 젖을 물렸다.

(72)는 사동으로도 피동으로도 해석될 수 있다는 점에서 중의적이다. 그러나 이 문장을 발화한 화자 역시 사동, 피동의 구별을 의도하지 않

37) 만약 본고가 중동을 대상으로 한 논의라면 무엇보다도 (71)에 제시된 중동 구성의 분류에 대해서 논해야 할 것이다. 그러나 본고는 피동에 대해 집중하고 있으므로 중동을 다루는 것은 피동과 관련될 경우뿐이다.

았다고 볼 수는 없다. 반면 피동과 중동의 관계는 이와 다르다. (73)을 보자.

(73) 문이 인호에 의해서 열렸다.

이 문장은 Park(1994)에서 '행위자 피동 사동표지구문(Agentive passive CMC)'으로, 즉 피동으로 분류되는 것이다. 이 문장을 앞에서 중동의 하나로 분류되었던 (71바) '문이 저절로 열렸다'와 비교해서 살펴보도록 하자. 먼저 (73)을 행위자가 존재한다는 점에서 피동으로, (71바)를 행위자 없이 사건이 저절로 일어난다는 점에서 중동으로 구분한 것은 타당한 것으로 보인다. 그렇다면 다음 예문도 그렇게 구별할 수 있을까?

(74) 문이 열렸다.

이것은 (73)처럼 피동에 속하는 문장인가, 아니면 (71바)처럼 중동에 속하는 문장인가? 만약에 Park(1994)에서 제시한 사동, 피동, 중동의 삼분 체계를 유지한다면 (74)와 같은 문장은 들어갈 곳이 없다. 문제는 (74)를 어느 한 쪽의 유형으로 포함시키기 어려운 것이, 앞서 예를 든 (72)의 경우와 같이 단지 해석 차원의 중의성에서 비롯된 문제가 아니라는 점이다. 다시 말하면 이 문장을 발화한 화자는 남에 의해 문이 열린 피동적인 상황과 저절로 문이 열린 중동적인 상황을 구분해서 발화했다고 보기 어렵다. 이는 한국어의 피동과 중동의 사이에 구분되지 않는 겹침(overlap)이 존재함을 보여준다.

둘째, 첫 번째 문제와 관련되는 것으로, 사동접미사가 기본이 되어 사동, 피동, 중동으로 실현된다는 주장에 대해 살펴보자. 이렇게 볼 경우 '먹이다', '먹히다'와 같이 사동형과 피동형이 구별되는 동사의 존재는 부정적인 근거가 될 수밖에 없다. 이에 대해 그는 중세 국어에서는 '먹이다', '먹히다'가 모두 사동사로 쓰였으며[38] '먹이다', '먹히다'가 피동, 사동으로 구별되는 것은 중세 국어 이후의 일이라고 하였다. 즉 본래는 '먹이다', '먹히다'의 사동사로서의 쓰임이 출발점이었다는 것이다. 그러나 설령 그가 제시한 것처럼 중세 국어에 '먹이다', '먹히다'의 구별이 없었다 하더라도[39] 사동사와 피동사의 변화 양상을 통시적으로 고찰한 강명순(2001ㄱ, ㄴ)의 논의를 참고하면 그러한 가정은 타당해 보이지 않는다. 강명순(2001ㄱ, ㄴ)에서 제시한 바에 의하면 중세 국어에서는 피동사만으로 실현되던 동사가 후대에 사동사로 쓰이는 경우도 있었으며 사동사와 피동사가 동형으로 실현되는 어휘들이 오히려 후대로 갈수록 늘어나는 경향도 있었는데 그러한 결과를 수용한다면 Park(1994)가 제시한 바와 같이 사동접미사가 기원이 되고, 사동사와 피동사의 변화 방향에 일방향적인 흐름이 있었다고 보기는 어렵기 때문이다.

셋째, 자료와 그것의 해석과 관계된 문제가 있다. 예를 들어 '바치다'와 같은 동사를 '받다'에 사동접미사 '-히-'가 결합된 것으로 보았는데(Park 1994: 32, 149) 이는 그렇게 볼 수 없다.[40] 또한 다음 예문

38) 그 근거로 든 예는 다음과 같다. Park(1994: 157)에서 로마자로 표기해서 예로 든 것을 원문으로 제시하도록 한다.

(i) 너를 먹이고져 ᄒᆞᄂᆞ니라 (소학언해 4:4)
(ii) 음식 먹키거시든 (소학언해 2:46)

39) 그러나 뒤에 제시된 논의인 강명순(2001ㄱ, ㄴ)은 이와 달리 '먹이다', '먹히다'가 중세 국어에서도 각각 사동, 피동으로 구분되어 쓰인다고 보았기 때문에 이는 타당하지 않다고 생각된다.

40) 이를 사동접미사가 결합된 동사로 해석한 것은 '바치다'가 '받게 하다' 정도의 의미를 가진 것으로 보았기 때문일 것이다. 그러나 만약 사동접미사가 붙은 것이라면 왜 여격을 취하는 명사구에 오는 사람이 존대 대상으로 제한되는지 설명할 수 없다.

(나)의 '들리다'를 (가)의 '들르다'에 사동 표지가 실현된 것으로 본 것도 다시 검토되어야 한다.

(75) 가. 인호가 어제 우리 집에 들렀다.
　　나. 인호가 어제 우리 집에 들렸다.

(Park 1994: 224)

실제로 구어에서 (나)와 같은 문장이 쓰이는 것은 분명해 보인다. 그러나 이것 역시 사동표지가 결합한 것이라고 해석할 수는 없으며 (나)를 '재귀적 사동표지구문'이라고 했는데 과연 이것이 어떠한 의미에서 (71나)와 같이 '재귀적'인 구성으로 묶일 수 있는 것인지에 대해 의문을 제기하지 않을 수 없다.[41]

이상에서 살펴본 바와 같이 몇 가지 검토할 필요가 있음에도 Park(1994)의 논의는 이전에 의심 없이 피동문으로 취급되거나 아니면 전혀 불규칙적인 예외로만 취급되던 '-히-'계 접미사 구성을 중동과 관련시켰다는 점에서 큰 시사점을 준다. 한편 Cho(1995)는 Park(1994)의 입장에 반대하여 Park(1994)에서 중동 유형으로 제시된 현상을 중동이 아니라고 보았다. 이를 위해 중동의 자질로 다음을 제시하고[42] 그러한 자질을 가졌느냐 가지지 않았느냐에 따라 Park(1994)에서 중동으로 논의된 현상들이 중동인지 아닌지를 검증했다.

(ⅰ) 임금님께 귀한 비단을 바쳤다.
(ⅱ) *친구에게 선물을 바쳤다.

41) 아마도 (75나)를 '인호가 어제 우리 집에 자기를 들르게 하였다' 정도의 의미로 해석한 것으로 보인다. 그러나 '들리다'의 쓰임은 '들르다'의 오용이지, 여기에 특별한 재귀의 의미가 덧붙여진 것이라고 보기는 어렵다.

42) 이 밖에 '그 밖의 자질(other properties)'이란 이름으로 언급된 것이 있으나 이는 그다지 중요하게 언급되지 않았으므로 여기서도 제외했다.

(76) 가. 잠재적인 논항의 존재(presence of an implicit argument)
　　나. 상태성(stativity) 혹은 비사건성(noneventiveness)
　　다. 양태(modality)
　　라. 부사 수식(adverb modification)

Cho(1995)에서 전제한 중동의 개념을 (76)의 자질들을 통해 하나씩 살펴보도록 하자. 먼저 (76가)는 중동은 전형적으로 두 개의 의미역을 함축하는데 통사적으로는 하나만 실현되고 다른 하나는 이해될 뿐 실현되지 않음을 의미한다. 이때 후자의 의미역은 보통 행동주라고 한다. 따라서 중동문은 "The book reads well"과 같이 '잠재적인' 행위자를 갖는 것이 보통이다. 다음으로 (76나)는 중동이 술어의 상적 속성을 수반한다는 것이다. 그에 따르면 중동은 보통 대상의 속성에 기여하거나 상태적, 비사건적이다. 따라서 진행형과 잘 안 쓰인다든지 행위자 지향 부사어 등과 잘 안 쓰이는 양상을 보인다. (76다)는 중동이 능력이나 가능 등을 나타내는 양태적 개념을 수반한다는 것이다. 마지막으로 (76라)는 '잘'이나 '쉽게' 등의 부사어와 잘 어울린다는 것이다.

그러나 (76)과 같은 자질을 통해 Park(1994)의 중동을 검증할 때 생길 수 있는 문제점은 첫째, 여기 제시된 중동의 자질이 앞에서 검토했던 (4가)의 예와 같은 피동적 중동 또는 가능 피동이라고 하는 중동의 극히 일부분의 현상에만 해당된다는 것이다. Cho(1995)가 Park(1994)에 대한 반박이라면 이 논의는 Park(1994)의 중동의 개념을 기반으로 해야 한다. 그러나 Cho(1995)의 중동은 Keyser & Roeper(1984)나 Fagan (1992) 등에서 제시된 개념으로,43) 분명 중동에 포함되기는 하나

43) Cho(1995)가 주목한 Fagan(1992), Keyser & Roeper(1984)의 중동의 개념은 본문의 (4가)와 같은 경우에만 해당되는 것이다. 이 중 Fagan(1992)의 논의만을 보기

Park(1994)가 전제로 한 Kemmer(1993)의 개념과는 상당히 다른 것이다. 바꿔 말하면 전자는 범위가 좁은 특별한 의미의 중동이라면 후자는 범위가 넓은 일반적인 의미의 중동이다.

둘째, 설령 중동으로 인정되는 현상이라고 할지라도 언어별로 (76)과 같은 자질의 실현이 달리 나타날 수 있다는 것을 고려하지 않았다는 문제가 있다. (76)이 언어별로 상이하게 실현된다는 것은 Cho(1995)에서 37쪽에서 제시한 표에서도 드러난다.

(77) 중동 형성의 의미적 자질

	잠재적 논항	비사건성	양 태	부사 수식
영 어	○	○	○	○
독 일 어	○	○	○	○
프랑스 어	○	×	×	×

위의 표를 보면 프랑스 어도 진정한 중동을 가지지 못한다고 할 수 있을 것이다. 따라서 (76)을 기준으로 한국어에 진정한 중동이 있다, 없다를 판정할 수는 없다고 본다. 특히 Cho(1995)의 많은 부분이 영어의 중동에 기대고 있는데 영어의 중동은 형태 표지도 없으며 일부 동사에서만 나타나는 현상이므로 이를 중동을 대표형으로 보고 판별의 기준으로 삼는 것은 문제가 있다.

로 하겠다. 그는 주로 독일어와 다른 언어의 비교를 중심으로 중동 현상에 대해 검토하였는데 이때의 중동은 재귀형(reflexive form)에 의해 실현된다. 재귀형은 고대 그리스 어의 중동이 표현했던 것과 동일한 다양한 의미들을 표현하고 있다고 한다. 그러나 현재 독일어의 연구에서 중동이라는 용어는 그리스 어 중동이 표현한 의미 유형을 모두 나타내는 데 쓰이지 않고 (4가)와 같은 유형의 재귀 구성만을 가리키는 데 쓰인다고 하였다. 반면 Park(1994)가 근거하고 있는 Kemmer(1993)의 중동은 (4가)와 같은 유형뿐만 아니라 재귀 구성, 상호 구성, 자연발생 구성 등 매우 다양한 구성을 포함하고 있으며 오히려 (4가)는 Kemmer가 제시한 중동 개념에서는 중동의 주변적인 현상에 들어가는 것이다.

셋째, 이러한 기준이 잘못 적용된 경우도 눈에 띈다. (76나)의 '상태성'의 경우만 예를 들겠다. 그는 이러한 '상태성'을 검증하기 위해 몇 가지 방법을 적용했는데 그 중 '-고 있다'와 결합한 경우를 보자.

(78) 가. 책이 잘 읽히고 있다.
나. 밀이 잘 갈리고 있다.
다. 책이 잘 팔리고 있다.

Cho(1995)는 위와 같은 예들이 '-고 있다'가 가능함으로써 [-상태성]을 나타내기 때문에 진정한 중동이라고 볼 수 없다고 하였다. 그러나 이러한 지적은 다음 두 가지 점에서 타당하지 않다. 먼저 '-고 있다'가 대부분 [-상태성]의 동사와 결합한다는 것은 사실이다. 그러나 이것은 다른 언어에서 진행상을 담당하는 요소와 달리 몇몇 상태동사와도 결합하는 특징을 지닌다.[44] 따라서 이를 용언의 [-상태성]을 검증하기 위한 도구로 삼은 것은 다시 검토되어야 한다. 또한 (78)과 달리 '-고 있다'가 결합되지 않는 경우도 존재한다.

(79) 가. *산이 잘 보이고 있다.
나. ?밥이 잘 먹히고 있다.

(79)와 같이 '-고 있다'가 결합하지 않는 문장을 고려한다면 (78)과 같은 '-고 있다'와 결합한 일부 예를 근거로 삼아 이를 진정한 중동으로 볼 수 없다고 한 것은 타당한 지적이라고 볼 수 없다.

---

44) '-고 있다'와 동사의 결합 양상에 대해서는 박진호(1998: 151, 2003: 45-61) 등을 참고할 수 있다.

이상에서 살펴본 바와 같이 Cho(1995)의 반론은 한국어에서 중동이라고 볼 수 있는 현상이 없다는 것을 증명해 주지 못한다. 그렇다면 우리가 살펴볼 문제는 두 번째 문제, 앞에서 살펴본 두 가지 중동적 현상의 성격을 확인하고, 함께 다룰 수 있는 그 밖의 현상을 찾아보는 것이다. 그러나 Kemmer(1993: 1)에서 언급하였듯이 "중동태라는 이름이 붙여진 다양한 현상들 간의 관계에 대한 만족할 만한 설명은커녕, 그에 대한 일반적으로 용인된 정의나 특성에 대한 기술도 없"기 때문에 이러한 작업은 힘들 수밖에 없으며 그러한 사정은 지금도 그다지 크게 달라지지 않은 것 같다.

앞에서 우리는 중동적 현상으로 다음을 살펴보았다.

(3가) 가시가 손에 박히었다.

(4가) 이 종이는 잘 접힌다.

위와 같은 유형들은 다른 중동적 특성을 지니는 유형보다는 비교적 논의가 많이 된 현상임에도 불구하고 앞에 인용한 것처럼 중동 자체의 모호한 성격에서 비롯된 어려움이 존재한다.

먼저 용어가 통일되어 있지 않다는 점도 이들 현상을 파악하기 어렵게 하는 원인 중 하나다. (3가)에 대해서부터 논의하도록 하자. (3가)와 같은 현상에 대해 논의마다 다음과 같은 용어가 쓰인다.

(80) 자연발생(spontaneous),[45] 반사동(anticausative),[46] 탈사동(decausative),[47] 중동(middle),[48] 기동(inchoative),[49] 중동적 피동(middle passive), 중피

45) Shibatani(1985, 1998), Kemmer(1993) 등.

46) Comrie(1985), Haspelmath(1987, 1990), Andersen(1991), Siewierska(1984, 1988, 2005), Kulikov(1998) 등.

47) Geniušienė(1987) 등.

동(mediopassive), 의사 피동(pseudopassive), 파생 자동(derived intransitive) 등50)

우리가 여기서 용어의 문제에 주목하는 것은 논의마다 상이한 용어를 사용함으로써 용어가 가리키는 외연도 달라지기 때문이다. 예를 들어 예문 (3가) 자체에 대해서는 '자연발생'이라는 용어를 쓰거나 '반사동' 이라는 용어를 쓰거나 상관이 없다. 그러나 (3가)와 유사하나 미묘한 차이를 가지는 어떤 현상들은 이 중 어떤 용어를 쓰느냐에 따라 (3가)의 유형에 포함되기도 하고 그렇지 않기도 한다. 예를 들어 Shibatani (1985)는 (80)의 용어 중 '자연발생'을 사용했는데 그때의 '자연발생' 에는 다음과 같은 현상이 포함된다.

(81) 가. Se abrió la puerta.

"The door opened." (문이 열렸다.)

나. Se ven las montanas.

"The mountains are visible." (산이 보인다.)

(Shibatani 1985: 827)

(81가)는 (3가)와 동일하게 행위자 없이 저절로 일어나는 사건으로 판단된다. 여기서 문제가 되는 것은 (81나)이다. 이것 역시 사건이 행위자의 의도나 노력과 상관없이 저절로 일어난다는 의미를 지니고 있다는 점에서 (81가)나 (3가)와 유사하다. 그러나 이들과 큰 차이가 있는

48) Keenan(1985), Kulikov(2006) 등.

49) 상으로서의 기동과 구별되는 것이다.

50) 기동(inchoative) 이후의 용어는 Haspelmath(1987)에 제시된 바를 참고한 것이다. 그러나 Haspelmath는 이들 용어 중 반사동을 택했다.

데 그것은 (81나)에는 어찌되었든 산을 보는 행위자가 존재한다는 점이다.[51] 반면에 (80)의 용어 중, '반사동'을 사용하는 견해에서는 이 용어가 의미하는 현상에 (81가)나 (3가)는 포함되지만 (81나)와 같은 예는 포함되지 않는 듯하다. Haspelmath(1987: 7)이 그에 해당하는데 그는 반사동을 "행위자가 통사적으로뿐만 아니라 의미적으로도 완전히 제거되어 과정이 저절로(spontaneously) 일어나는 것"이라고 보았기 때문이다. 따라서 (3가)나 (81가)를 반사동이라고 보는 논의에서는 (81나)와 같이 행위자가 의미적으로 상정될 수 있으며 잠재적으로 양태의 의미를 가지는 경우는 반사동이 아니라 오히려 다음에 살펴볼 (4가)에 가까운 현상으로 간주될 것이다.[52]

---

51) Kemmer(1993) 역시 '자연발생'이라는 용어를 사용했기 때문에 이러한 현상에 (81나)처럼 행위자가 상정되는, 비의도적 움직임을 나타내는 경우를 포함시키는 것으로 보인다. 그러나 Kemmer(1993)은 재귀와 관련된 중동의 유형을 중점적으로 살펴보았기 때문에 이처럼 피동과 연관성이 있는 중동의 유형들에 대해서는 상세하게 논의하지 않았다. 다만 다음과 같은 인용문을 통해 우리는 그가 이러한 예를 자연발생적 사건에 포함시켰을 것이라는 추측을 할 수 있을 뿐이다.

> 자연발생적 사건의 한 유형에는 비의도적(non-volitional) 움직임(motion)이 있다. 시작하고 멈추고 접근하고 멀리 이동하는 등등의 동사가 비의도적 움직임에 적용될 때 종종 중동으로 표시된다. 따라서 신체 행동 상황 유형을 표현하는 동사들과 형식적인 겹침(overlap)이 있다(3.2절). 특히 떨리거나 흔들리는 것, 즉 유정물 실체의 비자발적(involuntary) 움직임이나 나무나 땅과 같은 무정물 실체의 움직임을 나타내는 행동과 겹침이 있을 수 있다.
>
> (Kemmer 1993: 145)

참고로 백미현 역(2003)에서는 위 인용문에서 'motion'의 번역어로 '움직임' 대신 '이동'을 사용했으나 인용문에서 보듯 떨거나 흔들리는 등의 동작을 포함하기 때문에 '움직임'이 더 적절해 보인다.

52) 그러나 Haspelmath(1987)은 Shibatani(1985)의 '자연발생'이 '반사동'과 달리 '가능 피동'으로 볼 수 있는 구성을 포함하고 있다는 것을 의식하지 못한 것으로 보인다. Haspelmath(1987)에서 (81나)와 같은 문장을 '반사동'에 포함하지 않고 '가능 피동'에 포함할 것이라는 것은 본고의 추측이다. 이에 대해 Haspelmath가 '반사동'으로 언급한 예 중 어떠한 것도 (81나)와 같은 문장을 포함하지 않는다는 점과 다음과 같은 그림에서도 근거를 찾을 수 있다. 다음 그림은 Haspelmath (1987: 29, 31)에서 가져온 것으로, 여기서 U, A는 의미적 층위의 피동자

다음으로 (4가)의 경우를 살펴보자. 이에 대한 용어는 다음과 같다.

(82) 피동적 중동(passive middle),[53] 촉진(facilitative),[54] 가능 피동(potential passive),[55] 중동(middle),[56] 피동자-주어 구성(patient-subject construction),[57] 피동-속성(passive-qualitative), 중피동(medio-passive) 등[58]

이 역시 용어에 따라 외연이 달리 나타나게 되는데 이는 논의마다 현

(undergoer), 행위자(actor)이고, X, Y는 지시적 층위의 참여자이며 ‘주어’, ‘목적어’ 등은 통사적 층위의 논항을 가리킨다.

(i) 반사동:

U
↓
X
↓
주어

(Haspelmath 1987: 29)

(ii) 가능 피동:

U [A]
↓
X
↓
주어

(Haspelmath 1987: 31)

이때 (ii)의 ‘A’가 대괄호 속에 있는 것은 함축되지만 표현될 수 없음을 의미한다.

53) Kemmer(1993) 등.

54) 역시 Kemmer(1993). 앞의 피동적 중동보다 좁은 개념으로 Park(1994)도 이 용어를 선택하였다.

55) Haspelmath(1987, 1990), Geniušienė(1987) 등. Shibatani(1985)는 이와 관련해서 ‘potential’이라는 용어를 사용하였는데 그럴 경우 피동과 관계가 좀 더 먼 구성까지 포함하게 된다.

56) Fagan(1992), Keyser & Roeper(1984), Humphreys(1999) 등 특히 영어 통사론 논의에서 이 용어를 많이 사용한다.

57) Lakoff(1977) 등.

58) Geniušienė(1987: 112). 그는 기본적으로 이 현상에 대해 가능 피동이라는 용어를 사용했지만 다른 논의에서 이에 대해 피동 속성(passive-qualitative), 중피동(medio-passive) 등의 용어가 사용된다고 하였다.

상의 어떤 점에 초점을 두어 파악했느냐에 따른 것이다. 예를 들어 '촉진'(facilitative)이라는 용어를 쓰는 입장에서는 (4가)를 가리키되, 그 구성이 사건 발생의 쉬움, 어려움을 표현하거나 속성의 판단이나 비교 등을 나타낸다는 점에 초점을 두는 반면(Kemmer 1993: 147), '가능 피동'이라는 용어를 쓰는 입장에서는 그것이 가능성이나 쉽고 어려움, 필연성(necessity) 등의 양태 의미를 가진다는 점에 초점을 둔다(Geniušienė 1987).[59] 따라서 '촉진'이라는 용어를 쓰는 경우에는 다음 예문이 논의에서 배제되나 '가능 피동'이라는 용어를 쓰는 경우에는 논의에 포함되리라 추측할 수 있다. 불가리아 어의 예이다.

(83) Cvetjata se otgleždat na toplo
flowers RM[60] keep in warmth
'Flowers must be kept in warmth'(꽃은 따뜻한 상태로 보존되어야 한다.)
(Geniušienė 1987: 263)

지금까지 (3가), (4가)와 관련된 용어 사용의 문제를 살펴보면서 같은 현상에 대해 매우 다양하고 상이한 관점과 견해가 개입되어 있음을 알 수 있었다. 그럼에도 불구하고 위와 같은 예들은 비교적 중동과의 연관성을 쉽게 확보할 수 있었는데, 이는 (80), (82)에서 살펴보았

---

59) 그러나 '가능 피동(potential passive)'이라는 용어를 쓰는 입장이나 '촉진'이라는 용어를 쓰는 입장이나 가능의 의미와 피동자의 속성을 나타내는 예가 전형적인 예가 된다는 것은 공통적이다. 이는 Haspelmath(1987, 1990)에 제시된 예 역시 모두 그러한 의미를 가진 경우에 한정되어 있다는 것과 '가능 피동'이라는 용어가 "행위를 수행하는 잠재적 가능성(potential possibility)의 양태적 의미를 가지기 때문에 그렇게 이름 붙여졌다"는 Geniušienė(1987: 111)의 언급에서도 알 수 있다. 그러나 그보다는 드물지만 (83)에서 살펴보듯이 이것이 필연성(necessity)이나 지시(instruction), 또는 다른 양태적 의미를 나타내는 경우도 있다고 한다.

60) 'RM'은 재귀 표지이다. 중동과 관련되는 현상들이 이 표지로 실현되는 언어들이 많이 존재한다.

듯이 두 현상 모두 '중동', '중피동', '피동적 중동', '중동적 피동' 등 중동과 관련된 용어로 언급이 되며 실제로 Kemmer(1993), Park(1994)와 같이 이 둘 모두를 중동의 유형 안에 포함시킨 논의도 종종 찾을 수 있기 때문이다.

이상의 논의에 비추어 우리는 다음과 같은 현상도 중동의 특성을 가진 현상으로 설명될 수 있음을 알 수 있다.

(84) 가. 산이 보인다.
나. 밥이 먹힌다.

그러나 이들을 (3가), (4가) 어느 한 쪽의 유형에 속하는 것으로 단정하기는 매우 어려운 일이다. Shibatani(1985)라면 이들이 행위자의 의도와 상관없이 일어나는 사건이라는 점에서 '자연발생'이라는 용어로 (3가)와 함께 다룰 것이며 Haspelmath(1987, 1990)처럼 (3가)를 '반사동'으로 정의하고 (4가)를 '가능 피동'이라고 정의하는 논의에서는 위의 예문이 행위자가 함축되고 잠재적인 양태의 의미가 있다는 점에서 (4가)와 함께 다룰 것이기 때문이다.

이 밖에도 논저를 통한 근거를 쉽게 찾을 수 없으나 중동의 특성, 즉 행위의 시발자와 행위가 향하는 끝점이 같다는 중동의 태 범주적 특성을[61] 가졌다는 점에서 (3가), (4가)와 같이 파악할 수 있는 다음 예도 존재한다.

(85) 가. 네 말에 마음이 놓였다.

---

61) 중동의 이와 같은 특성은 그것의 주어가 사건의 시발자라는 측면이 강조되면 능동과, 사건의 끝점이라는 측면이 강조되면 피동과 중복되는 부분이 있을 것이라는 암시를 준다. 그러나 본고의 논의는 피동문에 대한 것이므로 중동과 피동의 구별에만 관심을 둔다.

나. 네 말에 내가 마음을 놓았다.

다. *네 말이 (내) 마음을 놓았다.

(85)의 (가)에 대해 행위자를 '네 말'로 상정한 (다)는 성립하지 않는 반면 행위자를 '나'로 한 (나)는 성립한다. (다)가 안 되는 것은 3.2.1에서 살펴보았던 것처럼 단순히 '네 말'이 비전형적인 행위자이기 때문이 아니다. '네 말'은 원인은 될 수 있지만 실제로 '내 마음'을 놓는 것은 '나'여야 하기 때문이다. 따라서 아무리 진형적인 행위자를 상정하더라도 그것이 '나'가 아니면 비문이 된다.

(86) *그 사람이 내 마음을 놓았다.

따라서 (85가)의 행위자는 외부의 행위자가 아니라 피동자 '마음'의 소유자 '나'이다. (85가)와 같은 문장 역시 행위자와 피동자가 분리되지 않는 성격을 지니고 있다는 점에서는 (3가), (4가)와 마찬가지이다.

또한 일반적으로 (85가)와 같은 문장이 다른 언어에서 피동문으로 형성되지 않는다는 점도 본고의 견해를 뒷받침한다. 영어에 대한 논의지만 Quirk 외(1985: 164)는 능동문의 주어와 목적어 사이의 공지시성은 대당되는 피동문의 성립을 저지한다고 하였다. 다음 문장을 보자.

(87) 가. The woman shook my hand.

나. My hand was shaken by the woman.

(88) 가. The woman shook her head.

나. ?*Her head was shaken by the woman.[62)]

62) Quirk 외(1985: 164)는 이 예를 한데 모아 제시했으나 본고에서는 차이를 분명히 드러내기 위해 각각의 경우를 나누어 제시하였다.

(87가)에 대하여 피동문 (87나)는 적격한 반면 (88가)에 대하여 피동문 (88나)는 적격하지 않다. 이처럼 행위자와 피동자가 동일한 경우 피동문의 형성이 제약되는 것은 영어뿐만 아니라 피동에 일반적으로 나타나는 현상이다.[63)]

피동문의 행위자의 성격과 관련된 다음의 인용문도 근본적으로 (85가)가 일반적인 피동문과 거리가 멀다는 것을 보여준다.

(89) 가. 피동은 절에서 표현되는 상황이나 사건이 항상 바깥의 행위자(outside agent)에 의해 일어났음을 함축하는 반면 (후략) (Siewierska 1988: 268)

나. 피동에서 주어는 외부의 행위자(external agent)에 의해 영향 받는다. (Shibatani 1985: 840)

다. ㄱ. 행위자[64)]는 외부에 존재해야 한다. (Cornelis 1997: 66)

ㄴ. 즉, 그 절의 주어(피동자)와 같은 사람이나 실체를 가리킬 수 없다. (Cornelis 1997: 66 각주 66)

이는 2장에서 제시되었던 피동의 태 범주적 특성에서도 확인할 수 있는 것이다.

---

63) 이러한 제약에 대해 Siewierska(1984: 207)는 Stein(1979: 106)의 말을 인용하여 피동은 주어에 의해 수행된 행위가 주어 그 자신의 영역을 넘지 않을 때는 항상 배제된다고 설명하였다. 또한 Abraham(2006: 15)은 Abraham(1995: Ch. 12)의 공지시 규준(Coreference Criterion), 즉 "공지시적인 논항은 외부, 내부의 구조적 논항이 구별된 의미역(AG≠TH)을 갖더라도 피동화될 수 없다"는 규준을 인용하여 행위자(AG)와 대상(TH)이 의미적 타동성 규준(Semantic Transitivity Criterion)을 충족시키지 못하는 동일한 지시 관계를 가지기 때문에 피동화가 될 수 없다고 하였다.

64) Cornelis(1997)의 용어로는 'causer'이다. 그는 능동문과 피동문의 행위자가 같은 위상을 가지고 있지 않다고 보고 능동문의 행위자는 'agent'로, 피동문의 행위자는 'causer'로 구분했다.

(90) 피동 범주: 행위가 주어의 지배 하에서 일어나지 않으며 주어와 분리된 다른 실체의 지배 하에서 일어난다.

결국 피동은 행위자가 존재해야 하며 그 행위자는 외부의 행위자여야 하는데 (85가)는 그러한 조건에 맞지 않으면서도 피동과 동일한 형식으로 실현된다고 볼 수 있다. 같은 유형에 속하는 문장에 다음 예들을 추가하도록 하겠다.

(91) 가. 그 사람의 행동에 이가 갈렸다.
나. 그 사람의 행동에 내가 이를 갈았다.
다. *그 사람의 행동이 (내) 이를 갈았다.

(92) 가. 자꾸 눈이 감겼다.
나. 내가 자꾸 눈을 감았다.
다. *졸음이/X가 자꾸 (내) 눈을 감았다.[65)]

이상에서 우리는 피동의 형식을 가지지만 그동안 피동문 판별에서 논란이 되어 왔던 다양한 예들이 중동의 특성과 관련해서 설명될 수 있음을 살펴보았다. 이에 대한 연구가 완결되기 위해서는 이러한 부류에 대한 정밀한 기술과 분류가 필요할 것이다. 그러나 이 문제는 중동에 대한 폭넓고도 깊은 범언어적인 연구를 요구할 뿐만 아니라 본고의 범위를 넘어서는 것이므로 더 이상 다루지 않기로 한다. 다만 피동문을 판별함에 있어 이들을 어떻게 설명해야 하는가 하는 문제와, 분류의 문제는 가능한 한 건드리지 않는 범위에서 이러한 예문에 나타나는 의미는 어떤 것들이 있는가 하는 문제, 두 가지만 염두에 두고

65) (91가), (92가)는 의미상으로는 행위자가 있는데도 행위자의 의도와 상관없이 행위가 일어난다는 점에서 '밥이 자꾸 먹힌다' 등의 문장과 유사하다.

논의하려고 한다. 이들 중 전자는 바로 이어서 다룰 것이며 후자는 3.3.3.3에서 '-히-'계 접미사 피동문의 의미를 다루면서 살펴볼 것이다.

이제 우리가 살펴볼 문제는 마지막으로 피동문 판별과 관련해, 중동과 관련되는 현상을 피동에 포함시켜야 할지, 아니면 별개의 범주로서 구별해야 할지에 대한 것이다. 여기서 우리가 선택할 수 있는 방법은 세 가지이다. 먼저 Park(1994)처럼 피동과 중동을 구별하는 방법이 있고, 이 둘을 하나의 범주로 묶는 방법이 있으며, 이 둘이 겹치는 부분을 인정하되 가능한 한 구별하는 방법이 있다. 앞에서 Park(1994)의 논의를 검토하면서 다음 예를 제시하고 이 둘을 구별하기가 매우 어려운 경우가 있음을 밝혔었다. 다음을 보자.

(74) 문이 열렸다.

피동이나 중동과 같은 태는 외부 행위자가 존재하느냐 그렇지 않느냐에 따라 명확하게 구분되는 것이다. 그러나 (74)에서 보듯이 한국어는 피동과 중동의 구분이 명확하지 않으며 동일한 표지로 실현된다. 이는 한국어가 엄밀한 태의 대립을 가지고 있는 언어들과 달리 사태를 표현할 때 외부의 행위자가 존재하는지 그렇지 않은지에 큰 관심이 없기 때문인 것으로 보인다. 그렇다면 우리가 선택할 수 있는 방법은 뒤의 두 가지 방법 중 하나일 것이다.

현상적으로만 살펴본다면 피동과 중동을 한 범주로 묶는 것이 타당해 보인다.[66] 이는 여러 논의들에서 고대 그리스 어에서 중동 안에 피

66) 다른 언어들도 피동과 중동의 경계가 불확실한 경우들이 많이 존재한다. 이러한 구별의 어려움은 중동의 여러 유형 중 특히 자연발생 구성, 즉 반사동과 관련된 논의에서 많이 이루어져 왔다. 이와 관련해 피동과 반사동의 구별에 대한 Haspelmath(1987: 6-7)의 언급을 참고로 제시하도록 하겠다.

동이, 라틴 어에서 피동 안에 중동이 포함된 것으로 처리한 견해와 흡사하다고 볼 수 있다. 또는 아예 비능동이라는 범주를 설정하고 그 안에 피동과 중동을 구별 없이 다룰 수도 있을 것이다. 그러나 현상적인 차원을 넘어서서 문법 기술에서 실제로 능동, 피동, 중동이라는 범주를 구별하고 있다는 점을 고려한다면 이들이 겹치는 부분을 인정하고 가능한 한 두 범주를 나누는 것이 합리적이라고 본다.

피동과 중동이 겹친다고 하는 것은 (74)와 같은 예 외에도 중동에 속하는 전형적인 자연발생적 구성(또는 반시동)이나 가능 피동은 행위자가 표현될 수 없는데 한국어에서는 그러한 특성을 보이는 문장들이 행위자를 상정할 수 있는 경우가 있다는 데에서도 확인할 수 있다.[67] 다음 예문을 보자.

(93) 가. 촛불이 흔들린다.

나. 촛불이 {바람에, 바람에 의해} 흔들린다.

(93가)는 설령 문맥이 주어지더라도 바람이 불어서 촛불이 흔들리는 것인지, 아니면 촛불 심지가 짧아졌다든지 하는 다른 원인으로 행위자 없이 저절로 일어난 일인지 구별이 불가능한 경우가 많다. 따라서

반사동과 피동의 차이점은 더욱더 명확히 제시되어야 할 것이다. (중략) 피동 역시 자동이라고 말할 수 있고, 대부분의 경우에 대당 능동문에 대해 유표적이며, 피동자는 대부분의 피동문에서 주어가 된다. 이러한 개념적 유사성은 종종 유사한 형태론적 표시에 반영된다. (중략) 그러나 중요한 차이점이 있다. 피동에서는 행위자가 주어의 위치에 있지 않으나 종종 행위자구로 표현될 수 있고 어떤 경우든지 그것의 존재가 피동절에 함축된다. 그러나 반사동은 행위자가 통사적으로뿐만 아니라 의미적으로도 완전히 제거되어서 과정이 저절로 이루어진다. 이러한 의미적 구별은 종종 아주 미세하지만 결정적인 것이다.

67) 비록 재귀와 중동을 구별하지 않았지만 중동과 관련된 세밀한 구분에 대해서는 Geniušienė(1987)을 참고할 수 있다. 가능 피동과 관련하여 그는, 행위자가 실현될 수 없는 경우에만 그러한 용어를 사용하고 행위자가 실현되는 경우에는 양태-비행위자 구문이라고 하여 구분했다(Geniušienė 1987: 273-275).

이 문장만을 보아서는 이것이 피동문인지 중동문인지 판별이 불가능하다. 그러나 (93나)에서 보듯 행위자가 실현되면 온전한 피동문이 된다.

다음 (94), (95) 역시 중동적 특성을 지닌 예이다.

(94) 가. 이 종이는 잘 접힌다.

나. 이 종이는 {누구한테나, *철수한테, *철수에 의해} 잘 접힌다.

다. {나는, 나한테는} 이 종이가 잘 접힌다.

(95) 가. 눈이 감긴다.

나. 나는 눈이 감긴다.

그러나 보통 중동이 행위자가 실현될 수 없는 것과 달리 (94)의 경우는 (나), (다)에서 보듯 특정한 행위자를 지정하지 않거나 1인칭 경험주의 성격을 지닌 행위자라면 실현이 가능하다. (95)의 경우도 (95나)처럼 비록 피동문의 일반적인 방식, 즉 '에게', '한테'나 '에 의해'로 실현되는 것은 아니지만 행위자의 실현이 가능하다. 따라서 이러한 문장은 한국어의 중동과 피동 사이에 겹침이 있음을 보여준다고 할 수 있다.

그러나 중동적 특성을 지닌 모든 문장을 피동 안에 포함시킬 수는 없다. 예를 들어 자연발생적 구성 중에는 (93)과 달리 의미적으로도 행위자를 상정할 수 없으며 외현적으로도 행위자를 전혀 드러낼 수도 없는 문장이 존재하기 때문이다.

(96) 가. 오징어는 다리가 열 개 달렸지.

나. *오징어는 {오징어에 의해/X에 의해} 다리가 열 개 달렸지.

(97) 가. 이가 자꾸 흔들리네.

나. *{누가/X가} 이를 자꾸 흔드네.

이처럼 행위자를 전혀 실현시킬 수 없는 (96가), (97가)는 온전한 중동으로 보고 피동의 범위에 포함시키지 않는 것이 온당할 것이다.[68]

이상에서 한국어 피동 현상과 관련하여 중동적 특성을 가진 부류의 존재를 확인하고 피동과 중동의 명확한 구분이 매우 어려움을 확인하였다. 이는 다음과 같이 피동과 중동이 겹치는 현상이 존재하기 때문이다.[69]

(98) 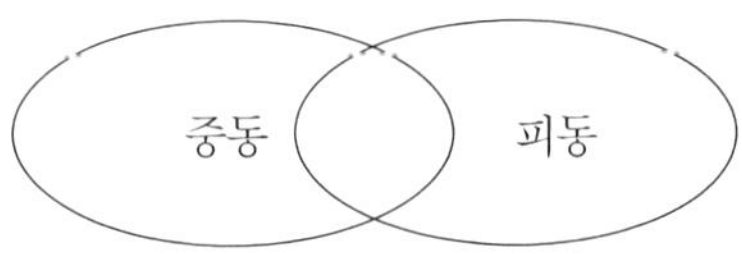

본고의 논의는 피동에 관련된 것이므로 피동의 시각에서 중동적 피동까지 아울러 피동문으로 고찰하고자 한다. 이상의 논의를 통해 피동문으로 판별하기 어려웠던 많은 예들이 중동적 특성을 가졌다는 것,

---

68) 본고는 3.2.1에서 "날씨가 풀렸다"와 같은 문장에서의 '풀리다'를 피동사 '풀리다'에서 의미 전이를 거쳐 나타난 것으로 설명한 바 있다. 그런데 이러한 의미 전이는 단순히 개별 어휘의 우연한 변화로 보기보다는 중동, 특히 반사동(또는 자연발생적 구성)의 특성과 관련해서 설명할 가능성이 있다. Haspelmath(1987)에 따르면 반사동은 종종 피동과 달리 강하게 어휘화되어서 표현의 형식이나 의미가 특이성을 보이는 경우가 있다고 한다(Haspelmath 1987: 14). 그 예로 독일어의 경우에는 반사동이 재귀 동사에 의해 표시되는데 때때로 이러한 반사동의 구성이 원동사와 관련 없는 의미를 나타내기도 한다고 한다. (예) einsetzen ('put in') → sich einsetzen ('defend')

앞서 우리는 '풀리다'뿐만 아니라 "숙제가 다른 일에 밀렸다.", "그 여자가 집안에 묻혔다.", "집안에 근심이 쌓인다." 등 다양한 예에서 비슷한 의미 전이가 발견될 수 있음을 확인하였으며 한국어의 피동은 반사동과 구별하기가 어려운 범주라는 사실도 여러 예를 통해 살펴볼 수 있었다. '풀리다'의 의미 전이가 이 동사 하나에만 국한되는 것이 아니라 비슷한 유형의 많은 피동사에서 나타나며 한국어의 피동사가 반사동의 의미를 나타내는 경우에도 쓰인다는 점을 염두에 둘 때 이러한 의미 전이는 Haspelmath가 지적한 대로 특징적인 어휘화가 자주 일어나는 반사동의 특성에서 비롯된 것으로 볼 여지가 있다고 하겠다.

69) 이러한 양상이 나타나는 것은 한국어가 외부의 행위자가 개입했느냐 하지 않았느냐에 대한 의식 없이 피동자를 중심으로 놓고 사건을 인식하고 표현하기 때문으로 생각된다.

그리고 피동과 중동의 경계가 분명치 않음을 살펴볼 수 있었다.

3.3. '-히-'계 접미사 피동문의 양상

3.3.1. 행위자의 실현 양상

여기에서는 주로 행위자를 표시하는 조사 및 조사 상당어의 목록을 검토하고 한국어 피동에서 이들이 가지는 의미에 대해서 살펴보도록 한다.70) '-히-'계 접미사 피동문의 행위자는 '에게', '한테', '에' 등의 조사나71) '에 의해'를 표지로 해서 실현된다고 알려져 왔다. 그러나 앞으로의 논의를 통해 이 밖에도 행위자를 표시할 수 있는 다른 형식이 존재한다는 점과 이들이 단순히 행위자를 표시할 수 있을 뿐 그 이상의 지위를 가지지 못한다는 점을 확인할 수 있을 것이다. 이 중 두 번째 문제와 관련해서 이들의 지위를 영어 피동문의 행위자 표지인 'by'와 비교할 수 있다. 영어의 'by' 행위자구는 피동문과 피동문이 아닌 문장을 구별하는 데 이용될 만큼 역할을 분명히 하는 것과 달리 한국어의 행위자 표지들은 개별 피동사에 따라, 또 개별 피동문의 의미

---

70) 참고로 행위자가 실현되는 빈도는 다음과 같다. 세종 균형말뭉치(2002)의 자료를 대상으로 했을 때 quasi 1 코퍼스의 경우에는 모두 603개의 '-히-'계 접미사 피동문 중 69개의 문장에서 행위자가 나타났으며 quasi 2 코퍼스의 경우에는 모두 785개의 '-히-'계 접미사 피동문 중 38개의 문장에서 행위자가 나타났다. 이처럼 quasi 1 코퍼스보다 quasi 2 코퍼스가 행위자가 실현된 피동문의 비율이 적은 것은 이 두 코퍼스가 준구어 코퍼스라는 점에서는 공통적이지만 앞의 것은 인터뷰, 대담 등 보다 격식적인 자료가 많은 데 비해 뒤의 것은 드라마 대본 등 일상 대화와 유사한 자료가 많기 때문이라고 생각된다. 행위자가 나타나는 빈도를 조사하면서 느꼈던 어려움 중 하나는 행위자가 있는 문장인지 없는 문장인지 구별이 불가능한 문장이 많았다는 것인데 이 역시 한국어에서 피동이 중동과 구별이 어려운 데에 원인이 있다.

71) 논의의 편의를 위해 이들을 통칭하는 경우에는 '에게'류 조사라고 할 것이다.

에 따라 요구되고 결정되며 심지어는 나타날 수 없는 경우도 있다. 따라서 이 둘은 단지 행위자를 표시한다고 해서 동등한 자격을 가지는 것으로 다루어져서는 안 될 것이다. 다음에서는 피동문에서 행위자를 표시할 가능성이 있는 조사 및 조사 상당어의 목록을 검토하고 이들의 의미와 분포를 살펴보도록 하겠다.

1) '에게', '한테', '에'

보통 유정명사 뒤에는 '에게'와 '한테'가,[72] 무정명사 뒤에는 '에'가 큰 차이 없이 쓰인다. 이 밖에 '에게'와 '한테' 중에서 '한테'가 '에게'보다 구어적이라는 점이 지적되어 왔으나[73] 이러한 차이는 미묘한 의미 차이에 지나지 않기 때문에 여기에서는 '에게'와 '한테'의 차이점보다는 이 둘을 하나로 묶어 '에'와 구별되는 차이점에 대해서 논하기로 할 것이다.

---

72) 여기에는 존대대상인 유정명사에 결합되는 '께'도 포함된다. 이에 대해서는 따로 언급하지 않고 '에게', '한테'와 동일한 맥락에서 실현될 수 있는 것으로 간주할 것이다.

73) 이 밖에 우인혜(1997: 126)은 '에게', '한테'가 몇몇 특이한 상황에서는 다음과 같은 의미 차이를 보인다고 하였다.

(i) 그 책이 {학생들에게, ?학생들한테} 널리 읽혔다.
(ii) 김장 배추가 주로 {여자들에게, 여자들한테} 팔렸다.

우인혜(1997)은 (i)의 '한테'가 다소 어색하다고 하였는데 실제로 필자가 조사한 세종 형태의미분석말뭉치에서는 피동사 '읽히다'가 나타난 문장 중 '한테'가 행위자 표지로 실현된 경우는 한 번도 나타나지 않았다. 반면 우인혜(1997)은 (ii)에서 '여자들에게'라고 하면 여자들이 상인이나 손님 둘 중 어느 것으로도 해석 가능한데 '여자들한테'라고 하면 손님을 뜻하게 된다고 하면서 이것이 '한테'가 여격의 의미를 더 강하게 나타내는 특성이 있기 때문이라고 하였는데 본고는 (ii)의 '여자들에게'가 상인이나 손님 어느 쪽으로도 해석이 가능하다는 데에 대해서 동의하지 않으며 이 경우도 항상 손님만을 의미한다고 본다. 한편 김윤신(2001ㄱ: 109, 각주 5)은 '한테'가 '에게'보다 행동주성이 더 두드러진다고 하였으나 그에 대한 설명과 근거는 찾아볼 수 없었다.

먼저 '에게'('한테')와 '에'는 결합되는 명사구의 유정성과 무정성에 따른 차이로 설명되어 왔다. 다음 예를 보자.

(99) 가. 그는 스파이에게 쫓겼다.
나. 그는 순찰차에 쫓겼다.

위의 예에서 보듯 일반적으로 유정물에는 '에게'나 '한테'가, 무정물에는 '에'가 결합하는 경향이 있다. 그러나 이때의 유정성과 무정성은 실체가 가진 현실 세계의 차이뿐만 아니라 화자의 인식에 따른 선택의 차이를 반영한다고 생각된다. 왜냐하면 유정성, 무정성과 상관없이 '에게'('한테')와 '에'가 선택되는 경우가 보이기 때문이다. 그러한 경우로 첫째, 행위자가 단체거나 복수 유정물인 경우 '에게'('한테')와 '에' 모두 결합이 가능한 예를 들 수 있다. 먼저 행위자가 단체인 경우이다.

(100) 가. 그제야 두환은 자신이 듣고 보았던 어떤 조직보다도 무서운 {악질 조직에게, 악질 조직에} 잡혔음을 실감했다.
나. {다른 나라에게, 다른 나라에} 짓밟혔다가 힘이 세지면 도로 억누르고, 가까운 곳, 먼 곳, 가리지 않고 이리저리 떠돌아다녔다.

다음은 행위자가 복수 유정물인 경우로 이정택(2004ㄴ: 38)에서 제시한 예이다.

(101) 가. 박 대사는 {공항 관계자들에게, 공항 관계자들에} 둘러싸인 채 …….
나. 많은 민초들이 {양반 지주들에게, 양반 지주들에} 짓밟히고 억눌림으로써…….

둘째, 심지어는 행위자가 단수 인간이기 때문에 '에게'('한테')가 기대되는 경우에도 '에'가 결합 가능한 예가 존재한다. Knoob(2002: 78)가 제시한 예이다.

(102) {앞 사람에, 앞 사람에게} 막혀서 잘 안 보였다.[74]

앞에서 우리는 실제의 유정성, 무정성보다는 이에 화자의 인식에 따라 '에'와 '에게'가 선택된다고 하였다. 그런데 Knoob(2002)의 해석은 좀 다르다. 그는 (102)의 예를 통해 '에게'는 실체를 잠재적 행위성을 가진, 생각하는 유정물로 해석하도록 하는 반면 '에'는 잠재적 행위성이 없는 단순한 것으로 해석하도록 한다고 하였다. 이러한 표현은 먼저 어떤 표지를 사용함으로써 그에 따른 해석이 유도된다는 뜻으로, 인식이 우선하고 그러한 인식을 기반으로 표지를 사용한다는 본고의 논의와 적용의 순서만 반대일 뿐 그리 차이가 없는 것으로 보인다. 그러나 다음과 같은 예는 Knoob(2002)처럼 해석할 수 없음을 보여준다.

(103) 가. {*영숙이에, 영숙이에게} 막혀서 잘 안 보였다.
나. {*영숙이에, 영숙이에게} 밀려서 넘어졌다.

만약 Knoob(2002)의 견해처럼 '에게'가 실체를 잠재적 행위성을 가진, 생각하는 유정물로 해석하도록 하고 '에'가 잠재적 행위성이 없는 단순한 것으로 해석하도록 한다면 (103)의 예는 일차적으로는 '에게'와 '에', 어느 쪽을 택하든 가능할 것이며 다만 '에게'를 취할 경우는 '영숙이'를 유정물처럼, '에'를 취할 경우는 '영숙이'를 무정물처럼 해석

74) Knoob(2002: 78)에 제시된 예를 한글 표기로 옮긴 것이다.

하게 될 것이다. 그러나 (103)의 결과는 그렇지 않다. 고유 명사로 나타난 '영숙이'는 화자가 아는 사람이며 무정물처럼 해석되기 어렵기 때문에 '에'를 취할 가능성이 적어지는 것이다. 한편 (102)에서 양자가 모두 가능했던 것은 '앞 사람'은 화자와 관계 없는 존재이므로 그냥 벽과 같은 무정물과 동등한 것으로 인식할 수도, 아니면 유정물로도 인식할 수도 있기 때문이다.

이상의 논의는 '에게'('한테')와 '에'의 쓰임이 유정물과 무정물의 해석에 따라 달리 쓰일 뿐 대체적인 분포가 같다는 것을 전제로 한 것이었다. 이러한 전제는 다음과 같은 인용문에도 반영이 되어 있다.

(104) 가. 조사 '-에게, -한테, -에'를 쓰느냐, '-에 의해(서)'를 쓰느냐 하는 것은 피동사의 종류에 따라 결정되는 것으로 보인다. '끊기다, 묻히다[被埋], 걸리다, 닫히다, 풀리다, 찢기다…' 등은 '-에 의해(서)'를 요구하며 '안기다, 잡히다, 눌리다, 보이다, 쫓기다…' 등은 조사 '-에게, -한테, -에'를 취한다.

(남기심 · 고영근 1993: 299, 밑줄은 필자)

나. 그런데 앞서 논의된 입음월의 정의를 충족시키면서 'X에게' 대신에 'X에'가 나타나는 월이 있다. 이러한 월은 입음월과 비교할 때, X의 의미바탕([±유정])에서 차이가 있을 뿐 기본적으로 차이가 없다.

(최규수 1991: 240, 밑줄은 필자)

(104가)는 '에 의해'와의 분포 차이에 대해 언급한 것이기는 하나 우리는 여기서 '에게, 한테, 에'가 동사에 따라 같은 분포를 보인다고 한 것을 볼 수 있으며 (104나) 역시 '에게'와 '에'가 선행 명사의 유정성, 무정성의 차이만 있을 뿐 동일하다고 한 것을 볼 수 있다.

그러나 다음에 제시된 예는 이들이 유·무정성의 차이 외에도 분포 차이를 가질 가능성이 있음을 보여준다. (104가)는 동사 '닫히다'에 '에 의해서'가 쓰이고 '에게, 한테, 에'는 쓰이지 않는다고 하였다. 그러나 다음 문장에서 보듯 '닫히다'가 나타난 문장에 '에게'('한테')는 쓰이지 않지만 '에'는 쓰일 수 있는 경우가 있다.

(105) 가. ?문이 철수에게 닫혔다.
나. 문이 바람에 닫혔다.
다. 문이 철수의 손에 닫혔다.

(105가)는 어색하기는 하나 '에게'가 쓰일 수 있는 것처럼 보인다. 그러나 이때의 '철수'는 행위자가 아니라 문이 닫히는 방향을 의미한다. 한편 (105나, 다)의 '바람'이나 '철수의 손'은 분명 문을 닫는 행위에서 일종의 행위자로서의 역할을 담당한 것으로 보인다.

다음의 '뚫리다' 역시 '에게'는 행위자와 함께 쓰이지 않지만 '에'는 '에 의해'와 함께 행위자의 표지처럼 기능할 수 있다.

(106) 가. *소파가 철수에게 구멍이 뚫렸다.
나. 소파가 철수에 의해 구멍이 뚫렸다.
다. 소파가 담뱃불에 구멍이 뚫렸다.

본고는 (105), (106)처럼 '에게'('한테')와 '에'의 분포가 달리 나타나는 것은 이때의 '에게'('한테')와 '에'의 의미가 다르기 때문이라고 본다. 즉 '에게'('한테')와 '에'는 둘 다 순수한 행위자를 나타내는 경우에 쓰일 수 있다. 그러나 원인의 의미로서는 '에게'('한테')는 쓰일 수 없고 '에'만 가능한데 (105), (106)에서 '에'만 가능한 것은 이때의 '에'가 원인의 의미를 나타내는 '에'이기 때문이라는 것이다.

다음 예문 역시 위와 같은 '에'의 특성을 더욱 잘 드러내 준다.

(107) 가. *문이 경찰에게 닫혔다.
나. *문이 경찰에 닫혔다.

(108) 가. *담이 군대에게 구멍이 뚫렸다.
나. *담이 군대에 구멍이 뚫렸다.

위 예문의 '경찰'이나 '군대'는 '에'나 '에게' 어느 쪽과도 함께 결합할 수 있는 명사들이다.[75] 위의 두 예문은 언뜻 보면 '에게'와 '에'가 피동문의 행위자 실현 양상에 있어서 동일한 분포를 보인다는 근거로 읽힐 수 있을 것이다. 그러나 우리는 이 예문을 파악할 때 (105)와 (106)의 경우에는 동일한 피동사가 쓰였음에도 '에'만 나타날 수 있었음을 고려해야 한다. 이와 같이 상반되는 양상이 우리에게 시사해 주는 바는 무엇일까? 본고는 이러한 양상이 (105), (106)의 '에'와 (107), (108)의 '에'가 다른 데서 비롯한 것이라고 판단한다. (105), (106)에서 '에'가 결합된 '바람'이나 '담뱃불'은 행위자처럼 보이나 진정한 행위자라기보다는 원인에 가까운 것이다. 그러나 (107), (108)의 '경찰'이나 '군대'는 이들 명사가 가진 특성 때문에 진정한 행위자로 해석되는 경향이 있다. 따라서 이때 결합되는 '에'도 원인보다는 행위자를 나타내

75) 다음 예문에서 보듯 이들 명사는 피동문의 행위자로 쓰일 때 '에'와 '에게' 양쪽 모두와 결합할 수 있다.

(i) 경찰에게/에 잡혔다.
(ii) 군대에게/에 짓밟혔다.

그러나 그렇다고 해서 '에'와 '에게'가 쓰인 문장이 완전히 동일한 의미를 가지는 것은 아니며 이들의 유정성, 무정성 인식의 차이에 근거한 의미 차이가 존재할 것이다.

게 되기 때문에 쓰일 수 없는 것이다.

이처럼 '에'가 어떤 경우에는 행위자의 의미를 가지지만 어떤 경우에는 원인의 의미를 가진다는 사실은 한국어 피동의 해석에 중요한 실마리를 던져 준다. 영어는 한국어와 달리 중동과 피동의 구분이 분명한 언어이다. 다음 예문에서 (가)는 피동이며 (나)는 중동 중 자연발생 구성(또는 반사동)에 속하는 것이다.

(109) 가. The window was broken by John/the wind.

나. *The window broke by John/the wind.

이 때 (가), (나)의 'by' 구는 행위자 구인데 피동문인 (가)에는 쓰일 수 있지만 중동문인 (나)에는 쓰일 수 없다. 한편 (나)에는 'by' 구 대신 원인을 나타내는 'from' 구는 쓰일 수 있는데 이는 행위자를 나타내는 구와 원인을 나타내는 구가 분명히 구분이 되며 피동문에는 행위자구가, 자연발생 구성에는 원인의 구가 결합될 수 있다는 영어의 특성에 기반한 것이다. 그러나 한국어는 '에'가 쓰인 명사구가 행위자와 원인 양쪽 모두를 나타낼 수 있으며 이러한 점은 피동과 중동이 잘 구별되지 않는 한국어 태 범주의 특성과 관련이 된다고 할 수 있다.[76)]

---

76) 놀라운 것은 이와 동일한 현상을 한국어와 관계가 먼 알바니아 어의 경우에서도 발견할 수 있다는 것이다. 이에 대한 Kalluli(2006: 448)의 언급을 보자.

> 이제 알바니아 어로 돌아가서, 아마도 피동과 관련된 가장 놀라운 특성은 피동과 비능동인 반사동을 구별하는 것이 불가능하다는 점일 것이다.

이어서 그는 위와 같은 현상이 나타나는 원인을 다음 두 가지로 제시했는데 첫째는 알바니아 어의 피동과 반사동이 동일형태소를 가진다는 것, 둘째는 알바니아 어에는 행위자를 나타내는 by-구와 원인을 나타내는 from-구의 구별이 없다는 것이다.

우리는 한국어의 경우에도 이와 동일한 현상이 존재함을 확인할 수 있었다. 기본적으로 한국어도 피동과 반사동의 구별이 불가능할 정도로 어려우며, 이 이상에서 살펴본 현상을 근거로 그 동안 행위자 명사의 유·무정 차이를 제외하고는 '에게'('한테')와 '에'가 피동문에서의 분포가 같다고 여겨져 왔으나 그렇지 않으며 이는 피동문에 나타나는 '에게'('한테')와 '에'의 의미 차이에 기인하는 것임을 알 수 있었다. 다음에는 '에 의해(서)'에 대해 살펴보도록 하겠다.

2) '에 의해(서)'

Song(1967)이 '에 의해(서)'가 일본어의 영향을 통해 뒤늦게 나타났다고 보았음에도 이를 '에게'류와 함께 행위자 표지로 인정한 이후 이것을 행위자 표지로 볼 것인가 말 것인가에 대한 논의가 계속되어 왔다. 임홍빈(1977/1998)은 이것이 VP-보문과 같은 방법으로 다른 문장의 영향이 끼어들 수도 있는 것이기 때문에 피동의 영역에서 제외시켜야 한다고 했으며 배희임(1988)은 '에 의해(서)'의 '依'가 갖는 어휘적 의미가 강하기 때문에 문법적 형태소에 의한 표지라고 보기에는 어렵고 '에'와 통사적 구성 관계에 있기 때문에 '에게'와 같은 값이라고 보기 어렵다고 하였다. 그러나 다음과 같이 피동문에서 '에게'류의 조사가 행위자 표지로서 분포의 제약을 보이는 반면 '에 의해(서)'는 별 제약 없이 쓰이는 예가 존재한다는 사실은 '에 의해(서)'의 행위자 표지로서의 지위를 공고하게 했다.

두 범주 모두 동일한 형태소인 '-히-'계 접미사나 보조동사의 '지-'로 실현이 된다. 또한 '에'의 경우, 원인을 나타내기도 하며 행위자를 나타내기도 함으로써 by-구와 from-구의 구별을 보이지 않는다.

따라서 Kalluli(2006)의 논의를 적용한다면 결국 한국어에서 피동과 반사동의 구별이 엄밀한 의미에서 불가능한 것도 이 두 가지에 근본적인 원인이 있다고 볼 수 있는 것이다.

(110) 가. ?그 실이 창수에게 잘리었다. (이기동 1976: 29)

가'. 그 실이 창수에 의해 잘리었다.

나. ?풀이 창수에게 베이었다. (이기동 1976: 29)

나'. 풀이 창수에 의해 베이었다.

이정택(2004ㄴ)은 '에게'류 조사는 오히려 행위자 표지로서의 지위가 불확실한 반면 유정물에 붙는 '에 의해(서)'는 행위자를 나타내는 표지로 확고히 자리매김했다고 보는 입장이다. 이는 '유정물+에 의해'가 출현한 문장은 여지없이 피동이며 피동과 능동의 중간적 의미를 지닌 문장에도 '에 의해'가 결합하면 피동 양상을 드러낸다는 관찰에 근거한다. 그러나 다음과 같이 유정물에 '에 의해'가 결합했다고 해서 피동이라고 볼 수 있을지는 의문이다.

(111) 가. 세계적인 흐름인 하우스뮤직의 특성이 무지한 이들에 의해 표절 시비의 도마 위에 오른 것 같아 안타깝다.

나. 진보의 관념은 르네상스 시대의 막바지에 나타나 18세기의 계몽 사상가들에 의해 비로소 제자리를 잡았다.

또한 실제 조사에 따르면 '에 의해(서)'가 행위자 표지로 나타나는 경우가 별로 없다는 것도 이것이 온전한 행위자 표지로서 기능한다고 보기 어려운 이유가 된다. 예가 적지만 본고에서 조사한 세종 균형말뭉치(2002)의 quasi 1 코퍼스와 quasi 2 코퍼스에는 각각 603개, 785개의 '-히-'계 접미사 피동문이 나타났는데 이 중 행위자가 나타난 69개, 38개의 문장 중 각각 두 문장과 한 문장만이 '에 의해'가 행위자와 결합되어 나타난 예였으며 이것도 '외부 압력', '군사문화', '세르비아측'으로, 전형적인 유정물 행위자와 '에 의해'가 결합한 경우는 없었다. 마지막으로 '에 의해(서)'가 동사와 '-아/어', '-아/어서'의 연결어미가 결합된 형태의 특성을 그대로 지니고 있다는 점도 이것의 지위를 의심스럽게 한다. 이정택(2004ㄴ)은 행위자 표지로 '에 의해'에 대해서만 언급하고 '에 의해서'는 다루지 않았지만 이 둘은 여러 논의에서 하나로 다루어지고 있다. 따라서 이정택(2004ㄴ)에서 특별한 언급이 없는 한 이 둘 중 '에 의해서'는 완전히 배제하고 '에 의해'만 행위자 표지로 간주한다고 보기는 매우 어렵다. 다음에서 보듯이 거의 의미 차이 없이 쓰이기 때문이다.

(112) 가. 바위에 구멍이 인부들에 의해서 뚫렸다.
　　나. 바위에 구멍이 인부들에 의해 뚫렸다.

이정택(2004ㄴ: 20)은 처격 '에'와 여격 '에게'가 선행 요소의 유정성과 무정성에 의해 분화됨에 반해, '에 의해'는 이러한 변화를 관찰할 수 없기 때문에 문법요소로 재구조화되었다고 볼 수 있다고 하였다. 그러나 다음과 같은 현상을 보면 '에 의해', 또는 '에 의해서'가 문법 요소로 재구조화되었다고 볼 수는 없을 것 같다.

(113) 가. 바위에 구멍이 뚫린 것은 인부들에 의해서다.
　　나. *바위에 구멍이 뚫린 것은 인부들에 의해다.

(114) 가. 인부들에 의해서는 바위에 구멍이 뚫렸다.
　　나. *인부들에 의해는 바위에 구멍이 뚫렸다.

(115) 가. 인부들에 의해서나 동네 아주머니들에 의해서 바위에 구멍이 뚫렸다.
　　나. *인부들에 의해나 동네 아주머니들에 의해 바위에 구멍이 뚫렸다.

이러한 양상은 '에 의해(서)'뿐만 아니라 '로 인해(서)', '에 대해(서)', '를 통해(서)' 등 이러한 부류에 속하는 구성들에 공통되는 문제이며 이들 구성이 아직 연결어미 '-아/어'와 '-아/어서'의 차이점을 가지고 있는 데서 비롯된 것으로 보인다.

3) '(으)로'

'에게'류와 '에 의해' 외에 행위자 표지로 논의되는 것에 '(으)로'가 있다. 이상억(1970/1999: 62, 각주 32)는 다음 (가)의 '칼로'가 (나)에서 행위자 표지로 쓰이는 '칼에'로 대치될 수 있기 때문에 '칼'을 단순한 도구라 볼 수 없으며 행위자로 볼 수 있는 가능성이 있다고 하였다.

(116) 가. 내가 <u>칼로</u> 손을 베인다.
나. 내가 <u>칼에</u> 손을 베인다.

또한 '온 세상이 눈으로 덮인다'와 같은 문장에서도 이와 같은 사실을 알 수 있다고 하였다. 이 밖에 우인혜(1997)도 다음과 같은 예를 통해 '(으)로'를 행위자 표지로 보았다.

(117) 내 책이 모두 <u>인쇄기로</u> 찍혀 나왔다.

이러한 피동문은 '인쇄기가 내 책을 찍었다'라는 능동문을 상정하는 것으로 보이기 때문에 '(으)로'가 결합된 '인쇄기'가 행위자로 기능할 수 있음을 보여준다.

이와 같은 견해와 달리 이정택(2004ㄴ: 28)은 '(으)로'를 행위자 표지로 볼 수 없다는 입장이다. '-히-'계 접미사 피동에 한정된 예는 아니지만 제시된 예를 모두 인용하도록 하겠다.

(118) 가. 마당이 온통 {눈에, 눈으로} 덮였다.
　　나. 그 사람은 {돈에, 돈으로} 매수되지 않는다.

(118가, 나)에 나타난 '(으)로'는 예문에서 보듯 '에'로도 나타날 수 있지만 기본적으로 이정택(2004ㄴ)은 '에'가 온전히 행위자 표지의 기능을 한다고 보지 않기 때문에 그에게는 이러한 사실이 '눈으로'가 행위자 표지의 기능을 가졌다는 데에 대한 증거가 될 수는 없다. 또 (가)의 경우, 대당 능동문인 '눈이 마당을 온통 덮었다'가 문학적 표현과 같은 특별한 경우가 아니면 어색하다는 점도 '눈'을 행위자로 볼 수 없게 하는 이유가 된다고 하였으며 (나)의 경우, '우리는 그 사람을 돈으로 매수할 수 없다'와 같은 대당 능동문이 상정되지만 별도의 행위자 '우리'가 존재하기 때문에 역시 행위자로 볼 수 없다고 하였다. 또한 다음과 같이 '에 의해'와 '(으)로'가 함께 나타날 수 있다는 점도 '(으)로'가 행위자 표지 기능이 없음을 보이는 것이라고 하였다.

(119) 그곳에 모인 사람들은 인민군 장교에 의해 총으로 떠밀렸다.

즉 그는 이러한 '(으)로'를 도구를 나타내는 것으로 보는 것이다.

물론 그의 비판은 타당한 점이 있다. 앞에서 이상억(1970/1999), 우인혜(1997)이 제시한 (116가)와 (117)의 '(으)로' 명사구는 행위자로도 볼 수 있지만 별도의 행위자가 상정될 경우 단순한 도구로도 볼 수 있는 것이었다. 다시 살펴보기로 하자.

(120) 가. 내가 칼로 손을 베인다.

나. 칼이 내 손을 벤다.

다. 철수가 내 손을 칼로 벤다.

(121) 가. 내 책이 모두 인쇄기로 찍혔다.77)

나. 인쇄기가 내 책을 모두 찍었다.

다. 출판업자가 인쇄기로 내 책을 모두 찍었다.

(120가)의 대당 능동문을 (120나)로 보면 '칼'이 행위자이다. 그러나 (120다)를 대당 능동문으로 볼 경우 '칼'은 단순한 도구이며 진정한 행위자는 따로 있다고 보아야 한다. (121) 역시 마찬가지다. 결국 '(으)로'가 정말로 행위자 표지로서 기능할 수 있음을 증명하려면 다른 행위자를 상정할 수 없는, '(으)로' 명사구만이 행위자로 기능하는 피동문을 찾아야 한다.

다음 예를 살펴보자.

(122) 가. 3면이 바다로 둘러싸인 한국은 비자 없이 자동차로 국경을 드나드는 유럽과는 다르다.

나. 주변 강대국으로 둘러싸인 가운데 오랜 역사를 지켜 오는 동안 한국은 수많은 외침에 시달려야 했다.

---

77) (121가)의 문장은 본래 우인혜(1997: 131)에서 제시한 원문 (117)을 수정한 것이다. 그 이유는 이처럼 후행동사나 보조 용언이 연결될 경우 행위자 표지의 실현 양상이 달라지는 경우가 있으며 정확히 대응되는 능동문을 제시하기가 어렵기 때문이다. 예를 들어 우인혜(1997: 128)에서는 다음 문장이 행위자 표지 '에게', '에'를 취하는 것으로 보았다.

(i) 나는 의사{에게, 에 의해} 실려 나갔다.

그러나 '-어 나가다'를 빼면 상황은 달라진다.

(ii) 나는 의사{*에게, 에 의해} 실렸다.

다. 한반도는 위기감과 불안으로 휩싸였다.

만약 이때의 '(으)로'가 행위자 표지가 아니라면 위의 예는 이정택(2004ㄴ)의 논의대로 다른 행위자를 가지거나 아니면 대당 능동문이 불가능하거나 문학적 표현이 되어야 할 것이다.

(122) 가'. 바다가 3면을 둘러싼 한국은 비자 없이 자동차로 국경을 드나드는 유럽과는 다르다.

가''. *X가 3면을 바다로 둘러싼 한국은 비자 없이 자동차로 국경을 드나드는 유럽과는 다르다.

나'. 주변 강대국이 둘러싼 가운데 오랜 역사를 지켜 오는 동안 한국은 수많은 외침에 시달려야 했다.

나''. *X가 주변 강대국으로 둘러싼 가운데 오랜 역사를 지켜 오는 동안 한국은 수많은 외침에 시달려야 했다.

다'. 위기감과 불안이 한반도를 휩쌌다.

다''. 전쟁이/외환 위기가/X가 한반도를 위기감과 불안으로 휩쌌다.

(122가', 나', 다')은 피동문 (122가, 나, 다)에 나타난 '(으)로'와 결합한 '바다', '주변 강대국', '위기감과 불안'을 행위자로 제시한 대당 능동문이지만 어색하거나 문학적인 표현에만 용인되는 것이라고 볼 수 없다. 반면 '(으)로' 명사구를 그대로 살린 대당 능동문 (122가'', 나'', 다'')의 경우 앞의 두 개는 거의 용인될 수 없는 문장이며 (다'')는 가능하지만 (다')와 다른 행위자가 제시됨으로써 다른 의미가 표상되게 된다. 물론 이러한 예에 대해 위에 제시된 '(으)로'와 결합한 명사구가 전형적인 행위자가 아니기 때문에 이들이 가능할 뿐이라는 반론이 있을 수 있다. 그러나 '(으)로' 명사구는 다음과 같이 전형적인 행위자를

표시할 때도 가능하며 다른 행위자를 상정할 수 없다.

(123) 가. 사람은 믿을 수 없는 적들로 둘러싸인 외롭고 불안한 존재다.
가'. 사람은 믿을 수 없는 적들이 둘러싼 외롭고 불안한 존재다.
가". *사람은 X가 믿을 수 없는 적들로 둘러싼 외롭고 불안한 존재다.
나. 기차는 지붕까지 허옇게 사람들로 뒤덮였다.
나'. 사람들이 기차를 지붕까지 허옇게 뒤덮었다.
나". *X가 사람들로 기차를 지붕까지 허옇게 뒤덮었다.

(123가)의 '적들'과 (123나)의 '사람들'은 그 자체가 행위자이다. 따라서 대당 능동문을 상정했을 때 별도의 행위자를 상정한 (123가", 나")이 불가능하다.

4) '(으)로부터', '에서'

여기서 살펴볼 '(으)로부터', '에서' 등은 출발점을 나타낼 수 있다는 의미적 공통점이 있다. 일반적으로 이러한 조사는 '-히-'계 접미사 피동문의 행위자를 나타내는 데 쓰이지 않는다. 그러나 다음에서 보듯이 이러한 조사가 피동문의 행위자를 나타내는 것처럼 보이는 경우가 있으므로 과연 이들이 피동문의 행위자를 표시하는지 살펴보도록 하자.

(124) {정부로부터, 정부에서} 지원이 끊겼다.

(124)는 '정부가 지원을 끊었다'는 의미의 대당 능동문을 가지는 피동문으로 생각된다. 따라서 행위자로 보이는 '정부'가 '(으)로부터'나

'에서'로 실현된다는 것은 이들이 행위자를 나타내는 조사로 쓰일 수 있지 않을까 하는 가능성을 제기한다. 그러나 다음을 보자.

(125) 고위 관리에 의해 정부로부터 지원이 끊겼다.

(125)는 (124)가 정부가 지원을 끊은 경우도 나타낼 수 있지만 고위 관리와 같은 다른 행위자가 정부가 지원하는 것을 끊은 경우도 나타낼 수 있다는 것을 보여준다. 즉 (125)의 행위자는 '고위 관리'인데 이러한 문장에 여전히 '정부로부터'가 나타난다는 사실은 (124)의 '정부로부터'의 '(으)로부터'가 지원을 끊은 행위자를 표시하기 위해 쓰였다기보다는 본래 지원이 어디에서 왔느냐 하는 출발점에만 관심이 있다는 것을 보여준다.

5) '은/는', '이/가'

여기에서는 행위자가 '은/는' 또는 '이/가'로 나타나는 경우에 대해서 살펴보려고 한다. 일반적으로 피동문은 행위자가 실현되지 않거나 부가어로 실현된다는 점에서 행위자가 주어를 나타낼 수 있는 표지로 실현된다는 것은 매우 특이한 경우라 하겠다. 논의에 들어가기 전에 행위자가 '은/는'과 '이/가', 양쪽 모두에 결합할 가능성을 열어두기는 했으나 '이/가'는 '은/는'보다 훨씬 제약적으로 나타나므로 주로 '은/는'을 중심으로 논의할 것임을 밝힌다.

행위자와 결합하는 '은/는' 또는 '이/가'가 나타나는 경우는 중동적 특성을 가진 피동문의 경우와 전형적인 피동문의 경우, 두 가지로 나누어 살펴볼 수가 있다. 먼저 첫 번째 경우에 대해서는 시라이시(2002)의 설명을 검토하도록 하자.

(126) 가. 나는 물만 먹힌다.

나. 나는 헤어밴드를 한 가무잡잡한 얼굴이 보인다.

다. 나는 풍경소리가 들린다.[78)]

시라이시(2002: 38-39)는 (126)의 예와 같이 주어 자리에 행위자가 놓이는 특징을 보이는 문장들을 피동태와 구별되는 '절로태'에 속하는 것으로 보았다.[79)] 그러나 행위자가 '은/는'으로 실현되는 문장은 시라이시(2002)에서 세시된 위의 경우에만 국한되어 나타나지 않는다. 다음 (127)은 사라이시(2002)가 속성태라고 하여 (126)와 구별하고 행위자 명사구를 취할 수 없다고 본 것인데, (128)에서 보듯 이 역시 '은/는' 행위자 명사구가 가능한 경우가 있다.

(127) 가. 이 종이가 잘 접힌다.

나. 이 비누가 잘 풀린다.

(128) 가. 나는 이 종이가 잘 접힌다.

나. 나는 이 비누가 잘 풀린다.

---

78) 이와 같은 예들은 이정민(1974/1994)가 심리적 가능성(psychological potentiality)이라고 표현한 것과 동일한 것이다. 다만 시라이시(2002: 39)는 "동작주의 동작을 최소한 드러나지 않게 하며 저절로 일이 이루어지는 식으로 표현되는 것"이라고 하여 "저절로 일이 이루어지는" 것, 즉 자연발생성(spontaneity)에 초점을 맞춘 반면 이정민(1974/1994)은 위와 같은 문장들에 나타나는, 1인칭 경험주가 느끼는 가능성(potentiality)의 측면을 부각해서 설명한 것이다. 이는 3.2.3에서 살펴보았듯이 Shibatani(1985)가 '자연발생'의 한 예로 설명한 것이 한편으로는 '가능 피동(potential passive)'으로 이해될 수 있는 것과 마찬가지이다.

79) 그가 이를 절로태로 명명한 것은 위의 예들이 "동작주의 동작을 최소한 드러나지 않게 하며 저절로 일이 이루어지는 식으로 표현되는 것"을 의미하기 때문이며 일본어의 '자발태', Shibatani(1985)의 '자연발생'과 동일한 것으로 보인다. 그러나 Shibatani(1985)의 '자연발생'이 행위자가 없이 나타나는 아래의 경우를 포함하는 것과 달리 시라이시(2002)의 '절로태'는 아래의 경우를 포함하지 않는다.

(i) 이가 저절로 흔들린다.

(ii) 바람도 안 부는데 문이 열렸다.

이 밖에 역시 중동적 특성을 지녔다고 볼 수 있는, 피동자가 행위자의 일부인 다음의 경우도 행위자가 '은/는' 명사구로 실현될 수 있다.

(129) 가. 나는 마음이 놓였다.
나. 그녀의 태도에 나는 이가 갈렸다.

이상의 논의를 통해 중동적 특성을 지닌 문장 중 '은/는' 행위자 명사구가 나타나는 경우를 살펴보았다면 다음에서는 전형적 피동문의 경우를 살펴보도록 하겠다. 이와 관련해서 유동준(1983ㄱ: 201-202)이 제시한 설명과 다음 예를 살펴보도록 하자.

(130) 가. 나는 붕어가 잡혔다.
나. 나에게 붕어가 잡혔다.
다. 나에 의해서 붕어가 잡혔다.[80)]

(130)은 전형적인 피동문에서 행위자가 (나), (다)처럼 '에게', '에 의해서'를 취할 뿐만 아니라 (가)에서 보듯 '는'과도 결합해서 나타날 수 있음을 보여준다. 유동준(1983ㄱ)은 이와 같은 구문이 의미상의 행위자가 행위자의 속성뿐만 아니라 의미상 수용자의 속성을 겸하고 있다고 판단될 때 나타난다고 보고 그러한 담화의 해석이 (130나, 다)로 가능하다고 하였다. 이어서 (130)의 예와 달리 의미상의 행위자가 의미적으로 수용자의 속성을 겸비하지 못하고 그냥 행위자의 속성 하나만 가지면 다음 예문에서 보듯 주격 중출의 피동문은 구성될 수 없다고 하였다.

80) 원문은 (나), (다)에 '잉어'로 되어 있으나 (가)와 맞추기 위해 수정하였다.

(131) 가. *심사위원들이 미지가 메이퀸으로 뽑혔다.
나. *강도가 미지의 돈이 뺏겼다.
다. *쥐가 고양이가 쫓겼다.

그러나 우리는 여기서 (130가)의 경우에는 행위자가 '은/는' 또는 '이/가'를 취하는 것이 가능하고, (131)의 경우에는 이것이 불가능하게 한, '수용자'라는 개념에 대해 의문을 제기하지 않을 수 없다. 유동준(1983ㄱ)에서 '수용자'를 어떤 의미로 썼는지 분명히 알 수 없지만 일단은 (130나)처럼 '에게'를 취할 수 있는, 행위의 결과물을 얻는 실체 정도의 의미를 가진 것이라고 추측할 수 있다. 그러나 그러한 수용자의 개념을 전제로 했을 때 우리는 다음과 같은 예 때문에 유동준(1983ㄱ)의 견해를 받아들일 수 없다.

(132) 가. *경찰은 영희가 잡혔다.
나. 경찰에게 영희가 잡혔다.
다. 경찰에 의해서 영희가 잡혔다.

(132가)의 '경찰'은 위와 같은 이해를 기반으로 하면 수용자이자 행위자이다. (130나, 다)처럼 '에게'와 '에 의해서'를 취할 수 있기 때문이다. 그러나 (132가)에서 '은/는'은 성립하지 않는다.

현재로서는 전형적인 피동문 중 (130가)와 같은 문장은 '은/는', '이/가'를 취하는 행위자 명사구가 가능한데 왜 (131)-(132) (가)와 같은 문장은 불가능한지에 대한 명확한 결론을 제시할 수 없다. 전형적인 피동문에서든, 중동적인 피동문에서든 이때 나타나는 '은/는' 또는 '이/가' 행위자 명사구는 주제어 또는 경험주의 의미역을 가지는 주어로 해석될 가능성이 있으며, 이것이 성립하느냐 그렇지 않느냐 하는 문제도 경험주 주어나 주제어에 대한 제약과 관련되지 않을까 추측할 뿐이다. 즉 동일한 동사가 쓰인 문장 (130가)와 (132가), 각각에서 1인칭인 '나는'은 성립했지만 3인칭이고 비한정적인 '경찰은'은 성립하지 않았는데 이는 전자는 경험주 주어 혹은 주제어로 해석이 가능한 반면 후자는 그러한 해석이 불가능한 데서 비롯된 것이 아닐까 하는 것이다.

이때의 '은/는', '이/가' 명사구가 주제어 또는 경험주 주어로 해석될 가능성이 있다고 보는 것은 다음 예문에서 비롯된 것이다.

(133) 할아버지, 할아버지는 몇 마리가 잡히셨어요?

(133)에서 보듯 서술어에 나타난 '-시-'는 '할아버지'가 존대 대상임을 보여주기 때문에 '할아버지는'은 주제어 또는 주어 둘 다로 해석될 가능성이 있다.[81] 먼저 주제어로 본다면 위 예문은 행위자 명사구와

---

81) 유현경(1996: 39)은 '-시-'와 관련하여 주격조사가 붙는 명사구가 두 번 나오는 문장에서 명사구 중 어느 하나만이 주체 존대의 '-시-'와 호응한다면 그 명사구를 주어로 보아도 좋다고 하고 다음과 같은 예를 들었다.

(i) 가. 선생님이 부자가 되셨다.
나. *선생님이 부자가 되었다.
다. *내 친구 영희는 선생님이 되셨다.
라. 내 친구 영희는 선생님이 되었다.

그는 (i 다)에서 두 번째 명사구에 [+존대] 자질이 있더라도 주체 존대 '-시-'와 호응을 하지 않은 것은 두 개의 명사구 중 첫 번째 명사구가 주어라는 것을 말해주는 것이라고 하였다. 그러나 이러한 주장은 (i 다)의 '선생님'이 [+존대] 자질이 없다는 것을 고려하지 않은 것이다. (i 다)의 '선생님'은 '교사'의 의미를 가지는 것으로 다음과 같은 문장에서도 역시 '-시-'와 호응하지 않는다.

(ii) *선생님은 좋은 직업이시다.

(ii)가 성립하지 않는다고 해서 '선생님은'을 주어가 아니라고 할 수는 없을 것이다.

상관없는 명사구가 주제어로 나온 다음 예문과 동일한 현상으로 파악할 수 있다.

(134) 영숙이는 딸이 미스코리아로 뽑혔다.

(134)와 같이 사건의 행위자가 아닌 명사구가 '은/는'을 취해 나타나는 경우도 포괄적으로 제시할 수 있다는 점에서 이러한 설명은 효율적이다. 그런데 한 가지 문제점은 앞에서 살펴본 다음 예문의 경우이다.

(135) 가. 나는 이 종이가 잘 안 잘린다.
나. ?철수는 이 종이가 잘 안 잘린다.

(135)에서 1인칭인 '나'가 나타난 (가)는 성립하는 반면 3인칭인 '철수'가 나타난 (나)는 많이 어색함을 알 수 있다. 이러한 양상은 경험주의 의미역을 가진 명사구를 주어로 가지는 심리 구문의 경우와 유사하다고 볼 수 있다. 그런데 이때의 '나는' 또는 '철수는'을 경험주의 의미역을 가진 것으로 본다면 이를 주제어로 보는 경우, 주제어가 과연 동사로부터 의미역을 받을 수 있느냐가 문제가 된다.

(135)의 (가)와 (나)의 차이점에 주목해서 (가)의 '나'에 경험주역을 부여한다면 다음의 가능성은 이를 주어로 해석하는 것이다. 이 경우에는 두 가지 가정이 가능하다. 하나는 유동석(1998) 등의 견해처럼 앞에 나온 행위자 명사구를 주어로 보고 뒤에 나온 피동자 명사구를 보어로 볼 수 있다. 즉 (133)에서 '할아버지는'은 주어, '몇 마리가'는 보어로, (135가)에서 '나는'은 주어, '이 종이가'는 보어로 보는 것이다. 그러나 이와 같은 견해는 이때의 보어가 문법적으로 과연 어떤 위치에 있느냐도 문제지만 피동에 대한 기본 인식에 배치되는 문제를 야

기한다. 피동문은 일반적으로 피동자가 주어이며 행위자는 문법적으로 강등되어야 하는데 행위자가 주어가 되기 때문이다. 따라서 이와 같은 견해는 피동의 틀 안에서 받아들여지기 힘들다.

경험주 주어와 관련된 또 하나의 가능성은 서술절을 상정하는 것이다. 이 견해는 피동자가 일단 피동 서술어의 주어가 된다는 점에서 피동문에 대한 일반적인 인식에 들어맞는다. 즉, 이때의 (133)은 "몇 마리가 잡혔다"와 같은 피동의 서술절을 내포하는 것이 되는데 이 견해의 가장 큰 문제점은 과연 서술절이라는 범주를 설정할 수 있느냐 하는 것이다.

본고는 '은/는' 및 '이/가'로 실현되는 행위자 명사구의 성격에 대한 세 가지 가능성을 제시하였으며 각각의 장점 및 단점을 다루었다. 그러나 이 세 가지 중 어느 것이 가장 타당한지는 주제어, 주어, 보어, 서술절 등 이와 관련된 난제가 해결이 되지 않는 한 확언하기가 어렵다. 다만 피동의 관점에서 보았을 때는 이 세 가지 가능성 중 주제어설이나 서술절설이 주어-보어설보다 타당하다는 점만을 밝히고 다음으로 넘어가기로 하겠다.

3.3.2. 피동자의 실현 양상

3.3.1에서는 행위자의 실현 양상을 행위자 명사구가 어떻게 실현되는지를 중심으로 살펴보았다. 여기서 살펴볼 것은 피동자의 실현 양상이다. 이에 앞서 피동자의 의미역과 관련해서 도구의 의미역을 가진 명사구가 피동문의 주어로 나타나는 경우에 대해 살펴보고자 한다.[82] 다음을 보자.

---

82) 이는 Park(1994), 김윤신(2001ㄱ)에서도 언급한 것이다.

(136) 가. 철수는 이 믹서기로 감자를 잘 간다.

나. 이 믹서기는 잘 갈린다.

(137) 가. 영희는 이 가위로 종이를 잘 자른다.

나. 이 가위는 잘 잘린다.[83]

도구는 원래 피동자보다 행위자와 가깝다는 점에서 이러한 의미역을 지닌 명사구가 피동문의 주어, 즉 피동자의 자리에 온다는 것은 매우 특이한 일이다. 위의 예문에서 우리가 주목할 것은 각각의 (나)이다. 이 (나)는 앞에서 중동적 특성을 지닌 문장을 살펴보면서 여러 번 언급되었던 것이다. 다만 앞서 제시된 예문이 '이 종이는 잘 접힌다'처럼 주어가 능동문의 목적어이며 피동주의 의미역을 가졌던 반면, (136), (137)의 '이 믹서기'와 '이 가위'는 종종 행위자로 기능하는 도구의 의미역을 가지며 능동문에서도 목적어로 실현되지 않는다는 점이 다르다.

이와 같은 해석에 대해 두 가지 반론이 있을 수 있다. 첫 번째는 (136)-(137) (나)의 '이 믹서기는'과 '이 가위는'을 주제어로 보고[84] 문장의 진짜 주어는 '감자가'나 '종이가'인데 생략된 것으로 보는

83) 김윤신(2001ㄱ: 132)는 대상과 관련된 명사의 속성을 나타내는 것이 '-히-'계 접미사 구성과 '-어지다' 구성 모두 가능하지만 위와 같이 도구 명사가 주어로 나타나는 경우는 '-어지다'가 더 자연스럽다고 하였다. 물론 그가 제시한 것처럼 '쓰다' 동사의 경우에는 다음과 같이 다음과 같이 용인성의 차이가 나타난다.

(i) 이 연필은 잘 써진다.
(ii) ?이 연필은 잘 쓰인다.

그러나 본고가 본문에서 제시한 (136)-(137) (나)에서 보듯이 '-히-'계 접미사 구성이 도구 명사구를 주어로 하는 문장이 가능한 경우도 있으므로 이러한 유형을 '-어지다' 구성에만 한정할 수는 없을 것 같다. 이에 대해서는 4.3.2에서 '-어지다' 피동문에 대해서 논하면서 다시 언급하겠다.

84) 서술절을 상정하는 논의에서는 상위절의 주어로 볼 것이다.

것이다. 물론 실제로 다음과 같이 '감자가'가 생략되는 경우도 나타난다.

(138) 영희: 왜 이렇게 감자가 안 갈리지?
철수: 이 믹서기로 갈아 봤어? 이 믹서기는 잘 갈리는데.

그러나 (136나)는 '감자'든 뭐든 다른 피동자가 상정되지 않은 상태에서 가능한 것인 반면 (138) '철수'의 밑줄 친 발화는 '감자'를 피동자로 상정했다는 점에서 다르다. 이 두 문장이 가지는 차이는 후자는 다음 예문과 같이 바꿔 말하는 것이 가능한 반면, 전자는 그것이 불가능하다는 점에서도 드러난다.

(139) 이 믹서기로는 (X가) 잘 갈리는데.

두 번째 반론은 피동자의 의미역에 대해 제기될 수 있다. 도구의 의미역은 행위자 쪽에 가까운데 이를 피동자로 보고 이것이 주어로 실현된 문장을 피동문으로 볼 수 있느냐 하는 것이다. 그러나 우리는 이미 3장에서 피동문은 논리적으로 행동주 이외의 의미역을 갖는 명사구는 무엇이든 주어가 될 수 있는 문장이라고 했던 Siewierska의 언급을 살펴보았다.

물론 위와 같은 문장이 속성 또는 양태적 의미를 나타내는 중동적 특성을 지닌 경우에만 가능하며 또 그러한 부류라고 해서 모두 가능한 것이 아니라는 점은 고려되어야 한다. 예를 들어 다음 (140)처럼 행위자가 '에 의해서'로 실현되는 전형적인 피동문에서는 도구역의 명사구가 주어로 올 수 없다.

(140) 가. *철수에 의해서 이 믹서기가 갈린다.
　　　나. *영희에 의해서 이 가위가 잘린다.

따라서 도구의 명사구가 주어 자리에 올 수 있는 경우는 중동적 부류에서만 가능하다고 보아야 할 것이다.

이상에서 피동자의 의미역에 대한 논의를 살펴보았다. 이제 피동자의 표지에 대해서 살펴보도록 하자. 피동문의 피동자는 당연히 '은/는' 또는 '이/가'와 결합하여 실현되며 그에 대해서는 별다른 논의가 필요하지 않다. 그러나 다음과 같은 현상을 보자.

(141) 가. 철수는 영희한테 손이 잡혔다.
　　　나. 철수는 영희한테 손을 잡혔다.

(141가, 나)는 두 문장 모두 피동자로 보이는 성분으로 '철수', '손'이 나타나 있다는 공통점을 지닌다. 이들의 차이점은 (가)는 두 번째 명사구가 조사 '이'를 취했는데 (나)는 조사 '을'을 취했다는 것이다. 따라서 (가)는 주격 중출문의 구조를 갖게 되며 (나)는 타동문으로 보이는 구조를 갖게 된다. 여기에서는 (가)와 같이 피동자로 보이는 두 개의 명사구가 조사 '이/가', '은/는'을 취하는 경우를 '주격 중출문'이라고 하고, (나)와 같이 두 번째 명사구가 '을/를'을 취하는 경우를 '을/를' 피동문이라고 하여 각각에 대해 논의하도록 하겠다.

1) 주격 중출문 구성

3.3.1에서 소위 주격 중출문을 이루는 피동문에 대해 논의한 바 있었으나 그러한 문장들은 다음에서 보듯이 첫 번째 명사구가 행위자인

경우였다.

(142) 가. 나는 붕어가 잡혔다.

나. 너는 산이 안 보이니?

그러나 우리가 여기서 살펴볼 것은 (142)와 달리 주격으로 나타나는 두 개의 명사구가 모두 피동자에 가까운 경우이다. 이와 관련된 예문을 첫 번째 명사구와 두 번째 명사구의 관계를 괄호 안에 제시하여 보이도록 한다.85)

(143) 가. 옆집 아주머니는 아들이 경찰에 쫓기고 있다. ('주제-언급' 구성)

나. 할아버지는 영희에게 수염이 뽑혔다. ('전체-부분' 구성)

다. 순희는 영희에게 손이 잡혔다. ('전체-부분' 구성)

라. 생선은 도미가 팔렸다. ('부류-성원' 구성)

마. 도둑이 세 명이 잡혔다. (수량사 구성)

바. 이 노래는 수백 번이 불렸다. (시간·빈도 구성)

이 중 '전체-부분' 구성을 다른 구성과 달리 (나), (다), 두 문장으로 제시한 것은 뒤에서 살펴보겠지만 이 둘이 동일하지 않은 양상을 보이기 때문이다. 여기서 우리가 살펴볼 문제는 (143)에 제시된 문장들에 나타난 밑줄 친 명사구 중 어떤 것이 피동자인가 하는 것인데 이것은 대응되는 능동문의 목적어가 무엇인가 하는 것과 관련된다. 다음에 각각의 대당 능동문을 제시해 보자.

85) 각 구성의 명칭은 논의마다 조금씩 다를 수 있다. 여기에서는 이홍식(1996)에서 사용한 용어를 적용했다.

(144) 가. *경찰이 옆집 아주머니를 아들을 쫓고 있다. ('주제-언급' 구성)

나. *영희는 할아버지를 수염을 뽑았다. ('전체-부분' 구성)

다. 영희가 순희를 손을 잡았다. ('전체-부분' 구성)

라. X가 생선을 도미를 팔았다. ('부류-성원' 구성)

마. X가 도둑을 세 명을 잡았다. (수량사 구성)

바. X가 이 노래를 수백 번을 불렀다. (시간·빈도 구성)

(144)를 보면 (가), (나)를 제외하고는 모두 대격 중출문의 형식이 가능해 보인다. (144가, 나)가 성립하지 않는 것은 각각의 첫 번째 명사구 '옆집 아주머니', '할아버지' 때문이다. 따라서 이들을 제외한 나머지 문장을 대상으로 두 개의 명사구 각각을 하나의 목적어만 나타나는 구성으로 제시해 보도록 하자.

(145) 가. 영희는 순희를 잡았다.

나. 영희는 손을 잡았다.

(146) 가. 상인은 생선을 팔았다.

나. 상인은 도미를 팔았다.

(147) 가. X가 도둑을 잡았다.

나. X가 세 명을 잡았다.

(148) 가. X가 이 노래를 불렀다.

나. *X가 수백 번을 불렀다.

위의 문장 중 (148나)가 성립 안 되는 것은 '수백 번'이 직접적인 피동자가 아니라는 것을 보여 준다. 이들은 서술어와 의미상 관련을 맺기는 하나 서술어의 논항이 아니며 부사어로 해석해도 문제가 없다.[86] (143)-(144) (바)의 '수백 번'은 피동자와 전혀 관계없는 것이다.

지금까지 (143)의 예에서 피동자로 볼 수 있는 두 명사구 중 (가)와 (나)는 두 번째 명사구 '아들'과 '수염'이, (바)는 첫 번째 명사구 '이 노래'가 피동자임을 알 수 있었다. 이제 남은 문제는 '전체-부분' 구성 중 하나인 (143다), '부류-성원' 구성인 (143라), 수량사 구성인 (143마)의 경우이다. 이들은 모두 두 명사구가 서로 의존적인 관계를 맺고 있다는 공통점을 지니고 있다. 이홍식(1996)은 주격 중출문의 '전체-부분' 구성, '부류-성원' 구성, 수량사 구성에서는 모두 두 번째 명사구가 진정한 주어이며 첫 번째 명사구는 주제일 가능성을 제시하였으며, 대격 중출문에서도 두 번째 명사구가 목적어이며 첫 번째 명사구는 주제라고 보았다. 이때 주격 중출문에 대한 논의는 지금 논의하고 있는 피동문에, 대격 중출문에 대한 논의는 그러한 피동문에 대응되는 능동문에 적용된다. 이러한 견해를 따르면 (143다, 라, 마)에서 진정한 피동자는 각각 두 번째 명사구인 '손', '도미', '세 명'이라고 볼 수 있다. 그러나 그럼에도 이들의 첫 번째 명사구가 목적어로 나타나는 능동문이 가능하다는 것은 첫 번째 명사구 역시 행위에 의해 영향을 받음을 나타낸다고 볼 수 있다. 이에 대해서는 '을/를' 피동문에 대해 논하는 자리에서 한 번 더 언급하기로 하겠다.

2) '을/를' 피동문

여기에서 다루고자 하는 문장은 다음과 같은 예를 포함한다.

86) 이때의 '을/를'은 "철수가 우리 집에 수백 번을 왔다"의 '수백 번을'의 '을'과 동일하다고 생각된다. 이러한 '을/를'은 정태적 사태 파악의 의미를 지니는 '이/가'와 대조되어 동태적 사태 파악의 의미를 나타내는 것으로 파악될 수 있는데 이에 대한 견해는 이광호(1988), 선우용(1994), 이홍식(1996) 등에서 살펴볼 수 있다.

(149) 철수가 황소에게 허리를 받혔다.

(149)는 피동자로 볼 수 있는 명사구가 '철수'와 '허리', 두 개이며 그 중 '허리'가 조사 '을/를'과 결합하여 나타나고 있다는 점에서 논의할 필요가 있다.

『표준국어대사전』에는 위와 같이 '을/를' 명사구를 취할 수 있는 피동사로 다음과 같은 동사가 제시되어 있다.

(150) 가로채이다, 거머잡히다, 걷어채다, 공먹히다, 긁히다, 꺼들리다, 꼬집히다, 꿰뚫리다, 내리눌리다, 눌리다, 떠다박질리다, 떨리다, 떼이다, 뜯기다, 물리다, 발리다, 밟히다, 버르집히다, 베이다, 붙들리다, 붙잡히다, 빨리다, 빼앗기다, 설잡히다, 싸잡히다, 앗기다, 옴켜잡히다, 움켜잡히다, 읽히다, 잘리다, 잡히다, 적히다, 졸리다, 쥐어뜯기다, 쥐어질리다, 집히다, 쪼이다, 찍히다[1], 찍히다[2], 찔리다, 차이다, 치받히다, 털리다

이 밖에도 사전에는 제시되어 있지 않지만 다음의 피동사가 '을/를' 명사구를 취할 수 있는 것으로 보이므로 추가하도록 한다.

(151) 깎이다, 꺾이다, 끼이다, 떠밀리다, 먹히다, 묶이다, 밀리다, 받히다, 뽑히다, 쏘이다, 팔리다, 헐리다87)

여기에서는 (149)와 같이 '을/를'이 나타나는 피동문의 문제를 크게 세 가지로 나누어 살펴보고자 한다. 첫 번째는 '을/를' 피동문이 대격

---

87) 유혜원(1999), 고광주(2001ㄱ), 남수경(2005)에서 제시된 동사를 검토하여 추가한 것이다.

중출문인 능동문에 대응되는가 하는 것이고, 두 번째는 '이/가' 또는 '은/는'을 취하는 첫 번째 명사구와 '을/를'을 취하는 두 번째 명사구가 어떤 관계에 있는가 하는 것이며, 세 번째는 첫 번째 명사구와 두 번째 명사구 중 어느 것을 피동자로 볼 수 있는가 하는 것이다. 논의를 시작하기 전에 앞의 두 가지 문제에 대한 본고의 논의는 대안을 제시하기 위해서라기보다는 오랫동안 일반적으로 동의되어 왔던 사실에 대해 부정적인 근거를 제시함으로써 그것이 타당하지 않음을 보이는 데 목적이 있음을 밝힌다.

먼저 첫 번째 문제부터 살펴보겠다. '을/를'이 나타나는 피동문이 대격 중출문인 능동문에 대응된다고 본 논의로는 성광수(1976ㄴ/1999), 이익섭·임홍빈(1983), 우인혜(1997), 송복승(1995) 등이 있는데 이들은 다음에서 보듯 피동문 (가)가 대격 중출문인 능동문 (나)에 대응된다고 본다. 송복승(1995: 152)의 예문 일부를 제시한다.

(152) 가. <u>토끼가</u> 개에게 <u>다리를</u> 물렸다

나. 개가 <u>토끼를</u> <u>다리를</u> 물었다.

(153) 가. <u>그 집이</u> 군인들에게 <u>벽을</u> 헐렸다.

나. 군인들이 <u>그 집을</u> <u>벽을</u> 헐었다.

그러나 결론부터 말하자면 (152), (153)과 달리 '을/를' 피동문과 대격 중출의 능동문이 대응되지 않는 경우가 있기 때문에 '을/를' 피동문의 존재가 대격 중출문과 항상 일대일 대응되는 것으로 생각할 수는 없을 듯하다. 이에 대한 근거로 이정택(2004ㄴ: 175-177), 고광주(2001ㄱ: 227-228) 등을 들 수 있는데 이들 논의에는 대격 중출문은 가능한데 '을/를' 피동문이 불가능한 예와, 반대로 '을/를' 피동문은 가능한데 대격 중출문이 성립하지 않는 예가 제시되어 있다. 이정택

(2004ㄴ: 176)이 제시한 예 중 일부만 보이도록 하겠다. (가)가 대격 중출문인 능동문, (나)가 '을/를'이 나타나는 피동문이다.

(154) 가. 주인은 강아지를 세 마리를 팔았다.
나. *강아지가 주인에 의해 세 마리를 팔렸다.

(155) 가. ??소매치기는 철수를 가방을 찢었다.
나. 철수는 소매치기에게 가방을 찢겼다.

(154)는 대격 중출의 능동문은 가능한데 그에 대응되는 피동문은 불가능한 경우이며 (155)는 대격 중출의 능동문은 어색한데 그에 대한 피동문은 가능한 경우이다. 즉 모든 대격 중출문이 '을/를' 피동문에 대응되는 것은 아니며 모든 '을/를' 피동문이 대격 중출문에 대응되는 것은 아니므로 결국 '을/를' 피동문의 존재 근거를 대격 중출의 능동문에서 찾을 수는 없다고 할 수 있다.

두 번째로 첫 번째 명사구와 두 번째 명사구의 관계에 대해서 살펴보자. 이에 대해서는 일반적으로 이 둘 사이에 전체-부분, 또는 비분리적(inalienable) 관계가 있다고 논의되어 왔다.[88] 그러한 견해 중 Song(1967)을 살펴보자.

(156) 가. 어부가 연못의 고기를 잡는다.
나. 연못의 고기가 어부에게 잡혔다.
다. *연못이 어부에게 고기를 잡혔다.

88) Song(1967), 이정택(2004ㄴ), 우형식(1990), 우인혜(1997), 송복승(1995), Park(1994) 등이 있다. 이 중 뒤의 네 편의 논문이 비분리적(또는 비양도적, 불가분리적, inalienable)이라는 표현을 사용하였다.

(157) 가. 장님이 코끼리의 꼬리를 잡았다.

나. 코끼리의 꼬리가 장님에게 잡혔다.

다. 코끼리가 꼬리를 장님에게 잡혔다.

(Song 1967: 174)

(156)의 '연못의 고기'의 '고기'는 (다)와 같이 '을/를'과 결합하지 못하는 데 반해 (157)의 '코끼리의 꼬리'의 '꼬리'는 (다)와 같이 '을/를'과 결합한다. Song(1967)은 이러한 예문을 근거로 '을/를' 피동문이 첫 번째 명사구와 두 번째 명사구가 전체-부분의 관계를 가져야만 가능한 것으로 보았다.

Song(1967)의 논의 외에도 앞에서 살펴본 주격 중출문의 피동문 중 '전체-부분' 구성이 다른 구성과 달리 '을/를' 피동문에 대응된다는 것도 이러한 견해를 뒷받침한다.

(158) 가. *옆집 아주머니는 아들을 경찰에 쫓기고 있다. ('주제-언급' 구성)

나. 할아버지는 영희에게 수염을 뽑혔다. ('전체-부분' 구성)

다. 순희는 영희에게 손을 잡혔다. ('전체-부분' 구성)

라. *생선은 도미를 팔렸다. ('부류-성원' 구성)

마. *도둑이 세 명을 잡혔다. (수량사 구성)

바. *이 노래는 수백 번을 불렸다. (시간·빈도 구성)

(158)에서 보듯이 앞에서 살펴본 주격 중출문의 구성 중 (나), (다)의 '전체-부분' 구성만 '을/를' 피동문이 성립함을 알 수 있다.

그러나 '전체-부분' 구성이 '을/를' 피동문에 대응되는 것은 맞지만 역으로 '을/를' 피동문이 모두 '전체-부분' 구성인 것은 아니라는 점에서 역시 첫 번째 명사구와 두 번째 명사구의 관계를 '전체-부분', 혹은 비분리적인 관계로 보는 견해는 재고되어야 한다. 다음 예를 보자.

(159) 가. 그가 기자에게 사진을 찍혔다. (고광주 2001ㄱ: 228)

나. 그러기 위해서 너는 마름에게 탈이나 트집을 잡히지 않아야 한다.

위의 예는 두 번째 명사구가 첫 번째 명사구와 비분리적인 관계에 있는 것이 아니라 오히려 동사와 밀접한 관계에 있음을 보여준다. 다시 말하면 '을/를' 피동문은 첫 번째 명사구와 두 번째 명사구의 전체-부분, 혹은 비분리성의 관계로만 특징지어질 수 없다.

마지막으로 두 개의 명사구 중 어느 것이 피동자인가 하는 문제에 대해서 살펴보겠다. (149)를 다시 가져오겠다.

(149) 철수가 황소에게 허리를 받혔다.

의미상 '철수'는 '허리를 받히다'로 설명되는 사건의 피동자이다. 특히 이러한 해석은 다음과 같은 문장을 보면 타당하다.

(160) 철수는 날마다 아내한테 바가지를 긁힌다.

위 문장 역시 사건의 피동자가 될 가능성이 있는 것은 '철수'와 '바가지'인데 아내가 바가지를 긁는 전체 사건의 피동자는 역시 철수라고 볼 수밖에 없다.

그러나 본고의 견해대로 '을/를' 피동문이 첫 번째 명사구가 피동자임을 나타내는 문장이라고 볼 경우에도 존재하는 난점은 있다. '을/를' 피동문이 주격 중출의 피동문과 관련된다는 점이다. 위에 제시된 '을/를' 피동문 중 일부를 주격 중출 피동문과 함께 제시하도록 하겠다.

(161) 가. 철수가 황소에게 허리를 받혔다.

나. 철수가 황소에게 허리가 받혔다.

(162) 가. 그가 기자에게 사진을 찍혔다.

나. 그가 기자에게 사진이 찍혔다.

우리는 앞에서 (나)와 같은 주격 중출문은 두 명사구 중 두 번째 명사구가 피동자라고 하였다. 이는 '을/를' 피동문의 경우 첫 번째 명사구가 피동자라고 한 것과 상충되는 설명이다. 따라서 과연 이처럼 단지 '허리'나 '사진'이 '이/가'를 취하느냐, '을/를'을 취하느냐만 다를 뿐 동일한 의미와 구조를 가진 문장을, 하나는 두 번째 명사구를 피동자로, 다른 하나는 첫 번째 명사구를 피동자로 달리 처리하는 것이 과연 일관적인가 하는 질문을 던질 수 있다. 그러나 그러한 질문은 이 두 문장이 동일한 문장이라는 가정 하에서 성립하는 것이다. 본고는 이 두 문장은 동일한 문장이 아니라고 보는데 그 이유는 다음과 같다.

첫째, 주격 중출문인 피동문과 '을/를' 피동문은 성립하는 경우가 다르다.

(163) 가. 영숙이는 아버지가 국회의원에 뽑혔다.

나. *영숙이는 아버지를 국회의원에 뽑혔다.

(164) 가. 우리 조직원은 세 명이 잡혔다.

나. *우리 조직원은 세 명을 잡혔다.

(165) 가. ?아버지가 친구한테 돈이 떼였다.

나. 아버지가 친구한테 돈을 떼였다.

각각의 (가)는 주격 중출문의 구조를 가진 피동문이며 (나)는 '을/를' 피동문이다. 그러나 (163), (164)에서는 (가)가 성립하고 (나)는 성립하지 않는 반면 (165)에서는 오히려 (가)가 어색하고 (나)는 자연스럽게 성립한다.

둘째, 여러 논의에서 지적된 바대로 '을/를' 피동문은 명령문으로 나타나거나 행위자의 의도를 드러내는 부사어와 자주 쓰인다. 그러나 주격 중출의 피동문은 그렇지 않다.

(166) 가. 철수야, 황소한테 허리를 받혀라.
나. *철수야, 황소한테 허리가 받혀라.
(167) 가. 철수는 황소한테 일부러 허리를 받혔다.
나. *철수는 황소한테 일부러 허리가 받혔다.

'을/를' 피동문은 각각의 (가)에서 보듯 명령문이 가능하거나 행위자 지향 부사어가 오히려 피동자의 의도를 나타내는 데 쓰일 수 있다. 반면 주격 중출문의 구조를 가진 피동문은 (나)에서 보듯 그렇지 않다.

본고는 (166), (167)의 (가), (나)의 차이가 이 둘의 피동자가 다르다는 사실을 보여주는 근거가 된다고 본다. 앞에서 우리는 (가)의 경우에는 첫 번째 명사구가, (나)의 경우에는 두 번째 명사구가 피동자라고 보았는데 이들은 전자는 유정물, 후자는 비록 신체의 일부분이지만 무정물이라는 차이를 보인다. 물론 (가)와 같은 피동문에서 명령문이 가능하거나 행위자 지향 부사어가 피동자의 의도를 나타내는 현상이 왜 가능한지에 대해서는 보다 근본적인 설명이 필요할 것이다. 그러나 우선 현상 자체만 놓고 본다면 이 두 유형의 문장은 상이한 구조를 가지고 있으며 각각의 주어인 피동자가 하나는 유정물, 다른 하나는 무정물이라는 차이가 명령문 성립이나 행위자 지향 부사어의 쓰임에서의 차이를 가져오는 원인 중 하나가 된다고 할 수 있을 것이다. 이에 대해서는 다음 3.3.3에서 조금 더 보충해서 논의하고자 한다.

3.3.3. '-히-'계 접미사 피동문의 통사·의미적 양상

피동문이 대응되는 능동문을 갖는다고 해서 그 둘이 의미적으로, 통사적으로 완전한 일치를 보이는 것은 아니다. 심지어는 피동문을 능동문에서 변형을 통해 도출된다고 보는 논의에서조차도 이 둘이 갖는 통사적, 의미적 차이점을 인정해 왔다. 피동문이 능동문에 대하여 양태나 상 등에서 차이를 보인다는 점은 대부분의 논의가 인정하는 사실이며 심지어는 진리조건에서도 차이를 보인다는 논의도 있어 왔다. 그러나 능동문과 피동문이 다르다는 지적만으로는 이 둘 간의 관계를 온전히 설명할 수 없다. 3.3.3.1과 3.3.3.2에서는 피동문이 능동문에 대해 갖는 차이점을 각각 부사어의 실현 양상과 명령법 및 청유법 어미의 결합 양상으로 나누어 살펴보겠다. 이어서 3.3.3.3에서는 피동문이 능동문과 달리 표현하는 의미에 대해서 살펴볼 것이다.

3.3.3.1. 부사어의 실현 양상

피동문은 능동문과 비교해 부사어 실현 양상에서 차이를 많이 보인다. 특히 행위자와 관련된 일군의 부사어가 피동문에서 제약되는 현상이 여러 번 지적되어 왔다.[89] 이기동(1976), 송현정(1994: 322)에 제시된 다음의 예를 살펴보기로 하자.

(168) 가. ?실이 부지런히 감기었다.[90]

나. 창수가 부지런히 실을 감았다.

---

89) 이기동(1976), 이익섭(1978), 김봉모(1984, 1986), 송현정(1994) 등.

90) 문장의 적격성에 대한 판단은 이기동(1976)에서 그대로 가져온 것이다. 그러나 '?실이 부지런히 감기었다'의 부사 수식이 어색한 것은 여기에 행위자가 나타나지 않은 것이 한몫한 것으로 보인다. '실이 철수에 의해 부지런히 감기었다'와 같이 행위자를 상정한 경우는 이보다는 덜 어색하게 느껴진다.

(169) 가. *제리가 톰한테 열심히 쫓긴다.

나. 톰은 제리를 열심히 쫓는다.

이기동(1976)은 (168)과 같은 예를 통해 행위자의 의도나 행위자가 어떤 일을 하는 방법을 나타내는 부사어 '부지런히', '열심히', '고의적으로', '억지로' 등이 능동문과는 달리 피동문에서는 쓰이지 않음으로써 피동문에는 행위자를 표시할 수 없다고 하였고 송현정(1994)는 (169)와 같은 예를 통해 피동형 문장은 피동자가 움직임을 입는다는 것이 기본적 의미이기 때문에 원칙적으로 이러한 부사와 공존하지 않는다고 하였다.

이처럼 (168), (169)를 보면 한국어 피동문에는 이른바 행위자 지향 부사어의 결합이 제약되는 경향이 존재하는 것으로 보인다. 그러나 이렇게 쉽게 단정 지을 수 없는 다음과 같은 예문들도 나타난다.

(170) 가. 책이 조심스럽게 읽힌다.

나. X가 책을 조심스럽게 읽는다.

(171) 가. 밀이 조심스럽게 갈린다.

나. X가 밀을 조심스럽게 간다.[91)]

---

91) 이러한 예는 '책이 (잘) 읽힌다'와 같은 문장을 중동이라고 본 Park(1994)에 대한 반론으로 제시된 것이다. Cho(1995)는 이와 같은 예들이 행위자 지향 부사어가 쓰였기 때문에 피동이라고 보고 있다. 보통 중동은 (ii)와 같이 행위자 지향 부사어가 쓰이지 않지만 피동은 (i)과 같이 행위자 지향 부사어가 쓰이기 때문이다.

(i) This bureaucrat was bribed deliberately.
(ii) *This bureaucrat bribes deliberately.

그러나 한국어의 경우 순수한 피동과 중동 사이에 겹침이 존재하기 때문에 모든 경우에 본문의 (170)-(171) (가)나 위의 (i)과 같이 행위자 지향 부사어가 쓰인다고 단언할 수 없다.

(172) 가. 아이가 고의로 차에 치였다.

나. 차가 고의로 아이를 치었다.

먼저 앞의 두 예 (170), (171)은 Cho(1995: 84)에서 제시된 예인데 이 경우 부사어는 피동문과 능동문에서 별다른 차이 없이 쓰인 것으로 보인다.[92] 한편 (172)는 송현정(1994: 323)의 예로 앞서 그가 든 (169)의 반례로 볼 수 있는 것이다. 송현정(1994)는 (169가)와 같이 행위자의 의도를 나타내는 부사어가 제약되는 것이 일반적인 경향이나 담화 맥락, 화자의 의도에 따라 (172가)와 같은 문장이 나타날 수 있다고 하였다.

그런데 (170)-(172)의 예를 다시 관찰해 보면 피동문에서 부사어가 쓰였다는 점은 공통되지만 그것이 누구의 의도를 나타내고 있느냐에 관해서는 (170)-(171) (가)와 (172가)가 다름을 알 수 있다. 앞의 두 예가 능동문의 경우와 마찬가지로 책을 읽고, 밀을 가는 행위자의 의도를 나타낸다고 한다면 뒤의 예는 능동문과 달리 피동자의 의도성을 나타낸다고 할 수 있기 때문이다.

이 밖에 백미현(1999: 104)는 비록 어휘적 피동문의 예를 들긴 했으나 다음 예를 통해 영어 피동문과 달리 한국어의 피동 구성은 피동자인 주어에 의도성이 부과된다고 하였다.

(173) 존이 일부러 메리에게 맞았다.[93]

---

92) 이 예의 적격성에 대한 판단은 화자마다 다르다. 필자 주위의 몇몇 사람들은 이러한 예가 부적격하다고 판정하였다. 그럼에도 이 예를 가져온 것은 이것이 용인되는 상황이 있다는 필자의 판단과 Cho(1995)의 직관을 고려한 것이다.

93) 물론 문법적 피동과 통사・의미적으로 다른, 어휘적 피동을 예로 든 것은 적절치 못하다.

이는 송현정(1994)가 제시한 (172가)가 보이는 양상과 일치하는 것이다.

지금까지 피동문에 나타나는 행위자 지향 부사어의 쓰임이 (168)-(169) (가)처럼 아예 어색하거나 불가능한 경우, (170)-(171) (가)처럼 행위자의 의도를 나타내는 경우, (172가)처럼 피동자의 의도를 나타내는 경우, 세 가지 양상으로 나타날 수 있음을 살펴보았다. 그렇다면 이에 대해서는 어떤 일관적인 설명도 불가능한 것일까?

일단은 (168)-(169) (가)와 같이 피동자가 유정물이든, 무정물이든 행위자 지향 부사어가 쓰이지 못하는 경우에 대해서는 왜 이것이 불가능한지에 대해서 논하지 않기로 한다. 우리가 주목하는 것은 이러한 부사어가 피동문에 나타날 때 어떤 경우에는 행위자의 의도를 나타내고 어떤 경우에는 피동자의 의도를 나타내는지 하는 문제다. 이 양자를 대표하는 (170)-(171) (가)와 (172가)를 보면 여기에는 피동자가 유정물이냐, 무정물이냐 하는 문제가 영향을 미치는 것으로 보인다. 다음을 보자.

(174) 가. 그녀는 계획적으로 잡혔다.
나. 일정이 계획적으로 잡혔다.

(175) 가. 그는 의도적으로 회사에서 잘렸다.
나. 쇠창살이 의도적으로 잘렸다.

위의 예는 의미는 좀 다르지만 각각 동일한 피동사와 동일한 부사어가 쓰인 예이다. 각각의 (가)는 인간인 피동자가 주어로, (나)는 무정물 피동자가 주어로 나타나 있다. 이때 각각의 (나)는 사람에 따라 적격한 문장으로도, 적격하지 않은 문장으로도 해석될 수 있을 것이다. 그러나 문제는 (나)의 적격성, 비적격성에 초점이 있는 것이 아니라

이 예문들에 있어서는 어떤 경우에도 부사어가 피동자 '일정', '쇠창살'의 의도를 드러낼 수 없는 반면 (가)는 피동자인 '그녀'의 계획이나 '그'의 의도로 해석이 될 수 있다는 것이다. 즉 이러한 부사어가 피동자의 의도를 나타내는 경우는 피동자의 유정성에 좌우되는 측면이 분명히 존재한다.

그런데 이처럼 피동자가 의도를 나타내는 문장은 과연 이것이 피동문으로 해석될 수 있는가 하는 새로운 의문을 제기하게 한다. 본고는 이에 대해 다음 두 가지 가능성을 제안하고자 한다. 첫째, 이와 같이 피동문이 피동자의 의도를 드러내는 문장을 중동적 특성을 가진 문장으로 볼 가능성이 있다. 동일한 예는 아니지만 이는 Park(1994: 216)에서 'Caused-Passive CMC'라고 이름 붙여 주어가 사동표지 동사가 가리키는 전체 사건의 시발자(또는 사동자)인 동시에 피사동자에 의해 영향을 받는 끝점이 되는 구성이라고 본 다음 예와 유사하다.

(176) 인호가 미나에게 안겼다.

(176)은 인호가 그냥 안긴 경우가 아니라 미나에게 안도록 행위를 유발한 경우를 가리킨다. 다시 (172가), (174)-(175) (가)를 보자. 분명 아이, 그녀, 그는 차에 치이거나 잡히거나 회사에서 잘렸기 때문에 피동자이다. 그러나 동시에 이들은 행위자가 자신을 치게 했고, 잡게 했고, 자르게 한, 즉 행위를 유발한 측면이 존재한다. 우리가 앞에서 살펴본 중동의 개념이 바로 이러한 것이었다. 또한 동일한 동사가 쓰인 분명한 피동문의 경우에는 행위자 명사구가 '에 의해'와 결합할 수 있는데 다음과 같이 이러한 예문들은 '에 의해' 행위자 명사구와 결합하지 못한다는 점도 이들을 온전한 피동문과 구별할 가능성을 보여준다고 하겠다.

(177) 가. 아이가 고의로 차에 치였다.

나. *아이가 고의로 차에 의해 치였다.

(178) 가. 그녀는 계획적으로 형사에게 잡혔다.

나. *그녀는 계획적으로 형사에 의해 잡혔다.

(179) 가. 그는 의도적으로 사장한테 잘렸다.

나. *그는 의도적으로 사장에 의해 잘렸다.

두 번째 가능성은 이처럼 피동자가 의도성을 얻는 것을 피동과 중동의 문제가 아니라 피동자가 유정물, 그 중에서도 특히 인간이기 때문에 행위자 지향 부사어가 실현되었으므로 우연히 그러한 의도성을 가지게 된 것으로 보는 것이다. 이는 (176)과 같은 문장은 행위자 지향 부사어가 쓰이지 않았는데도 피동자 인호가 미나가 안도록 하는 시발자로도 쉽게 해석되는 반면 문제의 (172가), (174)-(175) (가)는 그러한 부사어가 없으면 행위의 시발자로 나타나지 않고 피동자로서만 나타난다는 점에 근거를 둔다. 각 문장에서 행위자 지향 부사어를 빼고 제시하도록 한다.

(180) 가. 아이가 차에 치였다.

나. 그녀는 형사에게 잡혔다.

다. 그는 회사에서 잘렸다.

위의 예문은 행위자 지향 부사어가 없을 경우에는 차에 치이거나, 잡히거나 잘리는 사건에 피동자의 의도가 있다고 보기 어려움을 드러낸다.

이상에서 피동문에 행위자 지향 부사어가 쓰여 피동자의 의도를 드러내는 경우에 대해 두 가지 가능한 설명을 제시하였다. 현재로서는 어느 한 쪽이 더 타당하다고 판단하기가 어려우며 실제로 양쪽 모두에 원인이 있을 수도 있다고 본다. 이와 관련된 문제는 뒤에 살펴볼 명령법 및 청유법 어미의 결합에서도 동일하게 나타난다. 이에 대해서는 더 자료를 보충하고 논의를 다듬어 살펴볼 필요가 있다.

다음에서 살펴볼 부사 '잘'도 능동문, 피동문에서 차이를 보인다.

(181) 가. 종이가 잘 접힌다.
나. X가 종이를 잘 접는다.

언뜻 보기에는 피동문 (가)와 능동문 (나)의 '잘'이 같은 의미로 쓰인 것 같다. 분명 이 둘 사이에는 의미가 일치하는 해석이 존재한다. 예를 들어 철수가 종이를 잘 접었을 때 "종이가 잘 접혔네."라고 말하는 것이나 지금 철수가 종이를 잘 접고 있을 때 "종이가 잘 접히네."하고 말하는 경우가 그렇다. 이때의 '잘'은 능동문에서나 피동문에서나 모두 행위자가 사건에 기여하는 바를 표현하는 부사다. 그러나 3장에서 살펴보았듯이 이러한 구성은 중동적 의미로 쓰여, 특정한 행위자에 의해 이루어지는 행위가 아니라 종이 자체의 속성이나 가능과 같은 양태의 의미를 나타낼 때도 쓰인다. 이러한 경우에는 (나)의 '잘'과 달리 (가)의 '잘'은 종이가 접히는 성질이 좋음을 의미한다.[94]

---

94) 영어에서는 피동과 중동이 명확하게 갈리기 때문에 한국어의 경우와 상황이 다를 수 있지만 Lakoff(1977: 250-251)에서도 비슷한 논의를 찾아볼 수 있다.

(i) 가. Someone drove the car well.
나. The car drove well.

그는 (가)의 'well'이 행위자가 운전에 기여하는 바, 즉 핸들을 돌리거나 속도를 내거나 하는 운전자의 능력을 담당하는 반면 (나)의 'well'은 운전자의 능력보다는 차의 속성이 운전에 기여하는 바를 담당한다고 보았다. 그러나 다음과 같은 피동문의 'well'은 (가)와 마찬가지로 행위자에게 초점이 있다고 보았다.

(ii) The car was driven well.

부정 부사어 '못'도 피동문에서 결합이 제약된다. 이기동(1976)의 예이다.

(182) 가. 그는 고기를 못 씹는다.
나. ?고기가 못 씹힌다.

이기동(1976)은 위와 같은 예문을 들고 부정의 '못'이 피동문에서 잘 안 쓰인다고 하였으나 필자의 직관에는 거의 불가능한 것으로 보인다.[95] 반면 피동사와 동일한 형태의 동사가 나타나지만 우리가 3.2.2에서 피동문이 아닌 것으로 분류한 다음의 예문들은 '못'이 가능함을 볼 수 있다.

(183) 가. 더 이상 못 매달리겠다.
나. 이제 시간이 없어서 못 모일 거 같아.

이상에서 부사어 실현 양상과 관련한 피동문의 특징적인 양상들을 살펴보았다. 이를 통해 우리는 비록 피동사가 능동사에서 파생되기는 했으나 능동사와는 독립된 피동사 자체의 논리에 의해 움직이기 때문에 능동문과 피동문이 부사어 실현에 있어서 매우 다른 양상을 보임을 알 수 있었다.

중동문 (ⅰ 나)의 'well'의 해석은 한국어에서 '종이가 잘 접힌다'가 종이의 속성을 가리키는 경우와, 피동문 (ⅱ)의 'well'의 해석은 한국어에서 똑같은 문장이 철수가 지금 종이 접는 것을 보고 철수에 의해 잘 접힌다고 말하는 경우와 일치한다.

95) 임홍빈(1978/1998)은 '못'이 피동문에 잘 안 쓰이는 이유가 한국어 피동은 행동성, 의도성이 문제가 되지 않기 때문이라고 했다.

3.3.3.2. 명령법 및 청유법 어미의 결합 양상

피동문은 능동문과 달리 일반적으로 명령문이나 청유문으로 나타나지 않는다.[96] 다음은 고광주(2001ㄱ: 54)의 예문이다.

(184) 가. *철수가 쫓겨라.
나. *우리, 쫓기자.

그러나 다음과 같이 드물기는 하지만 피동문이 명령문이나 청유문으로 나타나는 예가 보인다.

(185) 가. 영순 씨, 차라리 사장님한테 찍히세요. 그럼 더 편해요.
나. 민중이여, 그저 잡초처럼 밟혀라. 그리고 다시 일어서라.

(186) 가. 그냥 포기하고 경찰한테 잡히자.
나. 저 차에 치이자. 보상금 좀 타게.

(185)의 '영순', '민중', (186)의 '우리'는 사건의 피동자이다. 우리는 앞에서 피동자가 유정물일 때 행위자 지향 부사어가 피동자의 의도를 표현할 수 있으며 피동자가 유정물인 경우 '을/를' 피동문이 명령문으로 나타날 수 있음을 알 수 있었는데 이처럼 피동문이 명령문, 청유문으로 나타나는 현상도 그와 같이 설명되는 것으로 보인다.

그런데 위의 예와 달리 무정물을 청자로 하는 명령문이 가능한 것 같은 예들도 나타난다.

---

96) 이익섭(1978), 김봉모(1984, 1986), 고광주(2001ㄱ) 등에서 언급되었다. 그 중 고광주(2001ㄱ)은 피동사를 능격동사로 보고 능격동사의 확인기준 및 특성 중 한 가지로서 명령문 및 청유문의 가능 여부를 제시했다.

(187) 가. 좀 열려라. (안 열리는 문을 붙들고)

나. 빨리 팔려라. (안 팔리는 물건을 놓고)

그러나 (187)은 명령문이라기보다는 기원문으로 볼 가능성이 크다. 앞의 두 예가 피동자가 어떤 행위를 유발하도록 명령하거나 제안하는 의미가 담겨 있다면 위의 예는 그러한 행위가 이루어지기를 바라는 의미가 담겨 있다는 점에서 기원문으로 파악될 수 있다.

3.3.3.3. '-히-'계 접미사 피동문의 의미

이제 '-히-'계 접미사 피동문이 대당 능동문과 비교하여 갖는 의미에 대해서 살펴보도록 하자. 먼저 이전의 연구에서는 이것이 대당 능동문과 달리 '가능'과 '자연발생'의 의미를 갖는다고 논의해 왔다. 다음 (188), (189)의 예가 각각 '가능'과 '자연발생'의 의미로 제시된 것이다.

(188) 가. 이런 덫에도 범이 잡히나?

나. 밥이 나에게 먹힌다.

다. 네 말이 안 들린다.

라. 마스트 꼭대기 말고는 여기가, (바다가 우리의 눈에) 으뜸 잘 보이는 자리다.

(189) 가. 오늘은, 꿩은 한 마리도 아니 잡히고, 토끼만 자꾸 잡힌다.

나. 마리화나가 잘 팔린다.

다. 산이 보인다.

라. 눈물이 찔끔찔끔 번지고, 침이 (명준에 의해 목에) 걸려서 캑캑거리면서도 그의 웃음은 멎지 않았다.97)

(188)은 논의에 따라 '할 수 있는 입음', '심리적 가능성(psychological potentiality)', '가능성' 등으로, (189)는 '절로 되는 입음', '자동성', '탈행동성(자연발생성)'[98] 등으로 제시되었다.[99] 이들 각각에 대한 논의에 들어가기 전에 이러한 의미가 전형적인 피동문이 갖는 의미가 아니라 중동적인 특성을 가진 피동문이 갖는 의미라는 점을 상기하도록 하자.

먼저 (188)의 경우를 살펴보도록 하자. 기존의 논의에서 (188)과 같은 예들을 '가능'의 의미를 가지고 있다고 본 것은 대당 능동문과의 비교를 통해서 드러날 수 있다. 예를 들어 (188가)의 대당 능동문을 상정해 보자.

(190) 가. 이런 덫에도 범을 잡나?
나. 이런 덫에도 범을 잡을 수 있나?

---

97) (188), (189) 각각의 예는 최현배(1937/1961), 이정민(1974/1994), Yeon(2003), 기타무라(2004)의 순으로 제시된 것이다.

98) '탈행동성'은 임홍빈(1978/1999, 1983)의 용어이고 '자연발생성'은 기타무라(1998)의 용어이다. 기타무라(2004)는 이 둘을 동일한 것으로 보고 있다.

99) 각각 최현배(1937/1961), 이정민(1974/1994), 기타무라(2004)의 피동의 의미에 대한 분류이다. 참고로 이를 아래에 제시하도록 한다.

(i) 최현배(1937/1961: 422)
가. 이해 입음(利害被動)
나. 할 수 있는 입음(可能的 被動)
다. 절로 되는 입음(自然的 被動)
(ii) 이정민(1974/1994)
가. 순수 행위 피동
나. 심리적 가능성(psychological potentiality)
다. 자동성(spontaneity)
(iii) 기타무라(2004: 105-106, 131-132)
가. 중립 피동([피동성])
나. 비중립 피동
ㄱ. [탈행동성(자연 발생성)]
ㄴ. [가능성]

(188가)는 의미상 (190가)보다는 (190나)에 가까우며 (188나, 다, 라) 역시 마찬가지이다. (188)의 문장들이 '가능'의 의미를 지녔다고 여겨져 왔음은 이러한 이유에 기인할 것이다.100)

다음으로 (189)가 나타내는 이른바 '자연발생'의 의미를 살펴보도록 하자. 그러나 이들의 의미를 살펴보기에 앞서 (189라)는 본고의 논의에 의하면 대당 능동문이 아예 성립하지 않으므로 피동문에서 제외되어야 한다. 따라서 이를 제외한 (189)의 나머지 문장들에 대해서만 논의하도록 하겠다. 이러한 문장들이 '자연발생'의 의미로 설명된 것은 이들이 행위자의 행위와 상관없이 저절로 이루어지기 때문으로 보인다. 그런데 한국어의 피동과 관련된 논의에서는 이와 유사하지만 구별될 수 있는 또 다른 '자연발생'이 존재한다. 다음을 보자.

(191) 가. 실이 얽히었다.

나. 치마가 몸에 친친 감기었다.

다. 낙엽이 길 위에 깔렸다.

(이기동 1978ㄱ: 551)

(191)의 예는 행위자가 없는데 실이 저절로 얽히고, 치마가 감기고, 낙

100) 통상적으로 이러한 의미에 대해 '가능'이라는 용어가 쓰여 왔으나 때로는 '가능'과 '능력'을 명확히 구분해 주는 것이 필요하지 않나 생각되는 경우가 있다. 예컨대 '학교에서는 산이 잘 보인다'와 같은 경우 '가능'의 의미를 지니고 있다고 여겨지지만 '난 이 나뭇가지가 안 꺾이네'와 같은 문장에서는 화자의 '능력'과 관련된 문제를 언급하고 있다고 여겨지기 때문이다. 물론 어떤 경우는 가능인지 능력인지 구분하기가 매우 어려운 경우도 있다. 이지영(2005: 121-122)에서는 Bybee 외(1994)의 논의 등을 근거로 양태 의미로서 능력과 가능성의 의미 간의 개념적 거리는 매우 가까운데 이때 어떠한 일을 할 수 있다는 능력의 의미가 명제 내부의 주어에 내재해 있을 때 전형적인 능력의 의미가 드러나는 반면 주어에 내재된 능력이 속성의 의미를 가지는 것이 아니라 상황에 따라 부여된 일시적인 것이라면 이는 가능성의 의미로 해석될 수 있다고 하였다.

엽이 깔린 경우를 의미한다. 이기동(1978ㄱ)은 이러한 예를 '-히-'계 접미사 피동의 자동적, 자연발생적, 또는 우발적 성격을 드러내기 위해 제시했으나 본고는 이와 같은 문장에 만약 행위자가 전혀 상정될 수 없다면 이들을 중동 중 반사동(자연발생)으로 보고 피동문에서 제외해야 함을 분명히 했다. 물론 (189)와 (191)에는 분명 행위자와 관계없이 행위가 '저절로' 일어난다는 자연발생의 의미가 존재한다. 이 두 유형의 의미를 모두 자연발생으로 설명하는 논의들은 그러한 의미적 공통성에 주목했다고 할 수 있다.[101] 그러나 (189)는 행위자가 존재하고, (191)은 행위자가 존재하지 않기 때문에 이 두 가지 유형의 자연발생성은 구분되는 것이 온당하다. 따라서 (189)와 같은 유형의 문장들이 가지는 자연발생성에 대해서는 이것이 행위자의 의도와 관계없이 일어난다는 데 초점을 두어 '비의도'로 보고자 한다.[102]

이들을 구별할 수 있는 또 한 가지 근거는 (191)의 자연발생의 구성들은 (188)에 설명된 가능의 의미와 비교적 잘 구분이 되는 반면 (189)와 같이 비의도로 설명된 예들은 가능과 잘 구분 안 되는 특징이 있다는 것이다. 다음에서는 이처럼 가능과 비의도가 구별이 잘 안 되는 점에 대해서 살펴보도록 하겠다.

'가능'과 '비의도'는 다음과 같은 예에서는 비교적 구별이 잘 된다.

(192) 가. 쌍꺼풀 수술이 잘못 돼서 눈이 아예 안 감긴대.

나. 졸리니까 자꾸 눈이 감긴다.

(192가)는 '가능', (192나)는 '비의도'로 의미가 비교적 잘 구분이 된다.

101) 이처럼 두 가지의 자연발생성을 구분하지 않는 것은 3장에서 살펴본 바대로 중동의 하위 유형 중 '자연발생적 구성'과 관련된 논의에서도 존재했었다.

102) 이러한 비의도의 의미가 자동사에 '-히-'계 접미사가 붙은 구성에 실현되는 예가 바로 '졸리다'가 쓰인 문장이다.

그러나 이들 의미가 잘 구별되지 않는 경우는 (188)과 (189)의 동일한 논의에서 제시된 예문에서도 찾아볼 수 있다. (188가)와 (189가)는 모두 최현배(1937/1961)에서 제시한 것이다. 물론 (188가)는 '범을 잡을 수 있나?'로 해석된다는 점에서 '가능'의 의미가, (189가)는 행위자가 의도하지 않았는데 사건이 일어난다는 점에서 '비의도'의 의미가 있다. 그러나 '비의도'의 의미로 파악된 (189가)에는 '가능'의 의미가 없다고 할 수 있을까? 비록 '비의도'의 의미로 분류되었지만 (189가) 역시 '꿩은 한 마리도 못 잡았는데 토끼만 잡을 수 있었다'라는 '가능'의 의미를 읽을 수 있다. 동일한 논의 안에서 이 두 가지 의미가 명확하지 않다면 다른 논의 간에는 말할 것도 없다. 같은 '보이다'가 쓰인 문장이 (188라), 즉 기타무라(2004)에서는 '가능'으로, (189다), 즉 Yeon (2003)에서는 '자연발생', 즉 본고가 앞에서 제시한 '비의도'로 해석되어 있다.[103)]

다음으로는 '가능'과 '비의도' 외에 '-히-'계 접미사 피동문이 갖는 또 다른 의미가 있는지, 있다면 무엇인지에 대해 논하도록 하자. 본고는 여기서 '피해'의 의미를 제시하고자 한다. 앞에서 살펴본 두 의미가 중동적 피동문과 관련된 의미라고 한다면 '피해'의 의미는 전형적인 피동문에서 실현되는 의미이다. 그간 '피해'의 의미는 주로 '을/를' 피동문과 관련하여 논의되어 왔다. Park(1994: 179-180)는 다음과 같은 예를 들고 '을/를' 피동문이 피해의 의미를 가졌다고 보았다.

(193) 가. ?인호가 이발사에게 머리를 깎였다.

나. 인호가 지도주임에게 머리를 깎였다.

103) 이처럼 가능과 자연발생이 밀접한 이유에 대해 Yeon(2003: 114, 117)은 저절로 일어나는 사건은 일어날 경향성이 강하기 때문이라고 하였다.

(194) 가. 그 사람이 어떤 여자에게 수염을 다 뽑혔다.
　　　나. ?엄마가 누나에게 흰 머리를 다 뽑혔다.[104)]

그는 '피해'의 의미로 해석될 수 없는 (193가), (194나)가 '을/를' 피동문으로 나타날 수 없는 것은 '을/를' 피동문이 '피해'의 의미를 갖기 때문이라고 하였다. 그러나 '피해'의 의미는 '을/를' 피동문에만 국한된 것이 아니다. '을/를' 피동문이 어색한 (193가), (194나)를 주격 중출의 '이/가' 피동문으로 바꿔 보자.

(195) 가. ?인호가 이발사에게 머리가 깎였다.
　　　나. ?엄마가 누나에게 흰 머리가 다 뽑혔다.

(195)에서 보듯이 '을/를' 피동문을 '이/가' 피동문으로 바꿔도 어색함은 해결되지 않는다. 따라서 (193가), (194나)의 문장이 어색한 것은 '을/를' 피동문만이 피해의 의미를 가졌다는 것을 증명해 주지 못한다. 다음도 마찬가지다. 철수가 가렵다고 해서 엄마가 철수의 등을 긁어 주는 경우를 생각해 보자. 그것의 능동문은 '엄마가 철수의 등을 긁었다' 정도가 될 것이다. 그렇다면 이 문장의 피동문은 무엇이 될까?

(196) 가. 철수가 엄마에게 등을 긁혔다.
　　　나. 철수가 엄마에게 등이 긁혔다.
　　　다. 철수의 등이 엄마에 의해 긁혔다.

'을/를' 피동문 (196가)를 비롯하여 몇 개의 피동문을 상정해 보았지만

---

104) 원문에는 화용적으로 이상한 경우라 하여 '#'로 표시하였으나 본고의 다른 예문과 맞춰 '?'로 수정하였다.

긁는 행위가 중립적인 의미로 해석되는 경우는 없다. 따라서 '-히-'계 접미사 피동문이 동사에 따라 '피해'의 의미를 갖는 경우가 있으며 이는 '을/를' 피동문에만 한정된 것이 아님을 분명히 해야 할 것이다.

지금까지 '을/를' 피동문으로 바꿀 수 있는 예를 중심으로 '피해'의 의미를 검토하였지만 이러한 의미는 '을/를' 피동문이 나타날 수 없는 다음과 같은 경우에도 나타난다.

(197) 새우가 고래한테 먹힌다.

(197)의 피동문 역시 '고래는 새우를 먹는다'라는 대당 능동문의 의미를 중립적으로 전달하지는 않는다. 이는 '-히-'계 접미사 피동문이 경우에 따라 '피해'의 의미를 포함할 수 있다는 것을 보여준다.

3.4. 마무리

이 장에서는 전 장에서 제시된 피동문 판별의 기준을 적용하여 '-히-'계 접미사 피동문의 판별에 대한 문제를 다루고 행위자와 피동자 실현의 양상, 부사어의 실현, 명령법, 청유법 어미의 결합, 피동문이 갖는 의미 등을 살펴보았다.

먼저 피동문을 판별하면서 우리가 알 수 있었던 것은 한국어 피동문이 중동문과 구별이 안 되는 겹치는 부분이 존재하며 그 동안 피동문으로 판별하기 어려웠던 예 중 일부는 중동적 특성을 가진 것으로 설명될 수 있다는 점이었다.

다음으로 행위자의 실현 양상을 고찰하면서 행위자의 표지라고 여겨져 온 '에게'('한테'), '에', '에 의해', '(으)로' 등을 검토하고 피동자의 실현 양상을 고찰하면서 주격 중출문 구성과 '을/를' 피동문에 대해 살펴보았다.

마지막으로 부사어 실현과 명령법, 청유법 어미의 결합을 검토하고 '-히-'계 접미사 피동문이 실현하는 의미를 '가능', '비의도', '피해' 등으로 나누어 살펴보았다.

4. '-어지다' 피동

4.1. 도입

3장에서는 한국어의 피동법 중 하나인 '-히-'계 접미사 피동에 대하여 살펴보았다. 이 장에서는 '-히-'계 접미사 피동과 달리 우언적으로 피동을 형성하는 '-어지다' 피동에 대해서 살펴보도록 한다. 3장에 준해서 피동문의 판별 문제와 행위자, 피동자의 실현 양상, 피동문의 통사·의미적 양상에 대해서 살펴볼 것이다.

4.2. 피동문의 판별

4.2.1. 대당 능동문의 존재

'-어지다' 피동 역시 '-히-'계 접미사 피동문의 판별에서 살펴본 것처럼 능동문의 존재 문제를 능동문의 동사구가 존재하지 않는 경우와 행위자에 문제가 있는 경우, 능동문과 의미 차이가 있는 경우로 나누어 살펴볼 수 있다.

먼저 능동문의 동사구가 존재하지 않는 경우이다.

(1) 가. 오늘 아침 감사원 감사가 이루어졌습니다.
    나. *오늘 아침 정부가/X가 감사원 감사를 이루었습니다.
(2) 가. 저 사람 발바닥이 갈라져서요.
    나. *추위가/X가 저 사람 발바닥을 갈라서요.
(3) 가. 근로 기강이 풀어졌다.
    나. *X가 근로 기강을 풀었다.
(4) 가. 차편도 다 끊어졌고요.
    나. *X가 차편도 다 끊었고요.

(1나)는 '감사원 감사를 이루다', (2나)는 '저 사람 발바닥을 가르다', (3나)는 '근로 기강을 풀다', (4나)는 '차편을 끊다'가 존재하지 않으므로 대당 능동문이 성립되지 않는다. 이때 각 (가)의 '이루어지다', '갈라지다', '풀어지다', '끊어지다'는 다음처럼 대당 능동문이 성립하는 피동문의 '-어지다' 구성에서 의미가 확대되어 쓰인 것으로 보인다.

(5) 가. 드디어 꿈이 이루어졌습니다.
    나. 드디어 꿈을 이루었습니다.
(6) 가. 국토가 전쟁에 의해 남북으로 갈라졌다.
    나. 전쟁이 국토를 남북으로 갈랐다.
(7) 가. 드디어 붕대가 풀어지자 영숙이의 단정한 얼굴이 드러났다.
    나. 드디어 붕대를 풀자 영숙이의 단정한 얼굴이 드러났다.
(8) 가. 단단히 묶여 있던 실이 끊어졌다.
    나. 단단히 묶여 있던 실을 끊었다.

'-어지다' 구성이 우언적인 구성임을 고려할 때 (1)-(4)와 같이 (5)-(8)의 동사와 '-어지다' 결합형의 본래의 의미에서 벗어나 어휘화되는 현상은 의외로 여겨진다. 이와 같은 문제는 두 가지 측면에서 설명될 수 있다. 먼저 박진호(2003: 87)은 이처럼 '-어지다' 구성이 다른 보조용언의 경우와 달리 본용언과의 결합이 어휘화되는 일이 매우 많은 것을 Bybee(1985)의 논의에 기대어 '-어지다'의 의미 기능이 어기 동사의 의미에 대해 갖는 관여성이 높음을 의미하며 타동사에 '-어지다'가 결합되면 타동사의 목적어가 주어로 실현되는 일종의 피동화 기능을 수행하는데 이러한 결합가 변화가 어기 동사의 의미 자체에 상당한 변화를 초래하는 것이라고 설명하였다. 또 한 가지 가능한 설명은 결국 첫 번째 설명과 관련되는 것이기는 하나 3.2.3에서 '날씨가 풀렸다'를 설명했던 것처럼 이와 같은 의미 변화가 기본적으로 반사동, 즉 자연발생적 구성이라는 중동의 한 유형에서 비롯된 것일 수도 있다는 것이다.

다음에서 살펴볼 것은 앞에서 살펴볼 (1)-(4)의 경우와 달리 행위자의 문제 때문에 대당 능동문의 성립이 어려운 경우이다. 먼저 비전형적인 행위자가 상정되는 예를 살펴보자.

(9) 가. 바람에 창문이 깨졌다.
나. ?바람이 창문을 깼다.

(10) 가. 오랜 세월 동안 폭풍우에 돌이 깎아져서 모래가 되었다.
나. ?오랜 세월 동안 폭풍우가 돌을 깎아서 모래가 되었다.

(9가)의 행위자 '바람'이 주어로 실현된 대당 능동문 (9나)와, (10가)의 행위자 '폭풍우'가 주어로 실현된 (10나)는 어색하다. 그러나 이 문장에 이들 외의 다른 행위자를 상정할 수는 없다. 만약 (9가), (10가)에

다른 행위자가 있다고 가정한다면 다음과 같은 대당 능동문을 갖게 될 것이다.

(11) 가. *영희가 바람에 창문을 깼다.

나. *X가 오랜 세월 동안 폭풍우에 돌을 깎아서 모래가 되었다.

이 역시 성립하지 않는다. 결국 (9가)와 (10가)는 비전형적인 행위자 '바람', '폭풍우'를 갖는 피동문이라고 볼 수밖에 없다. 이들은 '창문을 깨다', '돌을 깎다' 자체가 성립하되 비전형적인 행위자 때문에 대당 능동문이 어색한 경우로, 다음과 같이 전형적인 인간 행위자가 쓰인다면 대당 능동문이 자연스러워진다.

(12) 가. 공놀이 하는 아이들에 의해 창문이 깨졌다.

나. 공놀이 하는 아이들이 창문을 깼다.

(13) 가. 인부들에 의해 그 많던 돌이 다 깎아졌다.

나. 인부들이 그 많던 돌을 다 깎았다.

따라서 이러한 문장은 행위자가 전형적이지 않기 때문에 대당 능동문이 부자연스러운 경우이므로 피동문으로 설명할 수 있으며 (1)-(4)처럼 대당 능동문이 전혀 성립하지 않는 경우와는 달리 다루어져야 한다.

다음으로, 역시 행위자와 관련된 예로 대당 능동문에 존재하는 행위자가 '-어지다' 구성에는 나타나지 않는 경우이다. 이정택(2004ㄴ: 135)에서 제시된 예 중 일부만 가져오겠다.

(14) 가. 가지가 꺾어졌다.

나. 옷이 구겨졌다.

다. 양말이 뚫어졌다.

라. 속옷이 찢어졌다.

위의 예는 특별한 행위자가 존재하지 않는 경우, 자연발생적 사건을 나타낸다. 이정택(2004ㄴ)은 이러한 예가 타동사와 '-어지다'의 결합이 행위자와 능동성이 결여된 표현을 만드는 경우라고 하였다. 그러나 이는 '-어지다' 구성에만 해당되는 것이 아니며 '-히-'계 접미사 피동문의 경우에도 마찬가지였다. 본고는 이것이 행위자를 의미적으로 요구하는 보편적인 피동의 개념에 반해 행위자를 함축하지 않는 반사동 또는 자연발생적 사건을 의미하는 중동의 한 유형이라고 보았다. 다음에 제시하는 예도 행위자의 유무에 따라 피동과 중동으로 구분된다.

(15) 가. 그의 사무실에 있는 집기란 칠이 벗겨진 철제 책상 몇 개, 의자 몇 개가 고작이었다.

나. 그의 사무실에 있는 집기란 철수가/X가 칠을 벗긴 철제 책상 몇 개, 의자 몇 개가 고작이었다.

(16) 가. 낚싯줄이 끊어졌다고 사람들이 갑판을 뛰어 다녔다.

나. 철수가/X가 낚싯줄을 끊었다고 사람들이 갑판을 뛰어 다녔다.

각각의 (가)는 '철수'나 다른 'X'와 같은 행위자를 상정할 수도 있고 이러한 행위자 없이 저절로 일어난 사건을 의미할 수도 있다. 이는 한국어가 피동자를 중심으로 사건을 서술할 때 행위자가 있고 없고를 중요시하지 않기 때문에 나타나는 현상이며 한국어에는 피동문과 자연발생을 나타내는 문장 사이의 경계가 모호함을 보여주는 예이다.

다음은 대당 능동문과 다른 의미를 나타내는 경우이다. 특히 다음에서 살펴볼 예문은 특정한 행위자가 아니라 일반적인 행위자가 상정된다는 점에서 행위자와 관련해서도 전형적인 피동문과 달리 검토될 수 있는 경우이다. 3장에서 '-히-'계 접미사 피동문이 이러한 의미를 나타낼 수 있음을 살펴보았지만 이는 '-어지다' 구성에도 나타난다.

(17) 가. 이 종이는 잘 접어진다.
　　나. 철수가/X가 이 종이를 잘 접는다.
(18) 가. 이 야채는 잘 갈아진다.
　　나. 철수가/X가 이 야채를 잘 간다.
(19) 가. 이 옷은 잘 다려진다.
　　나. 철수가/X가 이 옷을 잘 다린다.

각각의 (가)는 대당 능동문으로 보이는 (나)와 달리 행위자의 행위보다는 주어인 피동자의 속성이 중요하며 능동문과 다른 양태적 의미가 추가된다. 물론 같은 동사가 쓰였지만 다음 (20)처럼 특정한 행위자에 의해 이루어지는 행위를 나타내는 문장도 있다. 그러한 경우에는 (17)-(19)의 (가)와 달리 대당 능동문과 의미 차이가 크지 않으며 행위자의 역할이 중요하다.

(20) 가. (철수에 의해) 옷이 지금 다려진다.
　　나. 철수가 지금 옷을 다린다.

이상에서 살펴본 바에 의하면 '-히-'계 접미사 피동문을 판별할 때 살펴보았던 여러 가지 문제가 '-어지다' 피동문을 판별할 때도 나타남을 알 수 있었다. 물론 '-히-'계 접미사 피동문은 접미사에 의해, '-어지다' 피동문은 보조동사에 의해 형성되므로 차이점이 존재하리라 예측할 수 있다. 실제 조사를 해 보지는 않았지만 '-히-'계 접미사 구성의 경우 그 실현이 어휘적인 단위에 머물러 있으므로 피동사로 볼 수 없는, 어휘화된 경우가 '-어지다' 구성보다 빈번하게 나타나리라고 생각된다. 그러나 사태를 파악할 때 외부의 행위자의 존재를 중요시하지 않는다는 점, 대당 능동문과 다른 양태적 의미가 실현된다는 점 등으로 인해 중동과 피동의 구분이 모호해지는 등, 피동 및 태에 대한 전체적인 틀은 이 두 구성이 크게 다르지 않다고 볼 수 있다.

4.2.2. 행위자 강등과 피동자 승격

'-히-'계 접미사 구성을 검토하면서 행위자 강등이나 피동자 승격의 특성을 갖추지 못했기 때문에 피동문으로 볼 수 없는 문장들을 살펴보았었다. 그와 관련된 '-어지다' 구성의 첫 예로 문장의 주어가 피동자가 아닌 행위자이기 때문에 피동문이라고 볼 수 없는 경우부터 살펴보겠다. 다음 예를 보도록 하자.

(21) 가. 결국 우리는 갈라졌다.
　　나. 결국 X가 우리를 갈랐다.
(22) 가. 저기서 꺾어지면 동원생활관이 나와요.
　　나. 저기서 (방향을) 꺾으면 동원생활관이 나와요.
(23) 가. 우리가 흩어지는 게 유리하다.
　　나. X가 우리를 흩는 게 유리하다.[1)]

1) 이때 (23나)와 같은 문장이 과연 성립하는가, 즉 '흩다'의 목적어로 사람이 오는 것이 가능한가 하는 의문이 들 수도 있다. 그러나 다음과 같은 예는 비록 보조동사가 결합했긴 했지만 '흩다'가 사람을 목적어로 취하는 것이 가능하다는 것을 보여준다.

(21)-(23)의 문장은 각각 (가)가 '-어지다'가 쓰인 문장, 그리고 (나)는 만약 (가)가 피동문이라면 그것에 대응되는 능동문이라고 볼 수 있는 문장이다. 그러나 (가)는 피동문이라고 할 수 없다. 피동문은 행위자가 아닌 피동자가 문장의 주어여야 하는데 (가)는 행위자가 문장의 주어이기 때문이다. 이때 (22가)에 대해서 이 문장의 주어가 나타나지는 않았지만 '방향이'로 보이는데 왜 행위자가 주어라고 하는지 하는 의문을 제기할 수 있다. 그러나 다음과 같은 예는 이것의 주어가 '방향이'가 아니라 사람이며 문장의 행위자에 해당하는 것임을 보여준다.

(24) 가. 저기서 꺾어지세요. 그럼 동원생활관이 보일 거예요.
　　나. 우리는 사거리에서 왼쪽으로 꺾어졌다.
(25) 가. *저기서 방향이 꺾어지세요. 그럼 동원생활관이 보일 거예요.
　　나. *우리는 방향이 사거리에서 왼쪽으로 꺾어졌다.

따라서 (21)-(23)은 능동, 피동의 관계에 있지 않다.

그런데 우리는 이처럼 피동형의 동사가 반대로 행위자 주어를 취하는 경우를 이미 3장의 '-히-'계 접미사 피동에서도 관찰한 바 있었다. 3장에서 든 예를 다시 가져오기로 하겠다.

(26) 가. 철수가 철봉에 매달렸다.
　　나. 오늘은 사람이 많이 모이네.
　　다. 나도 사람들 속에 좀 섞였으면.

(i) 형제도 이간시키고 가족을 <u>흩어</u> 놓기도 했다.
(ii) 실제로 그들은 민요섭이 마지막으로 <u>흩어</u> 버릴 때까지도 자기들이 어떤 교의에 의해 양육 받고 보호되는지조차 알지 못했을 거예요. (이문열, 『사람의 아들』)

본고는 3장에서 '-히-'계 접미사가 나타나 있는 (26)과 같은 문장들을 행위자가 주어로 나타난다는 점에서 능동문이라고 본 바 있다. (21)-(23)과 같은 문장도 역시 이와 같이 처리된다고 할 수 있다. 그렇다면 '-히-'계 접미사 구성과 '-어지다' 구성 모두에서 이와 같은 현상이 나타나는 것은 단순히 어휘 자체의 문제가 아니라 피동의 범주와 관련된 문제일 수 있다. 먼저 이와 같은 현상을 '날씨가 풀렸다'처럼 의미전이를 보이는 경우로 설명할 가능성이 있다. 아니면 우리가 지금까지 살펴본, 피동문과 가까운 중동문과 달리 능동문과 가까운 중동문의 측면에서 살펴볼 가능성도 있을 것이다. 그러나 그러한 범주로 설명하기에는 예가 적고 일관된 의미를 적용할 수 없으므로 일단은 피동의 의미를 가진 '-히-'계 접미사 구성과 '-어지다' 구성에서 의미전이가 나타난 것으로 보기로 하겠다.

다음에 살펴볼 경우는 피동자가 승격되는 것은 분명하지만 이것이 대응되는 능동문에서 직접목적어가 아닌 다른 성분으로 나타나는 경우이다. 다음을 보자.

(27) 가. <u>거시 세계의 시공 기하학에 관한 질문들이</u> 아직은 확실하게 답해지지 않았다.

나. X가 <u>거시 세계의 시공 기하학에 관한 질문들에 대해서</u> 아직은 확실하게 답하지 않았다.

(28) 가. 그러나 <u>이러한 질문들이</u> 언젠가는 경험적 기반 위에서 답해질 것이다.

나. 그러나 X가 <u>이러한 질문들에 대해서</u> 언젠가는 경험적 기반 위에서 답할 것이다.

각 (나)의 밑줄 친 부분은 목적어라고 말하기 어렵다. 그러나 이들은 피동문 (가)에서는 주어로 실현된다. 이처럼 피동문과 그것의 대당 능동문 사이에는 피동문의 주어는 대당 능동문의 목적어라는 일종의 경향이 존재하는 것이지 이를 규범적으로 단언할 수는 없다. 피동문의 주어로 실현된 성분이 대당 능동문의 목적어가 아닌 경우를 '-히-'계 피동문에서 "이 칼은 잘 잘린다"와 같이 중동적 특성을 나타내는 문장에서 이미 관찰한 바 있었다. 그러나 (27)-(28) (가)는 밑줄 친 명사구가 '을/를'을 취하지 않았을 뿐이지 의미상 목적어와 유사한 성분이며 전형적인 피동문에서 나타난다는 점이 그와 같은 문장과 구별되는 것이다.

다음에 살펴볼 경우는 자동사에 '-어지다'가 결합된 구성으로 여겨지기 때문에 피동문의 판별이 문제가 되는 것이다. 우리는 이미 '-히-'계 접미사 구성에서도 이러한 경우가 존재함을 살펴보았다. 그러나 '-히-'계 접미사는 피동의 접미사로서 확고한 지위를 가져 왔기 때문에 잘 알려진 몇 개의 동사의 경우를 제외하고는 알게 모르게 자동사에 '-히-'가 결합된 문장도 피동문으로 여겨져 온 반면 '-어지다' 구성의 경우에는 형용사와 폭넓게 결합하고 자동사와도 결합하기 때문에 그만큼 피동의 표지로서 지위가 불확실하다는 것이 일반적인 생각이었다.[2] 따라서 자동사에 '-어지다'가 결합한 구성을 피동으로 보는

2) 많은 논의에서 형용사에 '-어지다'가 결합한다는 사실이 타동사에 '-어지다'가 결합한 경우마저 피동으로 보지 않도록 하는 근거가 되어 왔다는 것은 부정할 수 없다. 그러나 피동이나 중동과 관련된 표지가 '-어지다'처럼 형용사에 붙어서 상태 변화를 나타내는 것은 단순한 우연이 아니라 한국어 외의 다른 언어에서도 나타나는 현상으로 보인다. 이와 같이 상태 변화와 관련되는 유형의 동사를 Haspelmath(1987, 1990)은 'fientive'라고 하는데 이에 대해 Haspelmath(1987: 33)의 설명을 잠깐 살펴보자. 그는 'fientive'를 "'X becomes Y'(이때 Y는 형용사)의 뜻을 가진 동사"라고 하고 다음과 같은 동사가 이에 해당한다고 하였다. 고트 어의 예이다.

mikil-n-an "become great"(위대해지다) ← mikils "great"(위대하다)
(Haspelmath 1987: 33)

논의는 '-히-'계 접미사 구성의 경우보다 훨씬 적은 편이다.3)

결론부터 말하자면 '-히-'계 접미사가 자동사에 결합한 구성을 행위자 강등이나 피동자 승격을 수반하지 않는다는 이유로 피동으로 보지 않았던 것처럼 '-어지다'가 자동사에 결합한 구성 역시 피동으로 보지 않는 것이 온당할 것이다. 그러나 '-히-'계 피동법의 경우 '-히-'계 접미사가 자동사에 결합했는지 타동사에 결합했는지 불분명해서 피동문인지 아닌지 판별하기가 어려운 경우가 있음을 살펴보았듯이 '-어지다' 피동법에도 그러한 문제를 판단하기가 어려운 예가 존재한다. 다음에서는 해당하는 예를 몇 가지로 나누어 살펴보도록 한다.

1) 자 · 타 양용 동사에 '-어지다'가 결합한 경우

여기서 살펴볼 것은 '-히-'계 접미사 피동문의 판별에서도 다루었던 문제로, 다음과 같이 자동사, 타동사 양쪽으로 쓰이는 동사가 '-어지다'와 결합한 경우이다.

(29) 가. 정도전은 역신으로 몰렸기 때문에 죽은 후 바로 시호가 <u>내려지지 않았다</u>.

나. 저고리 깃이 <u>겹쳐지니까</u> 단정하고 정숙해 보인다.

보통 이를 'inchoative'라고 언급하기도 하는데 Haspelmath가 'inchoative' 대신 다른 용어를 사용한 것은 'inchoative'라는 용어가 반사동(anticausative)을 의미하는 경우도 있으며 기동상(inceptive)을 의미하는 경우도 있기 때문에 그러한 혼동을 피하기 위해서이다. 'fientive'가 피동이나 중동의 자연발생(반사동)과 표지를 공유하는 경우가 많다는 것은 한국어의 '-어지다'가 피동이나 자연발생을 나타내는 동시에 Haspelmath(1987: 33)에 제시된 위의 예와 같은 상태변화의 동사를 형성할 수 있다는 점에 시사해 주는 바가 있다.

3) 자동사에 '-어지다'가 결합한 구성을 피동문으로 인정하는 논의는 대부분 형용사에 '-어지다'가 결합한 구성도 피동문으로 본다. 이러한 견해로는 최규수(2005), 김차균(1980), 박성종(1984), 성광수(1976ㄴ,ㄷ/1999) 등이 있다.

다. 젊은이들의 죽음의 행진은 당장 멈춰져야 한다.

(가)의 '내리다', (나)의 '겹치다', (다)의 '멈추다'는 자동사, 타동사 모두의 쓰임을 가지고 있다. 따라서 이 경우 '-어지다'가 자동사에 붙었는지 타동사에 붙었는지 알기가 매우 어렵다. 각각의 경우에 대한 대당 능동문을 상정해 보자. (가)가 자동사로, (나)가 타동사로 쓰인 경우이다.

(30) 가. 정도전은 역신으로 몰렸기 때문에 죽은 후 바로 시호가 내리지 않았다.
   나. 정도전은 역신으로 몰렸기 때문에 나라에서는 죽은 후 바로 시호를 내리지 않았다.
(31) 가. 저고리 깃이 겹치니까 단정하고 정숙해 보인다.
   나. 저고리 깃을 겹치니까 단정하고 정숙해 보인다.
(32) 가. 젊은이들의 죽음의 행진이 당장 멈춰야 한다.
   나. 젊은이들의 죽음의 행진을 당장 멈춰야 한다.

(29)의 예문들이 (30)-(32)의 타동사문 (나)에 대응하는 것이라면 이는 당연히 피동문이다. 그러나 반대로 (30)-(32)의 자동사문 (가)에 대응될 가능성도 존재하며 그렇게 보면 피동문이 아닐 것이다. 자동사에도 '-어지다'가 결합하는 점을 고려하면 후자의 가능성을 아예 배제해 버릴 수는 없다. 아마도 화자는 '-어지다'를 자동사에 결합한다든지, 타동사에 결합한다든지에 대해 아무런 의식 없이 (29)의 예를 발화했을 것이다.[4] 이와 같은 문장의 피동문 여부를 판별하기가 매우

---

4) 고광주(2001ㄱ)는 이러한 동사에 '-어지다'가 붙은 문장을 피동문이라고 보았다. 그러나 이를 왜 피동문이라고 단정할 수 있는지에 대해서는 의문이 남는다.

어렵다는 것은 타동사에 붙어 피동문을 만드는 '-어지다'와 자동사에 붙어 피동문을 만들지 못하는 '-어지다'가 사실은 동일한 존재라는 것을 보여준다. 이는 '-히-'계 접미사 피동문에서도 나타난 문제였다. 3장에서 살펴보았듯이 '졸다'에 결합하여 '졸리다'를 만드는 접미사와 타동사에 결합하여 피동사를 만드는 접미사가 동일한 요소인데도 후자만 타동사에 결합하였으므로 피동접미사로 구별한 것과 동일한 문제를 우리는 '-어지다'의 구성에서도 관찰할 수 있는 것이다.

2) 동족목적어 구성의 경우

여기서 살펴볼 것은 다음과 같은 동족목적어 구성에 '-어지다'가 결합된 경우이다. '-히-'계 접미사 피동문의 경우에도 동족목적어 구성이 피동문을 이루는 경우가 있는데 사전에 등재된 것으로 본고에서 관찰한 것은 다음 예 한 가지이다.

(33) 어제 돼지고기를 먹었더니 밤에 돼지꿈이 꾸였다.

Siewierska(1984: 207)에 의하면 동족목적어 구성이 피동문을 이루는 것은 허락하는 경우는 Kinyarwanda 어 하나뿐이라고 한다. 그러나 한국어의 경우 (33)과 같이 피동문의 피동사 '꾸이다'가 『표준국어대사전』에 등재되어 있으며 사전에 피동사로 등재되지 않았지만 '(춤이) 추이다', '(걸음이) 걸리다'가 나타난 문장도 찾을 수 있었다.[5]

---

5) 한송화(2000: 67-68)에서는 다음과 같은 이유에서 '춤', '신', '꿈' 등은 동족목적어로 보지 않으나 '웃음', '울음' 등은 동족목적어로 본다. 첫째, '춤', '신', '꿈' 등은 이것뿐만 아니라 의미적으로 이와 유사한 다른 명사가 목적어 자리에 올 수 있다는 것이다. 둘째, 다음과 같은 예문을 보면 '춤', '신', '꿈'이나 '웃음',

(34) 가. 그 소식을 들으니까 춤이 덩실덩실 추인다.

나. 너무 피곤하니까 걸음이 걸리지 않는다.

이처럼 동족목적어 구성이 피동문으로 나타나는 것은 '-어지다' 피동문에서도 보인다.

(35) 가. 발바닥이 땅에 닿지 않고도 저절로 걸음이 걸어지는 것 같았다.

나. 사람들의 우는 모습을 보니까 자꾸만 울음이 울어졌다.

다. 너무 피곤해서 그런지 잠이 자지지가 않는다.

라. 내가 사는 게 아니고 그냥 삶이 살아지는 거다.

그러나 다음 예문은 피동문인지 아닌지 판단하기가 어렵다.

(36) 가. 발바닥이 땅에 닿지 않고도 저절로 걸어지는 것 같았다.

'울음'이나 모두 관형어의 수식을 받는 것으로 보인다. 그러나 '웃음', '울음'은 이것이 명사구의 한정이 아니라 동사의 의미를 한정한다는 것이다.

(i) 가. 그는 아주 어려운 춤을 추었다. / *그는 어렵게 춤을 추었다.
나. 그는 예쁜 신을 신었다. / *그는 예쁘게 신을 신었다.
다. 그는 신나는 꿈을 꾸었다. / *그는 신나게 꿈을 꾸었다.
(ii) 가. 그는 쓸쓸한 웃음을 웃었다. / 그는 쓸쓸하게 웃었다.
나. 그는 서글픈 울음을 울었다. / 그는 서글프게 울었다.

그러나 이러한 기준은 다시 검토되어야 할 것으로 보인다. 예를 들어 '그림'의 경우에는 (iii)에서 보듯 '그림'과 유사한 다른 명사가 목적어 자리에 온다는 점에서 '춤', '신', '꿈'과 같다. 그러나 (i), (ii)에 제시된 관형어, 부사어 수식에서는 (iv)에서 보듯 '춤', '신', '꿈'이 속한 (i)과 성격을 같이 하는 것이 아니라 (ii)와 성격을 같이 하기 때문이다.

(iii) 가. 그는 풍경화를 그렸다.
나. 그는 산을 그렸다.
(iv) 그는 예쁜 그림을 그렸다. / 그는 예쁘게 (그림을) 그렸다.

나. 사람들의 우는 모습을 보니까 자꾸만 울어졌다.

다. 너무 피곤해서 그런지 자지지가 않는다.

라. 내가 사는 게 아니고 그냥 살아지는 거다.

(35)와 달리 위의 (36)은 피동문의 주어가 나타나지 않았기 때문에 이것이 동족목적어 구성에 '-어지다'가 결합한 것인지 아니면 그냥 자동사 '걷다', '울다', '자다', '살다'에 '-어지다'가 결합된 것인지 판단할 수가 없다.[6)]

지금까지 살펴본, 자・타 양용 동사와 동족목적어 구성은 모두 자동사에 '-어지다'가 붙었는지 타동사에 '-어지다'가 붙었는지 판단할 수가 없기 때문에 피동문의 판별이 어려운 경우였다. 그러나 다음에 살펴볼 구성은 이중 피동, 또는 중첩 피동이라고 불리는 구성으로서 이와 성격이 다르다. 다음을 보도록 하자.

3) 이른바 '이중 피동'의 경우

한국어에는 다음과 같이, 이미 '-히-'계 접미사가 결합해서 피동문이 되었는데 거기에 또 '-어지다'가 결합해서 이중 피동 또는 중첩 피동이라고 일컬어져 온 현상이 있다. 다음을 보자.

---

6) 이에 대한 논의로 이홍식(1996), 한송화(2000)를 참고할 수 있는데 전자는 동족목적어 구성에서 목적어를 확인하는 측면에서, 후자는 자동사의 범위에 들어가는지 검증하는 측면에서 이루어진 논의이다. 전자는 동족목적어가 나타나는 동사로 '웃다', '울다'를 들고 이들이 타동성의 의미 특성을 지니고 있다고 본 반면 후자는 '꾸다', '자다'를 들고 이들이 자동사의 범위에 들어간다고 보았다. 비록 대상이 된 동사가 다르지만 이와 같은 상반된 견해를 통해 이에 대해 일치된 해석을 찾기가 어렵다는 것을 알 수가 있다.

(37) 가. 우리 쪽이 먼저라 생각했는데 순서가 바뀌어진 것 같은 느낌이 듭니다.

나. 칼이 잘 들지 않아 날을 부러뜨려가며 그었으나 제대로 잘려지지 않았다.

다. 결코 그 사람은 잊혀지지 않을 거야.

라. 그러니 잔치 자리는 발칵 뒤집혀졌지.

마. 이번 파격적 조치는 고르바초프 스스로의 결심이라 보여집니다.

(37)의 예는 모두 이미 '-히-'계 접미사가 결합된 피동사에 '-어지다'가 결합되어 있는 것으로 '-어지다'가 결합한 피동사는 각각 (가)는 '바뀌다', (나)는 '잘리다', (다)는 '잊히다', (라)는 '뒤집히다', (마)는 '보이다'이다. 위와 같은 예는 다음에서 보듯이 '-어지다'를 빼더라도 대체로 피동문으로서 성립된다.

(38) 가. 우리 쪽이 먼저라 생각했는데 순서가 바뀐 것 같은 느낌이 듭니다.

나. 칼이 잘 들지 않아 날을 부러뜨려가며 그었으나 제대로 잘리지 않았다.

다. ?결코 그 사람은 잊히지 않을 거야.

라. 그러니 잔치 자리는 발칵 뒤집혔지.

마. 이번 파격적 조치는 고르바초프 스스로의 결심이라 보입니다.

이 중 (38다)는 다른 문장에 비해 어색하게 느껴지는데 이는 점차로 '잊혀지다'로 굳어지기 때문으로 보인다.

물론 (37)과 (38) 간에는 의미 차이가 존재한다. 그러나 이러한 차이는 (37)에는 '-어지다'가 있고 (38)에는 '-어지다'가 없다는 데 기인하는 것이지 피동과 이중 피동의 차이로 설명될 수는 없다.[7] 예를 들어 다음을 보자.

(39) 가. 나는 그 애가 예쁘게 봐지지 않는다.
　　나. 나는 그 애가 예쁘게 보이지 않는다.

(39가)에서는 어떤 노력을 들여 그 애를 예쁘게 보는 단계에 도달하였음을 의미하는 반면 (39나)에서는 즉각적인 지각을 의미한다. 그러나 이러한 의미 차이에도 불구하고 (39) 두 문장은 모두 피동문이다. '-히-'계 피동문 (38)과 여기에 '-어지다'가 추가된 (37)의 의미 차이도 '-어지다'가 결합함으로써 부여되는 의미 때문에 존재하는 것이지 피동이 두 번 실현되었기 때문이라고 볼 수는 없다.

한편 성광수(1976ㄷ/1999: 132)는 (37)과 같은 문장들이 단순한 '피동+피동'의 구조나 피동의 재피동 구조가 아니라 '-히-'계 접미사가 표현하는 직접 피동과 '-어지다'가 표현하는 간접 피동의 중피동 구조라고 보았다. 이때 직접 피동은 동사의 동작(방향)과 관계되는 것이고 '-어지다'는 동사의 과정과 관계되는 것이기 때문에 결국 이들의 결합은 피동의 완전형 또는 강조형의 산출이라는 것이다. 용어와 설명은 이전의 이중 피동 논의와 다르지만 성광수(1976ㄷ/1999)의 논의 역시 우리의 견해와 다르다.

3장에서 우리는 '-히-'계 접미사 피동문을 판별하면서 '-히-'계 접미사가 자동사에 결합하든, 타동사에 결합하든 상관없이 피동을 나타

7) 이에 대해 배희임(1988:118)은 '영이가 (도대체) 밥이 먹혀지지 않는다'와 같은 문장을 예로 들고 이 문장은 피동사 '먹히다'에 '-어지다'가 결합했으므로 엄밀히는 자동사 통합이라고 하였다. 이어서 '먹혀지다'에 피동성이 강하게 느껴지는 것은 '먹히다'가 이미 피동화했고 이것이 '-어지다'에 의해 다시 '그런 상태에 들게 된' 것이라고 설명했다. 본고도 대체로 이와 비슷한 견해를 가지고 있다. 덧붙여 여기서 '피동성'은 문법적인 의미는 아님이 분명하니 '피영향성(affectedness)' 정도의 의미로 생각된다.

내는 것이 아니라고 보았다. 마찬가지로 '-어지다' 역시 그 자체가 피동을 표시하는 것이 아니라 무엇과 결합하느냐에 따라 피동인지 피동이 아닌지 결정된다고 본다. 따라서 타동사와 결합해서 피동을 나타내지 않는 '-어지다'는 피동의 표지가 아니므로 이를 피동의 중첩이라든지 이중 피동, 중피동 등으로 볼 수 없다. '-어지다'가 결합하기 전의 문장 (38)에서 알 수 있듯이 결합 이전의 동사인 피동사는 통사적으로 자동사이며 '-어지다'가 결합한다고 해서 피동자와 행위자의 관계에 변화가 나타나지 않기 때문이다.

4.2.3. 중동적 특성을 보이는 부류

4.2.1에서 대당 능동문의 존재와 관련된 문제를 검토하면서 몇 가지 예가 중동적 특성이 있음을 확인하였다. 대표적인 예만 다시 제시하겠다.

(14가) 가지가 꺾어졌다.

(17가) 이 종이는 잘 접어진다.

여기서 (14가)는 행위자 없이 오랜 세월을 겪어 나무가 마르고 비틀어져 저절로 꺾어진 경우를 의미하는 반사동 또는 자연발생적 구성이며 (17가)는 지금 누군가 종이를 접고 있는 사건이 아니라 종이의 속성에 의해 잘 접어지는 행위가 가능함을 의미하는 가능 피동 구성으로 볼 수 있는 것이었다. 그러나 3장에서 '-히-'계 접미사 피동에서 살펴보았던 것처럼 (14가)는 (40가)처럼 행위자가 상정이 되면 온전한 피동으로 볼 수 있으며 (17가)도 (40나)처럼 일반적인 행위자가 상정이 가능하며 (40다)처럼 경험주로서 행위자가 나타날 수 있다는 점에서 중동적 특성을 지녔지만 피동문과 중첩되는 것으로 볼 수 있다.

(40) 가. 가지가 바람에 의해 꺾어졌다.
　　나. 이 종이는 누구한테나 잘 접어진다.
　　다. 나는 이 종이가 잘 접어진다.

이는 한국어의 피동과 중동이 경계 없는 연속선상에 놓인 범주임을 보여주는 것이다.

위의 두 구성 외에도 '-히-'계 접미사 구성에서 이미 살펴보았던, 피동자가 행위자의 일부인 경우도 '-어지다' 구성에서 나타난다. 다음을 보자.

(41) 가. "갱 입구가 무너졌어!"하는 소리에 눈이 번쩍 떠졌다.
　　나. "갱 입구가 무너졌어!"하는 소리에 (나는) 눈을 번쩍 떴다.
　　다. *"갱 입구가 무너졌어!"하는 소리가 (내) 눈을 번쩍 떴다.
　　라. *"갱 입구가 무너졌어!"하는 소리에 철수가 (내) 눈을 번쩍 떴다.

(42) 가. 그 사람의 질문에 고개가 설레설레 저어졌다.
　　나. 그 사람의 질문에 (나는) 고개를 설레설레 저었다.
　　다. *그 사람의 질문이 (내) 고개를 설레설레 저었다.
　　라. *그 사람의 질문에 철수가 (내) 고개를 설레설레 저었다.

(43) 가. 어마어마한 액수에 입이 벌려졌다.
　　나. 어마어마한 액수에 나는 입을 벌렸다.
　　다. *어마어마한 액수가 (내) 입을 벌렸다.
　　라. ?어마어마한 액수에 철수가 (내) 입을 벌렸다.

(41)-(43)에서 (가)가 피동문이라면 (나)-(라)는 그것의 대당 능동문을

상정해 본 것이다. (나)는 피동자인 신체 일부분 '눈', '고개', '입'의 소유주인 '나'를 행위자로, (다)는 (가)에서 그러한 행위가 일어나게 된 원인으로 제시된 요인 '"갱 입구가 무너졌어!"하는 소리', '그 사람의 질문', '어마어마한 액수'를 행위자로, (라)는 피동자와 분리된 다른 사람을 행위자로 상정한 경우이다. 이때 (41)-(42)의 (다, 라)는 위와 같은 맥락에서 어떠한 경우라도 피동자인 신체 일부분을 소유한 소유주가 일차적으로 행위를 해야 한다는 점에서 이들이 대당 능동문이 되는 것은 불가능하다. 따라서 (41)-(42) (가)의 대당 능동문은 각각의 (나)일 수밖에 없다.

그러나 (43)의 경우는 다르다. 동일한 동사구가 신체를 소유한 소유주가 아닌 외부의 행위자를 주어로 취할 수 있다. 다음을 보자.

(44) 가. 나는 그 놈들에 의해 입이 벌려졌다.
나. 그 놈들이 내 입을 벌렸다.

따라서 (43가)는 문맥상으로는 (43나)에 대응되지만 원칙적으로는 (41), (42)처럼 신체의 소유주가 행위자인 (43나)에 대응될 가능성, 외부의 행위자가 있는 (43라)에 대응될 가능성 모두 존재한다.

이상에서 살펴본 바와 같이 우리는 '-히-'계 접미사 피동문에서 나타난 현상과 동일한 현상을 '-어지다' 피동문에서도 발견할 수 있었다. 행위자와 관련하여 피동이 중동적 특성을 가질 수 있는 경우가 두 종류의 피동문 모두에 존재한다는 것은 피동과 중동이 구분 안 되는 현상이 '-히-'계 접미사 피동법 또는 '-어지다' 피동법의 개별적인 차원의 문제가 아니라 행위자, 피동자로 이루어진 사건을 인식할 때 행위자가 있는지 없는지, 또 행위자가 있다면 그 행위자가 외부의 행위자인지 내부의 행위자인지를 염두에 두지 않는 한국어 태의 범주적 특성을 드러내 주는 것이라고 할 수 있을 것이다.

4.3. '-어지다' 피동문의 양상

4.3.1. 행위자의 실현 양상

여기에서는 주로 행위자를 표시하는 조사 및 조사 상당어의 목록을 검토하고 한국어 피동에서 이들이 가지는 의미에 대해서 살펴보도록 한다.[8] '-어지다' 피동문의 행위자는 일반적으로 '에 의해'와 결합하여 실현된다고 논의되어 왔다. 다음에서는 이러한 '에 의해'의 실현 양상과 함께, 그 밖에 행위자를 실현하는 다른 형식이 있는지 살펴보도록 하겠다.

---

8) 세종 균형 말뭉치의 자료를 대상으로 행위자가 외현적으로 나타나는 '-어지다' 피동문의 개수를 조사해 본 결과 quasi 1 코퍼스의 경우에는 모두 590개 중 17개의 문장만이, quasi 2 코퍼스의 경우에는 모두 390개의 문장 중 3개의 문장만이 행위자가 외현적으로 나타났다. 이러한 결과는 '-히-'계 접미사 피동문의 수치에 훨씬 못 미치는 것이다. 이는 '-히-'계 접미사 피동문의 경우에는 '에게', '한테' 등이 빈번하게 나타나는 반면 '-어지다' 피동문의 경우에는 이들 조사가 행위자를 나타내는 데 극히 제한적으로 쓰이기 때문으로 판단된다. 그렇다면 행위자를 나타내기 위해 가능한 장치는 '에 의해'인데 3장에서 살펴보았듯이 '에 의해'는 실제로는 잘 사용되지 않기 때문에 '-어지다'는 행위자의 실현이 드물 수밖에 없는 것이다. 또한 설령 '에 의해'가 나타난 경우라고 해도 다음과 같이 다른 행위자를 상정할 수 있기 때문에 행위자 표지로만은 볼 수 없는 경우가 있다.

(i) 해고자 복직 문제 등이 정당한지 안 한지는 보다 <u>적절한 기준에 의해</u> 가려져야 한다.
(ii) <u>우리는</u> 해고자 복직 문제 등이 정당한지 안 한지를 보다 적절한 기준에 의해 가려야 한다.

1) '에 의해(서)'와 '에게'('한테'), '에'

이정택(2004ㄴ: 54)에서 제시한 바와 같이 '-어지다' 구성의 경우에는 '에게'류와 '에 의해'가 행위자 표지로 모두 실현될 수 있는 접미사 피동 구문과 달리 '에 의해'의 분포만 두드러진다고 생각되는 것이 보통이다. 다음을 보자.

(45) 가. 모두가 권력층이나 지도층에 의해 저질러진 것들입니다.
　　나. 양일간 외지에서 몰려든 사람들에 의해 시가지가 어지럽혀진 데 대해 시민과 함께 유감으로 생각합니다.

그럼에도 불구하고 다음과 같은 예는 '에 의해'뿐만 아니라 '에게'('한테') 역시 행위자 표지로 사용될 수 있음을 보여준다.

(46) 가. 늘 보던 그림이 너한테 갑자기 낯설게 느껴진다고?
　　나. 걔는 남편에게 철저히 길들여졌더군.

이 예를 제시한 이정택(2004ㄴ: 55)는 이때 나타난 '너한테', '남편에게'를 행위자가 실현된 것으로 보지 않으며 '-어지다' 피동문은 '에 의해'만을 행위자 표지로 취한다고 보는 입장이다. 먼저 (46가)를 보자. 그는 이 문장을 심리적 작용을 나타내는 문장으로, 경우에 따라 피동문으로 해석되지 않을 수 있는 것으로 보았다. 그런데 이와 같은 쓰임은 '-히-'계 접미사 피동문의 다음 현상과 동일한 맥락에서 검토되어야 한다.

(47) 칠판의 글씨가 너무 작아서 나한테는 암만해도 안 보인다.

이정택(2004ㄴ: 43-44, 51)은 (47)과 같은 '에게'('한테') 명사구가 사용된 서술어가 행위자 의지와 무관한 자동적 작용을 나타내는 문장에서 행위자를 향해 이뤄지는 것이기 때문에 실질적으로는 경험 주체에 불과하다고 하였다. 그러나 행위자 의지와 무관한 자동적 작용을 나타내든 아니든 이 문장에서 '나'가 행위자라는 것은 바꿀 수 없는 사실이다.

다음으로 (46나)를 보자. 이정택(2004ㄴ)은 (46나)의 '남편에게'의 '에게' 역시 방향 및 위치를 나타내는 '에게'의 기본적인 쓰임에 불과하다고 보고 이에 대해 별개의 행위자가 사용되는 다음 (48)의 예가 그러한 추론의 근거가 될 수 있다고 하였다.

(48) 걔는 시부모에 의해 남편에게 철저히 길들여졌다.

물론 (46나)를 이정택(2004ㄴ)의 제안대로 (48)처럼 '시부모에 의해'라는 다른 행위자 명사구가 생략된 문장으로 이해할 수도 있다. 그러나 이에 대한 일차적인 능동문을 상정할 경우 행위자가 남편인 다음과 같은 문장이 불가능할 이유는 없어 보인다.

(49) 남편이 걔를 철저히 길들였다.

따라서 본고는 '-어지다' 피동문의 행위자가 '에 의해'에 의해서만 실현된다고 한정하지 않고 논의를 전개하고자 한다.

실제로 '에 의해' 외에도 '에게', '한테', '에' 등이 행위자를 나타내는 예가 더 존재한다. 그 중 '에'가 '에게'나 '한테'보다 더 빈번하게 쓰이는데 이는 우리가 3장에서 살펴보았듯이 이것이 원인의 의미 또한 가질 수 있기 때문인 것으로 판단된다.

(50) 가. 바람에 나뭇가지가 꺾어졌다.
나. 날카로운 말에 내 가슴은 할퀴어졌다.

그러나 그렇다고 '에'가 원인의 의미만을 가지는 것은 아니다. 다음에서 보듯 '에게'('한테')와 같이 전형적인 행위자를 나타내는 경우에도 '에'가 쓰이는 경우가 가능하다.

(51) 가. 이 노래는 국어 공부 자료로 학생들에게 곧잘 불러진다.
나. 한-소 관계 개선은 북한 측에 새로운 충격으로 받아들여졌다.
다. 이렇게 해서 개성, 포천, 의정부가 인민군에게 삼켜졌다.

위와 같은 문장의 '에게', 또는 '에'와 결합된 명사구는 이정택(2004ㄴ)이 지적한 (46가)의 예처럼 심리적 작용을 의미하거나 (46나)처럼 다른 행위자를 상정하는 경우로 이해될 수 없다. 다만 위의 문장의 '에게'가 방향을 의미할 가능성이 있으나 다음과 같이 (51)의 밑줄 친 명사구만이 행위자로 기능하며 대당 능동문에서 다른 행위자가 상정되지 않는다는 것은 이들이 진정한 행위자라는 것을 의미한다.

(52) 가. *철수가/X가 이 노래를 국어 공부 자료로 학생들에게 곧잘 불렀다.
나. *한국 정부가/X가 한-소 관계 개선을 북한 측에 새로운 충격으로 받아들였다.
다. *이렇게 해서 사람들이/X가 개성, 포천, 의정부를 인민군에게 삼켰다.

(52)의 각 예는 정문이라고 보기 어렵다. 따라서 (52) 대신 다음과 같이 '에게'를 취하는 명사구를 주어로 한 대당 능동문을 제시해야 한다.

(53) 가. 학생들이 이 노래를 국어 공부 자료로 곧잘 부른다.
　　나. 북한 측은 한-소 관계 개선을 새로운 충격으로 받아들였다.
　　다. 이렇게 해서 인민군이 개성, 포천, 의정부를 삼켰다.

(51)과 같이 '에게'류 조사가 행위자를 나타낸다는 점은 다음과 같이 이들이 피동문에서 '에 의해'와 대치되어 쓰일 수 있다는 것에서도 알 수 있다.

(54) 가. 이 노래는 국어 공부 자료로 학생들에 의해 곧잘 불러진다.
　　나. 한-소 관계 개선은 북한 측에 의해 새로운 충격으로 받아들여졌다.
　　다. 이렇게 해서 개성, 포천, 의정부가 인민군에 의해 삼켜졌다.

이상에서 '-어지다' 피동문에서 행위자를 실현하는 조사 및 조사 상당어로 '에 의해(서)', '에게'('한테'), '에'를 살펴보았으며 전반적으로 '에 의해'가 많이 쓰이나 '에게'('한테'), '에'도 전형적인 행위자와 함께 쓰이는 경우를 찾아볼 수 있었다.

2) '(으)로'

다음에 살펴볼 것은 행위자를 나타내는 '(으)로'이다. 다음 예를 보자.

(55) 가. 원래 만안교가 있던 자리는 흙으로 메워져서 흔적을 찾을 수 없다.
　　나. 흙이 원래 만안교가 있던 자리를 메워서 흔적을 찾을 수 없다.
(56) 가. 샘이 가느다란 줄로 빙 둘러졌다.
　　나. 가느다란 줄이 샘을 빙 둘렀다.

위의 예 (가), (나)는 각각 피동과 능동의 관계로 파악할 수 있으며 피동문 (가)에 나타난 '(으)로' 명사구를 행위자로 볼 가능성이 있다. 그러나 위의 예들은 다음에서 보듯 '(으)로' 명사구 외의 인간 행위자가 나타날 수 있으므로 '(으)로' 명사구가 진정한 행위자를 나타냈다고 단정할 수는 없다.

(57) 가. 원래 만안교가 있던 자리는 사람들에 의해 흙으로 메워져서 흔적을 찾을 수 없다.
나. 샘이 사람들에 의해 가느다란 줄로 빙 둘러졌다.

위의 예문은 (55)-(56) (가)에 생략된 인간 행위자를 실현시킨 것으로 이러한 문장을 받아들일 경우 (55)-(56) (가)의 '(으)로'는 도구의 의미를 나타낸다고 볼 수 있기 때문이다.

따라서 '(으)로'가 행위자를 나타낼 수 있다는 것을 증명하기 위해서는 역시 전형적인 행위자인 인간이 '(으)로'를 취해 '-어지다' 피동문에 나타난 예를 보여야 한다. 다음과 같은 예가 '(으)로'가 인간 행위자를 나타내는 경우이다.

(58) 가. 구 부산상고 운동장은 청중들로 가득 메워졌다.
나. 청중들이 구 부산상고 운동장을 가득 메웠다.

(58가)는 피동문, (58나)는 대당 능동문이다. 위와 같은 문장의 '(으)로'는 '에 의해'로 바꿔도 문장의 성립에 아무런 영향을 주지 않는다.

(59) 구 부산상고 운동장은 청중들에 의해 가득 메워졌다.

이상에서 비록 예는 적지만 '(으)로' 역시 '-어지다' 피동문의 행위자를 나타내는 데 쓰일 수 있음을 확인할 수 있었다.

3) '(으)로부터'

'-어지다' 피동문의 경우에는 다음과 같이 '(으)로부터'가 행위자를 표시하는 데 쓰인 예들을 발견할 수 있다.

(60) 가. 세계 전체로부터 압력이 가해질 것이다.
나. 세계 전체가 압력을 가할 것이다.

(61) 가. 봉사라고 하는 것은 겸손해야 하며, 봉사자가 자신을 선전하는 것이 아니라 이웃과 주변으로부터 떠밀려지고 받들어져야 하는 것이다.
나. 봉사라고 하는 것은 겸손해야 하며, 봉사자가 자신을 선전하는 것이 아니라 이웃과 주변이 봉사자를 떠밀고 받들어야 하는 것이다.

각각의 (가)는 '(으)로부터' 명사구가 행위자를 나타낸 피동문이며 (나)는 그것에 대응되는 능동문이다. 우리는 3장에서 다음과 같이 '-히-'계 접미사 피동문이 '(으)로부터'를 행위자를 실현하는 것으로 보이는 경우를 살펴보았었다.

(62) 정부로부터 지원이 끊겼다.

그러나 우리는 (62)를 놓고 이 문장의 '(으)로부터'가 정말 행위자를 나타낸다고 단언할 수 없었다. (62)는 행위자가 누구인지에 관심이 있는 것이 아니라 단지 누구로부터의 지원이 없는지에만 관심이 있는 경우로도 해석되며 다른 행위자 명사구를 상정할 수 있기 때문이었다. 그러나 (60)-(61) (가)는 사정이 다르다. 이러한 예들은 다음에서 보듯 '(으)로부터'를 '에 의해'로 대치할 수 있으며 '에 의해'가 결합한 명사구가 직접적인 행위자라고 할 수 있다.

(63) 가. 세계 전체에 의해 압력이 가해질 것이다.
나. 봉사라고 하는 것은 겸손해야 하며, 봉사자가 자신을 선전하는 것이 아니라 이웃과 주변에 의해 떠밀려지고 받들어져야 하는 것이다.

4) '은/는', '이/가'

3장에서 우리는 '-히-'계 접미사 피동문에서 '은/는', '이/가'가[9] 행위자와 결합하는 경우를 중동적 피동문과 전형적인 피동문으로 나누어 살펴보았는데 이는 '-어지다' 피동문의 경우에도 다르지 않다. 먼저 중동적 특성을 나타내는 문장의 경우에 '은/는', '이/가'가 행위자와 결합하는 경우를 살펴보도록 하자.

(64) 가. 나는 이 믹서기는 잘 갈아지는데 저 믹서기는 잘 안 갈아져.
나. 나는 이 종이가 쉽게 말아진다.
다. 나는 음식물이 삼켜지지 않았다.
(65) 그 소식을 듣고 내가 입이 다물어지지 않았다니까.

(64)는 가능 등 양태 의미를 가지는 경우이며 (65)는 그러한 양태적 의미를 가진 동시에 피동자가 행위자의 신체의 일부인 경우이다.

---

9) 이 경우에도 '이/가'는 '은/는'보다 훨씬 제한적으로 쓰인다.

전형적인 피동문 역시 경우에 따라 '은/는' 또는 '이/가'를 취한 행위자 명사구가 나타날 수 있다.

(66) 가. 나는 실이 다 꿰어졌다.
　　나. 나는 고기가 여러 마리 낚아졌다.

이처럼 행위자 명사구가 '은/는' 또는 '이/가'를 취해 나타나는 문장은 이때의 명사구가 주어인지, 주제어인지가 문제가 된다. 우리는 앞에서 '-히-'계 접미사 피동문을 검토하면서 이에 대해, 이를 주제어로 보는 경우, 주어로 보되 피동의 서술절을 내포한 문장으로 보는 경우, 주어로 보고 피동자 명사구를 보어로 보는 경우, 세 가지 설명을 제시하고 이 중 앞의 두 설명이 적어도 이러한 문장을 피동문으로 보는 관점에서는 일관적으로 설명될 수 있다고 하였다. 이것은 '-어지다' 피동문의 경우에도 동일하게 적용된다.

4.3.2. 피동자의 실현 양상

여기에서 살펴볼 것은 피동자의 실현 양상이다. 우리는 '-히-'계 접미사 피동문을 살펴보면서 도구의 의미역을 가진 명사구가 피동자로 나타나는 경우를 발견할 수 있었는데 이는 '-어지다' 구문에서도 동일하게 발견된다. 다음을 보자.

(67) 가. 이 믹서기는 잘 갈아진다.
　　나. 저 가위는 잘 안 잘라진다.
　　다. 이 연필은 잘 써진다.

김윤신(2001ㄱ: 131-132)은 이와 같은 문장들을 중동태와 유사한, 총칭문장이라고 하고 '-어지다' 구성이든 '-히-'계 접미사 구성이든 이러한 문장이 자연스럽지만 도구 명사가 주어로 나오는 경우에는 '-어지다' 구성이 더 자연스럽고 '-히-'계 접미사 구성은 어색하다고 한 바 있다. 그러나 3장에서 우리는 김윤신(2001ㄱ)의 지적과 달리 '-히-'계 접미사 구성의 경우에도 도구의 의미역을 가진 명사구가 주어로 나타나는 문장이 가능함을 확인할 수 있었다. 물론 모든 '-히-'계 접미사 구성에서 그러한 유형의 문장이 가능한 것은 아니어서 '-어지다'가 쓰인 (67다)에 대응하여 '-히-'계 접미사가 쓰인 "*이 연필은 잘 쓰인다"처럼 불가능한 경우도 존재한다. 또한 반대로 '-히-'계 접미사 구성은 가능한데 이에 대응되는 '-어지다' 구성은 불가능한 경우도 찾을 수 있다.

(68) 가. <u>이 망원경은</u> 잘 보인다.
나. *<u>이 망원경은</u> 잘 봐진다.

따라서 일률적으로 '-히-'계 접미사 구성과 '-어지다' 구성, 어느 한 쪽만이 도구의 의미역을 가진 피동자가 주어로 오는 문장이 가능하다고 단정 지을 수는 없다.

이제 피동자가 실현되는 표지로 관심을 옮기도록 하자. 피동자가 '은/는', '이/가'의 표지로 실현된다는 것에 대해서는 논의할 필요가 없는 사실이다. 그러나 한국어 피동문은 피동자로 보이는 명사구 두 개가 '은/는' 또는 '이/가'와 함께 나타나는 경우가 있는데 '-어지다' 피동에서도 이러한 현상이 나타난다.[10]

10) 우리는 3장에서 '-히-'계 접미사 피동문의 피동자 실현 양상을 살펴보면서 이 현상과 함께 '을/를' 피동문의 경우도 살펴보았었다. 그러나 '-어지다' 피동문의

(69) 가. 수재민 돕기 성금은 액수가 정해져 있다.
나. 범인은 신원이 알려지지 않았다.
다. 방미 계획은 방향이 정해졌다.
라. 일본-소련 관계는 출구가 찾아지지 않는다.
마. 역사는 진실이 밝혀지지 않았다.
바. 제조업은 곧 기반이 다져질 것이다.

위의 예들은 첫 번째 명사구와 두 번째 명사구가 관련을 맺는 것들이며 '-히-'계 접미사 피동문이 보이는 현상과 유사한 것이다. '-히-'계 접미사 피동문의 경우 이러한 문장에 대해 첫 번째 명사구를 주제로, 두 번째 명사구를 주어로 보고 두 번째 명사구가 직접적인 피동자라고 한 것처럼 (69)의 경우에도 동일한 설명을 적용할 수 있다.

4.3.3. '-어지다' 피동문의 통사·의미적 양상

피동문의 통사·의미적 양상은 여러 측면에서 논의될 수 있다. 4.3.3에서는 그러한 양상의 일부에 불과하지만 이를 부사어 실현의 양

경우에는 이러한 경우가 나타나지 않기 때문에 예문 (69)의 문제만 다루게 된다. 흥미로운 것은 제주 방언에서는 '-히-'계 접미사 피동 대신 '-어지다' 구문이 그 역할을 담당하고 있는데, 이 '-어지다' 구문에 목적어가 나타나는 예들이 존재한다는 것이다. 강정희(2006: 1240-1241)에 의하면 이런 예들은 다음과 같이 주격형으로도, 대격형으로도 나타나는데 전자는 '자동 가능성'으로, 후자는 '능력 가능성'으로 그 의미 차이를 설명할 수 있다고 한다.

(i) 그르가 익게 몰아져부난
(ii) 그르올 익게 몰아져부난

'-히-'계 접미사 피동의 경우에는 '을/를' 피동문이 많은 논쟁거리를 제공해 왔는데 제주 방언의 '-어지다' 피동문의 경우에도 이러한 의미 차이 외에 주어가 실현될 경우 이것이 '을/를'을 취하는 명사구와 어떤 관계가 있는지, 정말 '을/를' 명사구가 목적어인지 등도 흥미로운 주제가 될 것으로 여겨진다.

상, 명령법 및 청유법 어미의 결합, 피동문의 의미로 나누어 살펴보고자 한다. 이에 덧붙여 3.3.3에서 '-히-'계 피동문의 양상을 살펴보았으므로 이 두 피동문의 의미 비교도 함께 다룰 것이다.

4.3.3.1. 부사어의 실현 양상

먼저 행위자 지향 부사어와 관련된 문제를 살펴보자. '-히-'계 접미사 피동문의 경우, 행위자 지향 부사어는 다음과 같이 나타났다.

(70) 가. *제리가 톰한테 열심히 쫓긴다.
　　 나. 톰이 제리를 열심히 쫓는다.
(71) 가. 책이 조심스럽게 읽힌다.
　　 나. 철수가 책을 조심스럽게 읽는다.
(72) 가. 아이가 고의로 차에 치였다.
　　 나. 차가 아이를 고의로 치었다.

(70)-(72)의 (가)의 부사어는 대당 능동문 (나)의 부사어가 일관적으로 행위자 주어의 의도를 나타내는 것과 달리 문장에 따라 각기 다른 양상을 보인다. 먼저 (70가)처럼 부사어가 아예 쓰일 수 없는 경우가 있으며 (71가)처럼 행위자의 의도를 드러내는 경우, (72가)처럼 오히려 피동자의 의도를 표현하는데 쓰이는 경우가 있었다.

'-어지다' 피동문은 보조동사에 의한 구성이므로 부사어의 쓰임이 (70)-(72)의 '-히-'계 접미사 피동문과 달리 나타날 것으로 기대된다. 다음 (73), (74)는 각각 '열심히', '고의로'가 쓰인 경우이다.

(73) 가. ?아이는 열심히 키워졌다.

나. 부모가 아이를 열심히 키웠다.

(74) 가. ?나는 고의로 따돌려졌다.

나. 친구들이 나를 고의로 따돌렸다.

각 (가)는 '-어지다' 피동문, (나)는 그에 대응되는 능동문인데 '열심히', '고의로'가 자연스럽게 나타난 능동문과 달리 '-어지다' 피동문은 어색한 느낌이 든다. 따라서 '-어지다' 피동문이 우언적인 구성이라고 해서 '-히-'계 접미사 피동문과 달리 행위자 지향 부사어가 자연스럽게 나타난다고 단정할 수는 없을 것 같다. 그러나 '-히-'계 접미사 피동문에서도 이러한 부사어가 자연스럽게 쓰인 경우가 있었듯이 '-어지다' 피동문에서도 가능한 경우가 나타난다.

(75) 가. 화초는 조심스럽게 가꿔졌다.

나. 빵이 정성껏 구워졌다.

(75)는 피동자가 무정물일 때 부사어가 행위자의 행위와 관련되어 있음을 보여주는 예로 '-히-'계 접미사 피동문의 경우 중 (71가)와 유사한 양상을 보여준다.

그렇다면 (72가)처럼 부사어가 피동자와 관련되는 경우도 가능할까? 다음을 보자.

(76) 범인은 교묘하게 숨겨졌다.

(76)의 '교묘하게'는 피동자 '범인'이 아니라 누구인지 드러나지 않은 행위자가 범인을 숨긴 행위를 수식하는 것이다. 즉 이러한 상황은

'-히-'계 접미사 피동문의 경우라면 부사어가 충분히 피동자와 관련된 양상을 수식했을 법한데 그렇지 않은 것이다. 물론 위의 문장에 대해 '숨겨지다'의 능동사 '숨기다'는 '-히-'계 피동사로 나타날 수 없는 것이며 이 때의 '범인'은 단순히 물건과 다름없는 대상으로 여겨지기 때문에 이 문장이 부사어 수식 양상에 대한 '-어지다' 피동문의 모든 경우를 설명할 수 없다고 반박할 수도 있을 것이다. 그렇다면 이러한 점을 고려하여 다음과 같은 경우를 살펴보도록 하자.

(77) 가. 도둑은 <u>일부러</u> 감옥에 갇혔다.
나. ?도둑은 <u>일부러</u> 감옥에 가둬졌다.

(77가, 나)는 동일한 대당 능동문에 대응되며 하나는 '-히-'계 접미사가, 다른 하나는 '-어지다'가 결합되었다는 점에서만 차이를 보인다. 이때 겨울에 날씨가 추워져서 갈 곳이 없는 도둑이 감옥에 가기로 한 상황을 가정해 보자. 그러한 경우 '-히-'계 접미사 피동문인 (77가)는 피동자인 도둑이 자신의 의도로 감옥에 갇혔음을 나타내는 자연스러운 문장이다. 한편 '-어지다' 피동문인 (77나)는 동일한 조건이지만 '일부러'의 쓰임이 어색하며 설령 가능하다 하더라도 이것이 피동자 도둑의 의도로는 생각되지 않는다. 결국 '-어지다' 피동문의 경우는 '-히-'계 접미사 피동문과 달리 어떤 경우에도 부사어가 피동자의 의도를 나타낸다고 볼 수 없다.

다음에는 부사 '잘'의 경우를 살펴보자. 부사 '잘'은 상황에 기여하는 쪽이 어느 쪽이냐를 나타내 준다고 할 수 있다. 이기동(1978ㄴ: 549)는 다음과 같은 예를 들어 '잘'이 '-히-'계 접미사 피동문의 경우에는 비누의 특성을 나타내고 '-어지다' 피동문의 경우에는 밖의 힘에 의해 생기는 과정을 나타내는 것으로 보았다.

(78) 가. 이 비누는 바닷물에 잘 풀린다.

나. 이 비누는 바닷물에 잘 풀어진다.

그러나 본고는 두 문장 모두 특정한 행위자를 상정하지 않고 비누의 속성을 기술하는 경우에는 비누의 특성을 동일하게 나타내는 것으로 해석한다. 반대로 속성을 기술하는 경우가 아니라 특정한 행위자에 의해 행위가 이루어진 경우에는 두 문장 모두 '잘'이 행위자의 능력을 나타낸다.

(79) 가. 이 비누는 잘 풀렸는데.

나. 이 비누는 잘 풀어졌는데.

(79)의 문장을, 행위자가 물에 비누를 풀어놓은 것을 본 화자가 하는 말이라고 가정해 보자. 이러한 경우에는 두 문장 모두 행위자가 비누를 잘 풀었음을 나타낼 수 있다. 이처럼 '잘'의 쓰임은 '-히-'계 접미사 피동문과 '-어지다' 피동문이 동일한 양상을 보인다.

부정 부사어 '못'이 제약되는 것 역시 '-히-'계 접미사 피동문과 '-어지다' 피동문이 동일한 양상을 보인다. 다음에 '-어지다' 피동문의 예를 대응되는 능동문의 예와 함께 제시한다.

(80) 가. *범인이 못 가둬졌다.

나. 경찰이 범인을 못 가뒀다.

(81) 가. *이 곡식은 못 갈아진다.

나. X가 이 곡식을 못 간다.

(82) 가. *보물이 못 감춰졌다.

나. X가 보물을 못 감췄다.

이상에서 '-어지다' 피동문의 부사어 실현 양상을 행위자 지향 부사어, 부사어 '잘', 부정의 '못'으로 나눠 살펴보았고 특히 행위자 지향 부사어의 실현에서는 때때로 이들 부사어가 피동자의 의도를 나타낼 수 있는 '-히-'계 접미사 피동문과 달리 '-어지다' 피동문에서는 그러한 경우가 없음을 알 수 있었다.

4.3.3.2. 명령법 및 청유법 어미의 결합 양상

피동문은 일반적으로 명령법 어미나 청유법 어미가 잘 결합되지 않는다. 이것은 '-어지다' 피동문의 경우에도 마찬가지이다.

(83) 가. *약속이 정해져라!
　　나. *(철수야,) 팔이 꺾어져라.
(84) 가. *우리가 여기에 가둬지자.
　　나. *우리가 신으로 받들어지자.

그러나 3장에서 '-히-'계 접미사 피동문의 경우 명령법 어미나 청유법 어미와 결합해서 나타나는 경우가 존재한 점에 비추어 보면 '-어지다' 피동도 이들 어미가 결합해서 나타나는 예가 존재할 가능성이 있을 수도 있으므로 이를 검토해 볼 필요가 있다.

먼저 다음과 같은 기원문이 가능한 것은 '-히-'계 접미사 피동과 같다.

(85) 가. 벽아! 뚫어져라!
　　나. 옷아! 벗겨져라!

그러나 '-어지다' 피동은 그 밖의 경우에는 '-히-'계 접미사 피동과 다른 양상을 보인다.

우선 '-히-'계 피동문은 피동자가 사람일 경우 다음과 같은 명령문이 가능한 경우가 있었다.[11]

(86) 영순 씨, 차라리 사장님한테 찍히세요.

그러나 '-어지다' 피동문의 경우에는 다음과 같은 문장이 성립하지 않는다.

(87) *여기에 묶어지세요.

청유문도 마찬가지이다. '-히-'계 접미사 피동문의 경우에는 다음 예문의 피동자인 '우리'가 행위자에 의해 사건을 겪기는 하지만 피동자의 의도에 따라 사건에 영향력을 행사할 수 있다는 점에서 다음과 같이 청유문이 가능했었다.

(88) 저 차에 치이자. 돈 좀 받아 내게.

그러나 '-어지다' 피동문은 (84)에서 살펴본 바와 같이 청유문이 가능하지 않다.

이상에서 살펴본 것처럼 '-어지다' 피동문이 명령문과 청유문으로 나타나지 않는다는 것은 앞에서 살펴본 행위자 지향 부사어의 경우와

---

11) 피동자가 사람이면 명령문이나 청유문이 모두 가능한 것은 아니다. 다음과 같은 경우 피동자가 사람이지만 명령문의 실현이 불가능함을 알 수 있다.

*이 선생, 쫓기세요.

피동자와 관련된 측면에서 동일한 사실을 드러내 준다고 볼 수 있다. 즉 '-히-'계 접미사 피동문은 피동자의 의도를 드러내는 경우가 있기 때문에 행위자 지향 부사어가 피동자의 의도를 가리키거나 명령문, 청유문의 실현 등이 가능한 반면 '-어지다' 피동문의 경우에는 피동자의 의도를 드러내는 경우가 없으므로 그러한 양상들을 나타내지 않는다는 것이다.

4.3.3.3. '-어지다' 피동문의 의미

'-히-'계 피동문이 기본적으로 '피동'을 실현하고 예외적으로 '가능'이나 '자연발생'[12] 등의 의미가 나타나는 것으로 논의되어 왔던 것과 달리 '-어지다' 피동문은 '-어지다'가 형용사나 자동사와도 결합이 가능한 데다 피동문과 다른 '-어지다' 구성이 갖는 의미의 유사성 때문에 오히려 '피동' 외의 다른 의미가 기본적인 것으로 논의되어 왔다.

먼저 '-어지다' 피동문의 의미에 대한 이전 논의들 중에서, 형용사나 자동사에 '-어지다'가 결합하는 구성까지 포괄하는 기본적인 의미를 제시한 논의를 살펴보도록 하자. 이 때 제시된 의미에는 '기동', '가능', '상태 변화', '어떤 상태나 동작의 이루어짐' 등이 있는데[13] 이

12) 본고는 3.3.3.3에서 이전 논의에서 '-히-'계 접미사 피동문의 의미로 다루었던 자연발생을 행위자가 전혀 존재하지 않는 '반사동'의 자연발생과 행위자의 의도와 상관없이 저절로 사건이 일어나는 '비의도'로 구분하였고 전자는 피동에서 제외한 바 있다. 따라서 피동문의 의미 중 하나로 다루어지는 자연발생은 본고의 관점에서는 비의도에 해당하게 된다.

13) '-어지다' 구성을 피동문으로 인정하느냐 인정하지 않느냐에 관계없이 '-어지다' 구성의 의미를 기본적으로 어떻게 보았는지 제시한 것이다. 이 중 '기동'은 이상억(1970/1999), 우인혜(1997), 서정수(1996), '기동'과 '가능'은 배희임(1988), '상태 변화'는 기타무라(1998, 2004), 이정택(2001, 2004ㄴ), 오민석(2006), 어떤 상태나 동작의 '이루어짐'은 김창섭(1996)이다.

중 '상태 변화'를 제시한 이정택(2004ㄴ)과 '기동'과 '가능'을 제시한 배희임(1988)만 살펴보기로 하겠다.

이정택(2004ㄴ)은 피동으로 논의될 수 있는 타동사와 '-어지다'의 결합이 주어의 상태 변화를 나타낸다고 보았다. 다음 예를 보자.

(89) 가. 옷걸이가 너무 작게 만들어졌다.
　　 나. 엄청난 양의 한약재는 결국 불태워지고 말았다.

그렇다면 과연 '상태 변화'가 무엇을 의미하는지 살펴보도록 하자. 다음 설명을 보자.

(90) 타동사와 '지다'의 결합으로 구성된 서술어는 주어의 상태변화를 표현한다. 그런데 이때의 상태변화는 상당히 포괄적인 특성을 갖는다. 즉 주어의 생성과 소멸을 포함한 주어 자체의 변화만이 아니라, 주어와 그를 둘러싼 환경 사이의 관계 변화도 여기에 포함된다.
(이정택 2004ㄴ: 126)

(90)에 따르면 '주어의 상태 변화'는 단순히 상태가 변화한다는 것 이상의, 생성, 소멸, 환경 사이의 관계까지도 의미하는 것이라고 한다. 언뜻 보기에는 상태 변화로 이해되기 힘든 (89가)의 예는 이때의 상태 변화가 생성과 소멸까지 포함하는 포괄적인 개념이라는 점에서 가능한 것으로 보인다.

그런데 이정택(2004ㄴ)의 견해는 다음과 같은 문제에서 설명을 요한다. 이 논의는 '-어지다'가 상태 변화의 의미를 갖기 때문에 다음 (91)과 같은 문장은 성립이 부자연스럽다고 보았다.

(91) 가. ?개똥이의 머리가 건드려졌다.
　　나. ?철수는 순희의 등이 밀어졌다.

그는 위의 예문이 어색한 것이 타동사 '건드리다', '밀다'가 목적어에 상태 변화를 일으키기 어려워서 '-어지다'의 결합이 어려운 데에 이유가 있다고 보았다. 즉 '-어지다'의 의미가 상태 변화이기 때문에 상태 변화를 일으키지 않는 타동사와는 잘 결합하지 않는다는 것이다. 그러나 이러한 논리는 자동사에 대해서는 반대로 적용된다. 자동사는 '-어지다'가 결합되기 어렵다고 보았는데 이는 자동사가 이미 주어의 상태 변화를 표현하고 있기 때문에 여기에 다시 상태 변화를 표시하는 '-어지다'를 결합시킬 이유를 찾기 어렵기 때문이라고 하였다. 이는 분명 (91)에 대한 설명과는 상반된 것이다.

실제로 자료를 찾아봐도 다음과 같이 상태 변화를 표현하는 자동사에 '-어지다'가 결합된 경우를 많이 발견할 수 있는데 이 역시 이정택(2004ㄴ)의 견해를 받아들이기 어렵게 한다.

(92) 가. 그래, 나이 들면 더 빨리 낡아지고 늙어지고 그러는 게 인생이지.
　　나. 바닷물에 닳아져 모래가 되어 형체도 없이 사라지면 얼마나 좋을까?

한편 배희임(1988)은 '-어지다' 구성의 피동의 의미를 인정하면서도 '-히-'계 접미사 피동사와 공존할 경우 '-어지다' 구성이 상대적으로 '가능'이나 '기동'의 의미가 부각된다고 보았다. 이에 대한 예를 살펴보기 전에 이때의 '가능'과 '기동'의 의미가 무엇인지에 대해서 잠깐 언급할 필요가 있다.

(93) 기차가 움직여진다.

먼저 '기동성'의 의미는 (93)의 '기차'가 드디어 '움직이기 시작했다'고 해석할 경우, '가능성'의 의미는 지금까지 안 움직이던 기차가 '움직여진다'고 해석할 경우 나타나는 의미라고 한다. 그런데 '-어지다' 구성은 타동사에 붙어 피동을 이루는 경우에도 '먹어지다', '떨어지다', '보아지다', '들어지다', '꽂아지다', '깎아지다' 등에 대해 '-히-'계 접미사 피동사가 존재하는 경우가 있는데 이럴 때에는 피동성보다 기동성이나 가능성이 두드러지게 느껴진다고 하였다. 그러나 이러한 의미를 '기동성'과 '가능성'이라고 한다면 그것은 다음의 '-히-'계 접미사 피동문의 경우도 동일하게 파악될 수 있는 것이다.

(94) 유리창이 이제 닦인다.

위 문장은 지금까지 안 닦이던 유리창이 닦이기 시작한다고 하면 '기동성'으로, 아무리 닦아도 얼룩이 지워지지 않았는데 얼룩이 닦아진다면 '가능성'으로 해석할 수 있다. 따라서 배희임(1988: 119)이 언급한 것처럼 '-히-'계 접미사 피동형이 있는 낱말의 경우, 피동 기능은 일차적으로 '-히-'계 접미사 피동사에 의해 행해지고 '-어지다'형은 상대적으로 가능화나 기동화 등의 이차적 기능을 담당하게 된다고 볼 수는 없을 것이다.

본고는 3장에서 '-히-'계 접미사 피동문이 대당 능동문과 달리 '가능'이나 '비의도'의 의미를 실현할 때가 있으며 이러한 의미들은 피동문의 성격이 중동적일 경우에 나타나는 의미였음을 언급하였다. 한편 전형적인 피동을 실현하는 경우에는 때로 '-히-'계 접미사 피동문이 '피해'의 의미를 나타낼 수도 있음을 살펴보았다. 그렇다면 '-어지다'

피동문의 경우에도 이러한 의미들을 실현한다고 볼 수 있을까? 먼저 '-어지다' 피동문과 관련된 이전의 논의에서 '피해'의 의미는 언급된 바가 없다. 실제로 '-히-'계 접미사 피동문에서와 달리 그러한 의미가 '-어지다' 피동문의 경우에는 관찰되지 않는 것으로 보인다. 다음 예를 보자.

(95) (나는) 등이 긁어졌다.

(95)의 경우 이것이 '-히-'계 접미사 피동문으로 실현된다면 "등이 긁혔다"로 피해의 의미가 표현될 수 있을 텐데 여기에서는 그러한 의미가 읽히지 않는다. 따라서 '피해'의 의미는 '-어지다' 피동문과 관련이 없다고 판단된다.

그렇다면 남은 문제는 '가능'과 '비의도' 등 중동적 의미 특성과 관련된 문제이다. '-어지다' 구성 역시 중동적 피동문으로도 실현되기 때문에 '-히-'계 접미사 피동문에서 나타났던 '가능', '비의도'의 의미가 나타날 것으로 기대된다. 먼저 '비의도'이다.[14)]

(96) 가. 자꾸 그 사람이 기다려진다.

나. 돈을 보자 반사적으로 내밀어지는 손을 소년은 재빨리 등 뒤로 감추었다.

(96가, 나)는 그 사람을 기다리거나 손을 내미는 행위자가 존재하기는 하나 이러한 사건이 행위자의 의도와 상관없이 일어난다는 점에서 '비의도'로 해석될 수 있다. 다음은 '가능'의 의미이다.[15)]

14) '자연발생'과 '비의도'의 구분에 대해서는 3.3.3.3에서 논의하였다.

15) 그러나 이때의 가능은 능력으로 설명되는 경우도 있으며 구분되지 않는 경우

(97) 가. 어쩌면 그렇게 짐이 시원하게 싸진다냐?

나. 고기가 연해서 잘 씹어진다.

지금까지 '-어지다' 피동문이 대당 능동문과 달리 실현하는 의미로 '가능'과 '비의도'를 중심으로 살펴보았다. 본고는 '-히-'계 접미사 피동문의 경우에도 이러한 의미가 나타난다고 보았으므로 이는 이 두 피동문이 공통적으로 실현하는 의미라고 볼 수 있다. 그러나 기본적으로 '-히-'계 접미사는 자동사와 결합하는 경우가 매우 드물기 때문에 피동문이 아닌 '-히-'계 접미사 구성이 이러한 의미를 나타내는 경우 역시 드문 반면[16] '-어지다' 구성은 자동사와 결합하는 경우가 보다 빈번하기 때문에 피동문이 아닌 경우에도 이러한 의미를 드러내는 경우가 많다. '-어지다'의 의미가 기본적으로 피동이 아니라 가능 등의 의미를 가진다고 논의되어 온 것은 아마도 이러한 배경에서 비롯되었을 것이다. 다음 예를 보자.

(98) 가. 오늘도 그 집 앞을 지나노라면 그리워 나도 몰래 발이 머물고 오히려 눈에 뜰까 다시 걸어도 되오면 그 자리에 서졌습니다. (가곡 「그 집 앞」)

나. 어제 많이 자서 그런지 안 자진다.

(98)의 예는 자동사에 '-어지다'가 붙어 피동으로 볼 수 없는 예이지만 (가)에는 비의도의 의미가, (나)에는 가능의 의미가 드러나 있다.

도 많은 것으로 보인다. 이에 대해서는 3.3.3.3에서 '-히-'계 접미사 피동문의 '가능'의 의미에 대해서 다루면서 각주 100)에서 잠깐 언급하였다.

16) '자꾸 졸린다' 정도의 예문이 피동문이 아닌 '-히-'계 접미사 구성이 '비의도'의 의미를 표현하는 경우라고 하겠다.

이상에서 논의된 '가능'과 '비의도'의 의미가 '-히-'계 접미사 구성과 '-어지다' 구성에 공통적으로 나타나는 의미였다면 지금부터는 '-어지다' 구성과 '-히-'계 접미사 구성의 차이점에 대해서 살펴보도록 하겠다. 먼저 이들의 차이점을 '자연발생'과 관련해서 논의한 경우가 있었다. 이에 대한 이기동(1978ㄱ)의 견해를 살펴보자.17) 제시된 예의 일부만 가져오겠다.

(99) 가. 가시가 손에 박히었다.

나. 가시가 손에 박아졌다.

(100) 가. 음식이 목에 걸리었다.

나. ?음식이 목에 걸어졌다.

(이기동 1978ㄱ: 543-544)

이기동(1978ㄱ)은 위에 제시된 예를 통해, '-히-'계 접미사 피동이 우발적 또는 자연발생적인 과정을 의미하는 반면 '-어지다' 피동은 화자의 바람, 숨은 행위자, 과정의 어려움을 나타낸다고 하였다. 또 여기서 한 걸음 더 나아가 '-히-'계 접미사 피동은 기능상 자동사와 비슷하다고 보고 다음과 같은 예는 '피동'이 아니라 '자동' 즉 자연발생의 의미가 강하다고 하였다.18)

(101) 가. 실이 얽히었다.

나. 치마가 몸에 친친 감기었다.

---

17) 그의 용어로는 '-히-'계 접미사 피동은 '어미 피동'이고 '-어지다' 피동은 '조동사 피동'이다.

18) 이와 비슷한 논의로는 송현정(1994), 우형식(1990), 기타무라(1998) 등이 있으며 김윤신(2001ㄱ), 고광주(2001ㄱ) 등도 이기동(1978ㄱ)의 논의를 받아들였다.

다. 낙엽이 길 위에 깔렸다.

(이기동 1978ㄱ: 551)

이기동(1978ㄱ)은 (101)의 예는 피동형 동사가 쓰였지만 외부의 힘에 의해서 위의 과정이 일어났다고 보기는 힘들며 특히 (가), (나)는 실이나 옷 자체의 성질에 의해서 일어났다고 볼 수 있다고 하였다.

그러나 (99)-(101)의 예를 보면 알 수 있듯이 이기동(1978ㄱ)의 자연발생, 또는 자동의 의미는 행위자가 전혀 존재하지 않는 경우(99, 101), 능동 대당문이 아예 존재하지 않는 경우(100)을 포함하기 때문에 엄밀히 말하면 본고에서 피동문으로 보지 않는 예들이다. 따라서 이들은 두 피동문의 의미 차이로 다루어지기보다는 중동을 포함한 '-히-'계 접미사 구성과 '-어지다' 구성의 의미 차이 문제로 다루어져야 한다. 그렇다면 여기에서는 피동의 범위에서 벗어나지만 과연 이러한 자연발생의 의미가 이기동(1978ㄱ)이 위의 예를 통해 주장한 것처럼 '-히-'계 접미사 구성만이 가지는 의미이며 '-어지다' 구성은 가지지 않는 것인가에 대해 살펴볼 필요가 있을 것이다.

먼저 우리는 이기동(1978ㄱ)과 반대되는 견해도 쉽게 찾을 수 있다. 최영환(1991)과 이정택(2004ㄴ)의 논의를 살펴보도록 하자.

(102) 가. 그 사실이 전국에 알려졌다.

나. 신맛이 느껴진다.

(최영환 1991: 20)

(103) 가. 양말이 뚫어졌다.

나. 속옷이 찢어졌다.[19)]

(이정택 2004ㄴ: 135)

---

19) 이 밖에 '그 집에는 자꾸 가진다.'도 제시되어 있으나 이는 자동사에 결합한 것이므로 제외하였다.

최영환(1991)은 (102)와 같은 예를 들어 '-어지다' 구성은 '-히-'계 접미사 구성과 달리 주어 외부의 원인이 분명하게 드러나지 않을 수도 있다고 하였으며 이정택(2004ㄴ)은 일부 타동사를 제외한 대부분의 '-어지다' 구성은 (103)의 경우처럼 피동을 표현하기 위해서는 '에 의해'의 도움이 반드시 필요하며 이는 일반 자동사에 '에 의해'가 결합하여 피동을 표현할 수 있는 것과 동일한 현상이라고 하였다. 결국 이 두 논의는 이기동(1978ㄱ)의 논의와 상반된 주장을 한다고 볼 수 있으며 특히 이정택(2004ㄴ)은 자동사와 '-히-'계 접미사 파생 동사의 유사성을 드러낸 이기동(1978ㄱ)과 반대로 자동사와 '-어지다' 구성의 유사성을 드러내고 있다고 볼 수 있는 것이다.

그렇다면 이처럼 정반대의 견해가 존재하는 현상을 어떻게 설명해야 할까? 기타무라(2002)는 이를 정리하기 위하여 소설 자료에 나타나는 '-히-'계 접미사 구성과 '-어지다' 구성의 의미 차이를 조사한 바 있는데, 이 논의에서 그는 '자연발생'을[20] '피동성'에 대립되는 개념으로 상정하고 9개 타동사 어기에 '-히-'와 '-어지다'가 각각 결합한 문장이 어떤 의미를 나타내느냐를 살펴보았다. 그 결과, 9개 중에서 '-히-'의 경우에는 자연발생을 나타내는 것이 7.5개, 피동성을 나타내는 것이 6개였으며 '-어지다'의 경우에는 자연발생을 나타내는 것이 6개, 피동성을 나타내는 것이 6.5개였다. 그는 이와 같은 결과를 단순히 받아들인다면 '-히-'계 접미사 구성은 자연발생이 우세하고 '-어지다' 구성은 피동성이 우세한 경향성을 찾을 수 있다고 하였다. 그러나 이와 같은 조사는 조사 대상인 타동사의 개수가 매우 적고 피동성과 자연발생의 판정도 직관에 따라 달리 해석될 수 있는 부분이 많기 때문에 비록 경향성이라 할지라도 인정하기가 쉽지 않아 보인다.

---

20) 그의 용어로는 '자발성'이다.

우리는 이미 행위자 없이 저절로 일어나는 사건을 의미하는 자연발생이 '-히-'계 접미사 구성과 '-어지다' 구성 양쪽에서 나타나는 것임을 살펴보았다(3.2.1, 4.2.1). 또한 앞에서 이기동(1978ㄱ)은 '-히-'계 접미사 구성이 자연발생의 의미를 가진다고 보고 (101)과 같은 경우를 제시하였지만 이와 반대로 자연발생의 의미가 '-어지다' 구성으로만 실현되고 '-히-'계 접미사 구성으로는 실현될 수 없는 경우도 존재한다.

(104) 가. 발바닥이 건조해서 다 갈라졌다.

나. *발바닥이 건조해서 다 갈렸다.

(105) 가. 빵을 입에 문 아이의 얼굴이 미어진다.

나. *빵을 입에 문 아이의 얼굴이 미였다.

(106) 가. 우리 아버지는 술 이야기만 나오면 입이 함박만 하게 찢어지던 사람이었다.

나. *우리 아버지는 술 이야기만 나오면 입이 함박만 하게 찢기던 사람이었다.

지금까지 살펴본 것처럼 '-히-'계 접미사 구성과 '-어지다' 구성의 의미 차이는 기존의 논의에서 언급한 것처럼 한 쪽이 피동의 의미를 온전히, 또는 대부분 차지하고, 다른 한 쪽이 자연발생이나 가능, 비의도 등 피동 외의 의미를 차지하는 것으로 설명될 수는 없는 것이었다. 이 둘의 의미 차이를 적절히 설명하기 위해서는 먼저, 이 둘이 피동이나 피동 이외의 의미 영역을 공유한다는 사실을 인정하고, 그러한 의미 영역이 배타적으로 실현되는 경우와 동일하게 실현되는 경우를 살펴봄으로써 세부적인 양상을 기술하는 것이 필요할 것이다. 안타깝게도 현재의 우리 논의는 이 중 첫 번째 단계에 머물러 있는 상황이다.

'-히-'계 접미사 구성과 '-어지다' 구성의 의미를 피동에만 한정할 경우에도 다음 예문에서 보여주듯이, 이 두 구성 모두가 성립하는 경우가 있다. 그러나 이 두 구성이 어떤 의미 차이를 가지고 피동문을 형성하는지는 분명하지 않다.

(107) 가. 여자 주인공들은 다 담벼락 속에 가두어진 채로 울고 있었다.
　　나. 여자 주인공들은 다 담벼락 속에 갇힌 채로 울고 있었다.
(108) 가. 전보가 중간에서 가로채어졌다.
　　나. 전보가 중간에서 가로채였다.
(109) 가. 한 땀 한 땀 수가 놓아졌다.
　　나. 한 땀 한 땀 수가 놓였다.
(110) 가. 이번 회담을 통해 고위급 회담으로 이어지는 디딤돌이 놓아지기를 바랍니다.
　　나. 이번 회담을 통해 고위급 회담으로 이어지는 디딤돌이 놓이기를 바랍니다.

분명 이 두 구성 사이에 미세한 의미 차이가 있어 보이지만 그 차이는 명확히 나타나지가 않는다.[21] 다음 예를 계속해서 보도록 하자.

(111) 가. 원화가 달러로 바뀌졌다.
　　나. 원화가 달러로 바뀌었다.

21) 박승빈(1935: 320)는 기본적으로 '-히-'계 접미사 구성을 '수동태'라 하고, '-어지다' 구성을 '수성태'라 하여 이 둘을 구분하는 논의이지만 타동사의 경우, 이 둘의 의미가 매우 접근되었다고 하고 이들 의미를 "'도적이 잡혀(受動)ㅅ다'는 '잡힌' 事實의 單純한 敍述이고 '도적이 자바더(遂成)ㅅ다'는 무슨 情勢의 觀念을 前提로 한 그 結果를 敍述하는 말이라"고 하여 구별하였다. 그러나 여기서 '정세의 관념을 전제로 했다는 것'이 무엇을 의미하는지는 명확하지 않다.

(112) 가. 마술사가 주문을 외자, 모자가 비둘기로 바꾸어졌다.

나. 마술사가 주문을 외자, 모자가 비둘기로 바뀌었다.

(113) 가. 장미가 꽂아진 꽃병

나. 장미가 꽂힌 꽃병

(114) 가. 타이어의 공기는 손가락으로 타이어가 잘 눌러지지 않는 정도가 적당하다.

나. 타이어의 공기는 손가락으로 타이어가 잘 눌리지 않는 정도가 적당하다.

(115) 가. 상장을 수여할 때 그의 이름이 불러졌다.

나. 상장을 수여할 때 그의 이름이 불렸다.

(116) 가. 마지막 남은 카드 한 장이 뒤집어지고

나. 마지막 남은 카드 한 장이 뒤집히고

분명치 않으나 (111), (112)의 (가)는 원화와 달러가, 모자가 비둘기로 맞바뀌는 과정을 의미한 것으로 보이나 (나)는 그것들이 맞바뀌든, 아니면 마법으로 변하든, 바뀐 결과에만 초점이 놓인 것으로 보인다. (113)의 경우도 장미를 꽂았다는 사실에는 차이가 없으나 (가)에는 그러한 결과에 도달하기까지의 과정에 초점이 놓인 반면 (나)에는 결과에만 초점이 놓인 듯하다. 결국 (111)-(116)의 예를 보면 (가)의 '-어지다' 피동문에는 행위의 과정을 통해 어떤 결과에 이르렀다는 의미가 전제되어 있는 것으로 보이는 반면 (나)의 '-히-'계 접미사 피동문에는 행위의 과정은 어찌되었든 변화의 결과에만 관심이 있는 것으로 보인다. 결론은 다르지만 이기동(1978ㄱ)에서 '-어지다' 피동이 '-히-'계 접미사 피동과 달리 과정의 어려움을 나타낸다고 본 것도 이와 맥락이 통한다고 볼 수 있을 것이다.

4.4. 마무리

이 장에서는 '-어지다' 피동문의 판별에 대한 문제를 다루고 행위자와 피동자 실현의 양상, 부사어의 실현 양상, 명령법, 청유법 어미의 결합 문제, '-어지다' 피동문의 의미 등을 살펴보았다.

먼저 피동문을 판별하면서 '-히-'계 접미사 피동과 '-어지다' 피동이 피동과 중동의 겹침에 있어서 비슷한 양상을 보임을 알 수 있었는데 이는 피동자 중심의 사건을 바라보고 구성하는 한국어의 특징적인 양상이 이 두 구성 모두에 반영이 되었기 때문이라고 할 수 있다.

그러나 '-어지다' 피동이 우언적 구성인데 반해 '-히-'계 접미사 피동이 형태적 구성이라는 차이로 인해 행위자 실현이나 피동자 실현, 부사어와 명령법, 청유법 어미의 실현 등에서는 다른 양상이 나타났다. 특히 행위자 실현에서는 '-히-'계 접미사 피동문에서 빈번히 나타났던 '에게'류 조사의 쓰임이 '-어지다' 피동문에서는 매우 제약적으로 나타났으며 부사어의 실현에 있어서도 '-히-'계 접미사 피동문에서는 행위자 지향 부사어가 피동자의 의도를 드러내는 경우가 있었는데 '-어지다' 피동문에서는 이와 같은 현상이 관찰되지 않았다. 이는 명령법, 청유법 어미의 결합 문제에도 동일하게 나타나 '-히-'계 접미사 피동문과 달리 '-어지다' 피동문은 명령법, 청유법으로 실현되지 않았다.

이어서 '-어지다' 피동문의 의미를 가능, 비의도로 나누어 살펴보고 논의를 확대하여 피동문 이외의 '-어지다' 구성의 의미까지 살펴보았다. 특히 이전의 논의에서 '자연발생'의 의미를 '-어지다' 구성 혹은 '-히-'계 접미사 구성 어느 한 쪽에 나타나는 것으로 설명하려는 주장이 있었는데 이것이 '-히-'계 접미사 구성과 '-어지다' 구성 모두에서 나타나는 의미임을 다시 한 번 확인할 수 있었다. 이는 역시 개별 문장에서는 차이를 보일지라도 피동과 중동의 큰 틀에 있어서 이 두 구성이 큰 차이를 보이지 않는 데에 기인한 것이라고 할 수 있다.

5. 결론

5.1. 요약

이상의 논의를 통해 본고는 보편적인 피동의 특성을 바탕으로 피동법을 제시하고 피동문을 판별했으며 개별 피동문의 양상을 살펴보았다. 이제 앞에서 논의된 바를 요약하여 제시하도록 하겠다.

1장에서는 논의의 목적을 밝히고 피동에 대한 이전의 연구를 피동 범주에 대한 전반적인 논의, 개별 피동법인 '-히-'계 접미사 피동법과 '-어지다' 피동법에 대한 논의, 사동과 중동 등 인접 범주와의 관련성에 대한 논의 등으로 나누어 살펴보았다.

2장에서 우리가 주목한 것은 두 가지로 첫째, 피동법의 하위 범주를 제시하는 것과 둘째, 피동문을 판별하는 기준을 제시하는 것이었다. 이를 위해 그동안 이 문제들과 관련된 한국어 피동 논의의 전반적인 흐름이 개별 논의에서 제안된 피동의 의미와 형식을 기준으로 이루어져 왔음을 보이고 그럴 경우 피동이라고 지시되는 현상이 논의마다 자의적으로 설명될 수밖에 없다고 하였다. 이러한 문제점에 대한 대안으로 본고는 여러 연구에서 공통적으로 언급한 다음과 같은 피동의 원형적 특성을 통해 피동이 설명되어야 한다고 하였다.

(1) 가. 대응되는 능동문이 존재한다.
나. 능동문의 주어, 즉 행위자는 피동문에서는 나타나지 않거나 사격어로 나타난다.
다. 능동문의 목적어, 즉 피동자는 피동문에서는 주어로 나타난다.
라. 형태론적 표지를 지닌다.

그러나 (1)을 그대로 적용하면 이것이 원형적인 피동의 특성이기 때문에 이에 벗어나지만 피동으로 포함되는 예외적인 현상을 설명할 수 없다는 문제가 있다. 따라서 (1)과 같은 특성이 어떠한 예외를 인정하는지 범언어적인 자료와 그에 대한 논의를 고찰함으로써 원형적인 피동뿐만 아니라 그것의 주변적인 현상의 경계를 살펴볼 수 있었다.

그러나 우리는 (1)의 특성 외에도 피동이 태의 한 범주이기 때문에 태로서 피동이 가지는 특성을 고려해야 했는데 다음에 제시된 (2나)가 바로 그것이다.

(2) 태의 근본적인 대립
가. 능동 범주: 행위가 주어의 지배 하에 일어난다.
나. 피동 범주: 행위가 주어의 지배 하에서 일어나지 않으며 주어와 분리된 다른 실체의 지배 하에서 일어난다.
다. 중동 범주: 행위가 주어의 지배 하에서 일어나며 행위의 전개가 주어의 영역 안으로 제한된다.

(Shibatani 1998: 118)

특히 우리는 (2나) 피동의 특성과 (2다) 중동의 특성에 주목하여 한국어에서 피동으로 설명되어 온 현상이 중동적 특성을 지닌 현상을 포함할 가능성이 있음을 확인하였다.

이후의 논의는 (1)과 그것의 주변적인 현상과 (2)에 제시된 피동의 태 범주적 특성을 기준으로 이루어졌다. 먼저 (1)과 그것의 주변적인 현상을 고려하여 이전의 논의에서 피동법으로 제시된 여러 후보들 중 '-히-'계 접미사 피동과 '-어지다' 피동을 피동법의 하위범주로 제시하였다.

피동법의 하위범주가 제시된 후 남은 문제는 각 피동법의 개별 피동문을 판별하는 것이었다. 이를 위해 (1)에 제시된 특성을 대당 능동문의 존재, 행위자 강등과 피동자 승격으로 나누어 피동문 판별의 기준으로 삼고 이에 더해 (2)에 제시된 피동과 중동의 특성을 바탕으로 피동의 표지를 가진 중동적 특성을 지닌 문장을 찾아내어 피동과 중동의 관련성에 대해서 논하고자 하였다.

3장에서는 2장에서 제시된 피동문 판별의 기준을 바탕으로 '-히-'계 접미사 피동문의 판별 문제를 구체화하였다. '-히-'계 접미사가 실현된 문장 가운데에는 그간 피동문 판별의 논란이 되어 왔던 여러 예외적인 현상들이 있었는데 본고는 이것이 피동과 중동의 경계가 모호한 한국어 피동문의 특징적 양상에서 비롯된 것이라고 보았다. 따라서 그러한 예외 중 많은 부분이 그저 한국어만의 특수한 언어적 현상이 아니라 범언어적으로 존재하는 현상을 반영하는 것임을 알 수 있었다.

그 밖에 특히 문제가 되었던 것은 이른바 자동사 피동문으로 설명될 가능성이 있는 경우였다. 이것의 피동문 판별이 어려웠던 것은 많은 경우가 '-히-'계 접미사와 형태적, 의미적으로 유사한 다른 접미사가 결합된 데 원인이 있었다. 즉 의미와 통사 범주를 바꾸지 않는 접미사나 피동접미사에서 유추된 접미사가 이 문제에 개입되어 있는 것으로 보이는데 이에 대해서는 개별적이고 심도 있는 논의가 이루어져야 할 것이다.

판별에 대한 논의가 이루어진 후 우리가 살펴본 것은 '-히-'계 접미사 피동문의 다양한 양상이었다. 먼저 행위자의 실현 양상을 살펴보면서 기존의 논의에서 행위자 표지로 언급된 '에게'('한테'), '에', '에 의해(서)' 등에 대해서 살펴보고 이 밖에 '(으)로'와 '은/는'(또는 '이/가')에 대해서 살펴보았는데 이를 통해 알 수 있었던 것은 이 같은 조사 또는 조사 상당어들이 행위자를 실현하기는 하나 개별 피동사에 따라 또는 피동문의 의미나 문맥에 따라 실현 양상이 달리 나타나며 심지어는 나타날 수 없는 경우도 있기 때문에 이것의 지위를, 다만 피동문에서 행위자를 표시할 수 있다 정도로 이해해야지 과대평가해서는 안 된다는 것이었다. 다음으로는 피동자의 실현 양상을 살펴보았는데 특히 의미역에 있어서는 도구의 의미역을 가진 것들이 일부 중동적 피동문에서 주어로 나타날 수 있음을 살펴보았고 이어서 주격 중출문과 '을/를' 피동문에 대해서 살펴보았다.

개별 피동문의 양상 중 주목할 만한 것은 행위자 지향 부사어가 오히려 피동자의 의도를 드러내는 데 쓰일 수 있다는 점이었다. 이는 피동문이 경우에 따라 명령문, 청유문으로 나타날 수 있는 현상과 동궤의 것으로 파악할 수 있었다. 마지막으로 '-히-'계 접미사 피동문이 중립적으로 대당 능동문과 동일한 의미를 실현하는 경우 외에 '가능'이나 '비의도'의 의미를 나타내는 경우를 살펴보았는데 이것은 중동적 피동문과 관련되는 의미였다. 한편 전형적인 피동문은 경우에 따라 '피해'의 의미를 드러내기도 하는데 많은 논의에서 이를 '을/를' 피동문의 특징적인 의미로 언급해 왔으나 '을/를' 피동문에 제한되는 것이 아님을 밝혔다.

4장에서도 먼저 2장에서 제시된 기준을 바탕으로 피동문의 판별에 집중하였다. 그동안 '-어지다' 피동문은 '-히-'계 접미사 피동문과 상당히 성격이 다른 것으로 설명되어 왔으나 기본적인 피동의 틀에서는 이 두 구성이 크게 다르지 않음을 알 수 있었다. 다시 말하면 '-히-'계 접미사 피동문의 판별의 어려움을 야기한 문제들이 '-어지다' 피동문에도 그대로 드러났는데 특히 중동과 피동의 경계와 관련되는 문제들이 많았다.

그러나 그 밖의 '-어지다' 피동문의 통사적, 의미적 양상은 '-히-'계 접미사 피동문과 차이를 보인다. 이는 피동을 실현하는 표지 자체가 가지는 의미의 차이에도 원인이 있겠지만 전자가 우언적으로 피동문을 형성하는 것과 달리 후자는 파생에 의해서 피동문을 형성하는 것에도 원인이 있을 것이다. 먼저 행위자를 나타내는 조사 및 조사 상당어에 대해서 '에게'('한테')의 실현이 빈번한 '-히-'계 접미사 피동과 달리 '-어지다' 피동은 이들 조사가 행위자와 결합하는 경우가 드물었다. 그러나 피동자의 실현 양상에서는 '-히-'계 접미사 피동문의 경우에서 관찰할 수 있었던, 일부 중동적 피동문에서 도구의 의미역을 가진 명사구가 주어로 나타나는 현상이 동일하게 나타났다.

개별 피동문의 양상으로는 '-히-'계 접미사 피동문에서 행위자 지향 부사어가 피동자의 의도를 드러내거나 명령문과 청유문이 가능했던 것이 '-어지다' 피동문에서는 전혀 나타나지 않았다. 마지막으로 의미에 있어서 '-어지다' 피동문이 '-히-'계 접미사 피동문과 동일하게 '가능'과 '비의도'를 가질 수 있다는 점을 알 수 있었는데 이는 이들 의미가 중동의 한 유형이 가지는 의미이고 두 피동문 모두 그러한 중동과 겹치는 부분이 있기 때문에 공통적으로 나타났다고 볼 수 있는 것이다.

5.2. 남은 문제

본고는 여러 언어에서 나타나는 피동문에 대한 유형론적 연구 성과를 바탕으로 피동의 개념을 검토함으로써 한국어의 피동의 경계에 놓인 여러 현상들이 가지는 의미를 밝히고자 노력하였다. 그러나 한편으로 '태'라는 큰 틀을 염두에 두고 다른 한편으로 개별 피동문의 세부적인 양상을 고찰하기에는 필자의 역량이 부족하여 여러 면에서 해결되지 못한 문제들이 많이 남아 있다. 그러한 문제들의 일부를 밝히면 다음과 같다.

첫째, 피동을 나타내는 '-히-'계 접미사와 피동을 나타내지 않지만 동일한 접미사, 혹은 유사하지만 다른 접미사들이 있다. 피동의 기능을 가지는 '-히-'계 접미사와 관련지어 이들을 어떻게 파악해야 할 것인지가 문제다. '-어지다' 피동문의 경우에도 이러한 문제는 동일하게 존재한다. 피동문에 나타나는 '-어지다'와 그렇지 않은 '-어지다'의 관계를 어떻게 파악해야 할지 논의되어야 한다. 본고가 피동의 시각에서 '-히-'계 접미사 구성과 '-어지다' 구성에 대해 살펴보았다면 반대로 '-히-'계 접미사와 '-어지다'의 시각에서 피동과 관련된 현상들을 고찰하는 연구가 이루어져야 한다.

둘째, '-히-'계 접미사 피동문과 '-어지다' 피동문의 의미에 대한 문제가 있다. 우선 이들이 공통적으로 '가능'과 '비의도'의 의미를 나타내는 경우가 있었다. 본고에서는 이들을 중동적 특성을 가지는 피동문으로 파악하였는데 이러한 유형들을 더 세부적인 부류로 분류해서 보다 상세하고 명확하게 살펴볼 필요가 있다. 또한 이 두 피동문이 큰 의미 차이가 없이 성립할 경우, 형태적으로 상이하고 결합의 층위 역시 다를 것으로 보이는 '-히-'계 접미사와 '-어지다' 보조동사 각각이 어떠한 미세한 의미 차이를 각 문장에서 드러내는지에 대한 고찰

또한 필요할 것이다.

셋째, 궁극적으로는 피동문이 담화·화용론적으로 어떠한 기능을 갖는지 살펴보아야 한다. 그러나 대당 능동문에 비해 중립적으로 피동을 실현하는 다른 언어의 경우와 비교했을 때 한국어의 피동문은 부가적인 의미를 드러내는 경우가 있기 때문에 이러한 의미들을 고려하여 어떻게 연구가 이루어질 수 있을지 방법론적인 문제부터 고찰해 보아야 할 것이다.

참고문헌

강명순(2001ㄱ). 「국어 '태'의 통시적 연구」. 충남대 박사학위 논문.

강명순(2001ㄴ). 「국어 사·피동법의 역사적 변화 방향 및 그 원인에 관한 새로운 고찰」. 『한글』 254. 119-160.

강영세·고창수·김귀화·김영희(1994). 「주제토론회—한국어의 대격: 토론」. 『언어』 19. 313-341.

강정희(2006). 「제주방언 '-아/-어지다'구문의 의미 해석」. 『이병근 선생 퇴임기념 국어학논총』. 태학사. 1223-1246.

강현화(1998). 『국어의 동사연결 구성에 대한 연구』. 한국문화사.

고광주(2001ㄱ). 『국어의 능격성 연구』. 월인.

고광주(2001ㄴ). 「목적어 있는 피동문」. 류구상 외. 『한국어의 목적어』. 월인. 103-121.

고광주(2001ㄷ). 「주격중출현상은 왜 일어나는가?」. 『한말연구』 9. 1-26

고창수·시정곤(1991). 「목적어 있는 피동문」. 『주시경학보』 7. 149-156.

구본관(1993). 「국어 파생접미사의 통사적 성격에 대하여」. 『관악어문연구(서울대 국어국문학과)』 18. 117-140.

구본관(1997). 「의미와 통사범주를 바꾸지 않는 접미사류에 대하여」. 『국어학』 29. 113-140.

국립국어연구원(1999). 『표준국어대사전』. 두산동아.

권재일(1993). 「한국어 피동법의 역사적 변화」. 『언어학』 15. 25-43.

기타무라 다다시(1998). 「'-히-'와 '-어지-'의 의미」. 『전농어문연구(서울시립대 국어국문학과)』 10. 343-359.

기타무라 다다시(1999). 「보조동사 '(-어)지다'의 의미」. 『국어교육』 100. 327-355.

기타무라 다다시(2002). 「피동의 요소 '-히-'와 '(-어)지-'의 의미 차이—소설 자료의 해석을 통하여—」. 『2002년 봄 전국학술대회 자료집(한국어교육학회)』. 65-78.

기타무라 다다시(2004). 『한국어 피동 표현 연구』. J&C.

김경학(1996). 「주어의 인지적 의미와 기능에 대하여—논항 이동 구문을 중심으로—」. 『언어학』 19. 3-30.

김경학(1997). 「수동태, 중간동사 및 능격동사 구문의 도식에 대해」. 『담화와 인지』 4.1. 45-59.

김미영(1998). 『국어 용언의 접어화』. 한국문화사.

김민선(2005). 「'되다' 구문의 유형과 의미에 대한 연구」. 『국어연구』 187.

김봉모(1984). 「국어 입음움직씨 연구」. 『어문교육논집(부산대)』 8. 109-131.

김봉모(1986). 「입음월과 형태소 '-이-'」. 『국어학신연구』. 탑출판사.

김석득(1971). 『국어 구조론—한국어의 형태·통사구조론 연구』. 연세대학교출판부.

김석득(1979). 「國語의 被使動」. 『언어』 4.2. 181-192.

김성규(1987). 「어휘소 설정과 음운현상」. 서울대 석사학위논문.

김영희(1977). 「단언 서술어의 통사 현상」. 『말』 2. 9-30.

김영희(1988). 『한국어 통사론의 모색』. 탑출판사.

김원경(1993). 「국어 접사피동의 생성론적 연구」. 고려대 석사학위논문.

김원경(1997). 「"에게"와 격」. 『한국어학의 이해와 전망』. 도서출판 박이정. 463-475.

김원호(1998). 「수동태: 형태와 기능」. 『한국어학』 8. 131-157.

김윤신(1997). 「한국어 능격구성(ergative construction)의 고찰」. 『언어연구』 15. 1-11.

김윤신(2001ㄱ). 「파생동사의 어휘의미구조—사동화와 피동화를 중심으로」. 서울대 박사학위논문.

김윤신(2001ㄴ). 「한국어 동사의 어휘의미구조와 피동화의 제약」. 『언어학』 30. 89-112.

김윤신·이정민·남승호·강범모(2000). 「한국어 피동동사의 의미구조와 논항실현」. 『인지과학』 11-1. 25-32.

김일웅(1987). 「월의 분류와 특징—생성 과정과 관련하여—」. 『한글』 198. 15-85.

김차균(1980). 「국어의 사역과 수동의 의미」. 『한글』 168. 3-47.

김창섭(1990). 「영파생과 의미전이」. 『주시경학보』 5. 94-110.

김창섭(1996). 『국어의 단어형성과 단어구조 연구』. 국어학총서 21. 태학사.

김청자(2003). 「국어 피동 타동사 구문 연구」. 아주대 박사학위논문.

김한곤(1982). Cause as the Deep Semantic Source of so-called Causative and Passive with Special Reference to the Metaphorical Interpretation of I Morpheme in Korean. 『어학연구』 18.1. 171-195.

김한곤(1983). 「이른바 '이' 사역・피동의 화용론적 조건」. 『한글』 180. 35- 52.

김형배(1995). 「현대국어 피동사 파생의 조건」. 『대학원 학술 논문집(건국대)』 40. 40-53.

김형배(2005). 「사동과 피동표현 숙어의 고정성에 관한 연구」. 『한민족문화연구』 16. 1-28.

김흥수(1989). 『현대국어 심리동사 구문 연구』. 국어학총서 15. 태학사.

김흥수(1998). 「피동과 사동」. 『문법연구와 자료: 이익섭 선생 회갑기념논총』. 태학사. 621-664.

남기심・고영근(1993). 『표준국어문법론(개정판)』. 탑출판사.

남수경(2005). 「조사 '을/를'이 나타나는 피동문에 대하여」. 『어학연구』 41.1. 79-99.

남수경(2007). 「국어 피동에 대한 고찰」. 『어문연구』 35.2. 89-113.

류시종(1996). 「보조용언의 원형적 특성」. 『한글』 234. 105-132.

목정수(2005). 「국어 이중주어 구문의 새로운 해석」. 『언어학』 41. 75-99.

박명선(1996). Passive Analysis in Discourse Context. 『영어영문학』 15.1. 177-193.

박성종(1984). 「국어 피동 연구」. 서울대 석사학위논문.

박승빈(1935). 『조선어학』. [『역대한국문법대계』 ①20에 재록]

박양규(1978). 「使動과 被動」. 『국어학』 7. 47-70.

박양규(1990). 「피동법」. 『국어연구 어디까지 왔나』. 동아출판사. 493-499.

박정운(1992). The Korean Morphological Causative and Passive. *Proceedings of SICOL 92*. 619-632.

박정운(1999). 「한국어 도구격 조사의 다의어 체계」. 『언어』 24.3. 405-425.

박정운(2003). 「한국어 사동구문의 의미—원형의미론적 접근—」. 『언어』 28.3. 345-371.

박진호(1998). 「보조용언」. 『문법연구와 자료: 이익섭 선생 회갑기념논총』. 태학사. 139-164.

박진호(2003). 「한국어의 동사와 문법요소의 결합 양상」. 서울대 박사학위논문.

배희임(1988). 『국어 피동 연구』. 고려대 민족문화연구소.
백미현(1999). A Functional Approach to I-suffix. 『언어학』 7.1. 101-126.
서정수(1996). 『국어문법(수정증보판)』. 한양대학교출판원.
선우용(1994). 「국어조사 '이/가'. '을/를'에 대한 연구: 그 특수조사적 성격을 중심으로」. 『국어연구』 124.
성광수(1976ㄱ). 「국어 의사피동문」. 『관대논문집(관동대)』 4. 65-84.
성광수(1976ㄴ). 「국어 간접 피동에 대하여」. 『문법연구』 3. [성광수(1999: 101-128)에 재록]
성광수(1976ㄷ). 「국어 중피동구조에 대한 검토」. 『국어국문학』 72·73. [성광수(1999: 129-134)에 재록]
성광수(1977). 「'하다' 동사의 피동과 사동」. 『여천 서병국 박사 회갑기념 논문집』. [성광수(1999: 149-172)에 재록]
성광수(1987). 「국어 피동사 공백과 의사 피동의 원인」. 『국어학신연구1』. 탑출판사. [성광수(1999: 135-148)에 재록]
성광수(1999). 『한국어 문장표현의 양상』. 월인.
송남선(2002). A Comparative Study of Japanese Passive and Korean Passive. 『언어학』 32. 165-196.
송문준(1989). 「입음말에 대하여」. 『언어학』 11. 95-125.
송병학(1979). 「한국어의 수동태」. 『언어』 4.2. 87-113.
송복승(1995). 「국어 사동문과 피동문의 논항구조 연구」. 서강대 박사학위 논문.
송창선(2004). 「현대국어 피동접미사의 특성」. 『국어교육연구』 36. 129-148.
송현정(1994). 「국어 피동 담화 특성 연구」. 『제효 이용주 교수 정년퇴임기념논문집』. 서울대 국어교육과. 303-334.
시라이시 치애미(2002). 「한국어의 태와 이른바 피동 표현」. 『문창어문논집』 39. 23-46.
시정곤(1995). 「핵이동과 '-이/답/히/같-'의 형태·통사론」. 『생성문법연구』 5.2. 419-456.
양동휘(1979). 「국어의 피·사동」. 『한글』 166. 189-205.
양정석(1997). 『국어 동사의 의미 분석과 연결 이론(개정판)』. 박이정.
연재훈(1991). The Interaction of the Causative/passive and Neutral-verb Construction in Korean. 『언어연구』 3. 47-65.

연재훈(2002). The Causative-passive Ambiguity and the Notion of 'Contiguity' as a Crucial Factor in Explaining the Retained-object Passive Constructions. 『언어학』 32. 197-221.

오민석(2006). 「한국어 보조동사 '지다'의 연구」. 『국어연구』 190.

오충연(1994). 「능동과 피동 문형의 관계에 대하여」. 『숭실어문』 11. 241-270.

오충연(2001). 『주제구조론』. 도서출판 월인.

우인혜(1994). 「접미 피동법의 일고찰」. 『한국학논집』 25. 273-294.

우인혜(1997). 『우리말 피동 연구』. 한국문화사.

우형식(1990). 「국어 타동구문에 관한 연구」. 연세대 박사학위 논문.

유동석(1998). 「주제어와 주격중출문」. 『문법연구와 자료: 이익섭 선생 회갑기념논총』. 태학사. 47-82.

유동준(1983ㄱ). 「국어의 능동과 피동」. 『국어학』 12. 193-212.

유동준(1983ㄴ). 「국어 피동형의 검토」. 『제26회 전국국어국문학연구발표대회초』. 33-40.

유목상(1986). 「사동사 · 피동사의 문법 처리고」. 『국어학신연구』. 탑출판사.

유현경(1996). 「국어 형용사 연구」. 연세대 박사학위 논문.

유현경(2003). 「"주다" 구문에 나타나는 조사 "에게"와 "에"」. 『한국어학』 20. 155-174.

유혜원(1999). 「'-을/를'이 나타나는 피동문 연구」. 『한국어학』 9. 205-227.

유혜원(2000). 「'-아/어지다'의 의미 연구」. 『논항구조란 무엇인가』. 월인. 165-188.

이강로(1967). 「파생접사 '-지'의 형태론적 연구」. 『논문집(인천교대)』 2. 1-16.

이광호(1988). 『국어 격조사 '을/를'의 연구』. 탑출판사.

이기동(1976). 「한국어 피동형 분석의 검토」. 『인문과학논총(건국대)』 9. 25-41.

이기동(1978ㄱ). 「조동사 '지다'의 의미 연구」. 『한글』 161. 29-61.

이기동(1978ㄴ). 「Review: Basic semantic structures of Korean.(BSSK) Rafael Abasolo. O.F.M. 1977. 서울: 탑출판사」. 『언어』 3.1. 157-168.

이기동(1991). 「동사 '되다'의 의미분석」. 『동방학지』 71 · 72. 205-231.

이남순(1984). 「使動과 被動의 文型」. 『국어학』 13. 65-93.

이남순(1993). 「피동의 동정(動靜)」. 『진단학보』 75. 149-164.
이상억(1970). 「국어의 사동·피동 구문 연구」. 『국어연구』 26. [이상억(1999)로 출판]
이상억(1999). 『국어의 사동·피동 구문 연구』. 집문당.
이성범(1999). 『언어와 의미-현대의미론의 이해』. 태학사.
이용주(1985). 「언어 기술의 관점 二題」. 『국어교육』 53·54. 95-104.
이익섭(1972). 「강릉방언의 형태음소론적 고찰」. 『진단학보』 34. 97-119.
이익섭(1978). 「피동성 형용사문의 통사 구조」. 『국어학』 6. 65-84.
이익섭·임홍빈(1983/1996). 『국어문법론』. 학연사.
이정민(1974/1994). *Abstract Syntax and Korean with Reference to English*. 태학사.
이정택(1994). 「보조동사 '지-'의 특성」. 『선청어문』 22. 543-569.
이정택(2001). 「'-지(디)-'의 통시적 변천에 관한 연구」. 『국어학』 38. 117-134.
이정택(2003). 「피동문의 능동주 표지 선택 원리—통사적 절차에 의한 피동 표현을 중심으로」. 『국어교육』 110. 301-319. [이정택(2004ㄴ)에 재록]
이정택(2004ㄱ). 「피동의 개념과 피동 서술어」. 『한국어학』 22. 335-354. [이정택(2004ㄴ)에 재록]
이정택(2004ㄴ). 『현대 국어 피동 연구』. 박이정.
이지영(2005). 「국어의 용언 부정문에 관한 역사적 연구」. 서울대 박사학위논문.
이향천(1991). 「피동의 의미와 기원」. 서울대 박사학위논문.
이향천(1992). 「피동의 의미론」. 『언어학』 14. 75-112.
이현희(1987). 「중세국어 '둗겁-'의 형태론」. 『진단학보』 63. 133-150.
이홍식(1991). 「피동과 피동구문」. 『주시경학보』 8. 113-118.
이홍식(1996). 「국어 문장의 주성분 연구」. 서울대 박사학위논문.
임동훈(1997). 「이중 주어문의 통사 구조」. 『한국문화』 19. 31-66.
임동훈(2000). 『한국어 어미 '-시-'의 문법』. 국어학총서 37. 태학사.
임홍빈(1972). 「국어의 주제화 연구」. 『국어연구』 26. [임홍빈(1998: 207-281)에 재록]
임홍빈(1977). 「피동성과 피동구문」. 『국민대 논문집』 12. [임홍빈(1998: 333

-364)에 재록]

임홍빈(1978). 「국어 피동화의 의미」. 『진단학보』 45. [임홍빈(1998: 307-332)에 재록]

임홍빈(1993). 「'(-)지다'의 사전 처리에 관한 몇 가지 문제」. 『양전 이용욱 교수 환력기념: 해양문학과 국어국문학』. 형설출판사. [임홍빈(1998: 365-406)에 재록]

임홍빈(1998). 『국어 문법의 심층 3: 어휘 범주의 통사와 의미』. 태학사.

임홍빈 · 장소원(1995). 『국어문법론 I』. 한국방송통신대학교출판부.

정성여(2001). 「자동사의 수동화와 태범주 — 한일어 비교의 관점에서 —」. 『언어과학연구』 19. 263-290.

조인정(2004). 「피동문 동작주 표시 제약」. 『한국어교육』 15.3. 231-253.

주시경(1910). 『국어문법』. 박문서관. [『역대한국문법대계』[1]4에 재록]

최규수(1991). 「입음월의 기능과 구조」. 『우리말 연구』 1. 235-258.

최규수(2005). 「'되다'와 '지다'의 피동성에 관하여」. 『한글』 269. 101-134.

최영환(1991). 「被動의 概念과 文法 範疇」. 『한국국어교육』 43. 1-24.

최현배(1937/1961). 『우리말본』. 정음문화사.

하치근(1989). 『국어 파생형태론』. 남명문화사.

한송화(2000). 『현대 국어 자동사 연구』. 한국문화사.

한재영(1984). 「중세국어 피동구문의 특성에 대한 연구」. 『국어연구』 61.

Abraham, W. (1995). *Deutsche Syntax im Sprachenvergleich, Grundlegung einer typologischen Syntax des Deutschen*. Tübingen: Narr.

Abraham, W. (2006). Introduction: Passivization and Typology. In W. Abraham & L. Leisiö (eds.). 1-27.

Abraham, W. & L. Leisiö (eds.) (2006). *Passivization and Typology: Form and Function*. Amsterdam/Philadelphia: John Benjamins.

Andersen, P. K. (1991). *A New Look at the Passive*. Frankfurt am Main: Peter Lang.

Arce-Arenales, M., Axelord, M. & B. A. Fox. (1994). Active Voice and Middle diathesis: A Cross-linguistic Perspective. In B. Fox & P. J. Hopper (eds.). 1-22.

Barber, E. J. W. (1975). Voice: Beyond the Passive. *BLS* 1. 16-24.

Brown, K. & J. Miller (eds.) (1999). *Concise Encyclopedia of Grammatical*

Categories. Oxford: Elsevier.

Chafe, W. M. (1970), *Meaning and the Structure of Language*, Chicago University Press.

Cho, S. (1995). On Verbal Intransitivity in Korean: With Special Reference to Middle Constructions. Ph.D. Dissertation. University of Hawaii.

Comrie, B. (1977). In Defense of Spontaneous Demotion: The Impersonal Passive. In P. Cole & J. Sadock (eds.). *Grammatical Relations, Syntax and Semantics* 3. New York: Academic Press.

Comrie, B. (1981). Aspect and Voice: Some Reflections on Perfect and Passive. In P. J. Tedeschi & A. Zaenan (eds.). *Tense and Aspect, Syntax and Semantics* 14. Academic Press. 65-78.

Comrie, B. (1985). Causative Verb Formation and Other Verb-deriving Morphology. In T. Shopen (ed.). *Language Typology and Syntactic Description* vol. 3. Cambridge: Cambridge University Press. 309-348.

Comrie, B. & M. Polinsky (eds.) (1993). *Causatives and Transitivity*. Amsterdam/ Philadelphia: John Benjamins.

Cornelis, L. H. (1997). *Passive and Perspective*. Amsterdam: Rodopi.

Croft, W. (2001). *Radical Construction Grammar: Syntactic Theory in Typological Perspective*. New York: Oxford University Press.

Davison, A. (1980). Peculiar Passives. *Language* 56. 42-66.

Dewart, M. H. (1979). Role of Animate and Inanimate Nouns in Determining Sentence Voice. *British Journal of Psychology* 70. 135-141.

Dixon, R. M. W. & A. Y. Aikhenvald (eds.) (2000). *Changing Valency: Case Studies in Transitivity*. Cambridge: Cambridge University Press.

Fagan, S. M. B. (1992). *The Syntax and Semantics of Middle Constructions: A Study with Special Reference to German*. Cambridge: Cambridge University Press.

Faltz, L. M. (1985). *Reflexivization: A Study in Universal Syntax*. New York: Garland Publishing, Inc.

Foley, W. A. & R. Van Valin, Jr. (1984). *Functional Syntax and Universal Grammar*. Cambridge: Cambridge University Press.

Fox, B. & P. J. Hopper (eds.) (1994). *Voice: Form and Function*. Amsterdam/ Philadephia: John Benjamins.

Geniušienė, E. (1987). *The Typology of Reflexives*. Berlin: Mouton de Gruyter.

Geniušienė, E. (2006). Passives in Lithuanian. In W. Abraham & L. Leisiö (eds.). 29-61.

Givón, T. (1979). *On Understanding Grammar*. Academic Press.

Givón, T. (2001). *Syntax: An Introduction* vol. 2. Amsterdam/Philadephia: John Benjamins.

Givón, T. (ed.) (1994). *Voice and Inversion*. Amsterdam/Philadephia: John Benjamins.

Haspelmath, M. (1987). *Transitivity Alternations of the Anticausative Type*. Köln: Institut für Sprachwissenschaft der Universität zu Köln.

Haspelmath, M. (1990). The Grammaticalization of Passive Morphology. *Studies in Language* 14.1. 25-72.

Haspelmath, M. (1993). More on the Typology of Inchoative/Causative Verb Alternations. In B. Comrie & M. Polinsky (eds.). 85-120.

Hopper, P. (1979). Aspect and Foregrounding in Discourse. In T. Givon (ed.). *Discourse and Syntax, Syntax and Semantics* 12. Academic Press. 213-241.

Hopper, P. & S. Thompson (1980). Transitivity in Grammar and Discourse. *Language* 56. 251-299.

Howard, I. & Nikekawa-Howard, A. M. (1976). Passivization. In M. Shibatani (ed.). *Japanese Generative Grammar, Syntax and Semantics* 5. Academic Press. 201-237.

Humphreys, R. L. (1999). Valency Changing Alternations. In K. Brown & J. Miller (eds.). 391-400.

Jain, J. (1981). The Hindi Passive. *Papers in Linguistics* 14.2. 217-232.

Jespersen, O. (1924/1965). *The Philosophy of Grammar*. New York: Norton.

Kalluli, D. (2006). Passive as a Feature-suppression Operation. In W. Abraham & L. Leisiö (eds.). 442-460.

Kang, Y-S. (1986). *Korean Syntax and Universal Grammar*. Hanshin Publishing Co.

Keenan, E. (1975). Some Universals of Passive in Relational Grammar. *CLS* 11.

340-352.

Keenan, E. (1985). Passive in the World's Languages. In T. Shopen (ed.). *Language Typology and Syntactic Description* vol. 1. Cambridge: Cambridge University Press. 243-281.

Kemmer, S. (1993). *The Middle Voice*. Amsterdam/Philadelphia: John Benjamins Publishing Company. [백미현 역(2003). 중간태. 한국문화사]

Kemmer, S. (1994). Middle Voice, Transitivity, and the Elavoration of Events. In B. Fox & P. J. Hopper (eds.). 179-230.

Keyser, S. J. & T. Roeper (1984). On the Middle and Ergative Constructions in English. *Linguistic Inquiry* 12. 381-416.

Klaiman, M. H. (1982). Affectiveness and the Voice System of Japanese: Satisfaction Guaranteed or Your money back. *BLS* 8. 398-413.

Klaiman, M. H. (1984). The Grammar of Doing and Undergoing in Korean. 『어학연구』 20.4. 331-343.

Klaiman, M. H. (1988). A Typology of Voice Systems. In M. Shibatani (ed.). 25-83.

Klaiman, M. H. (1991). *Grammatical Voice*. New York: Cambridge University Press.

Knoob, S. (2002). Arguments for a Non-morphological Approach to Korean Voice and Diathesis: Towards an Event Semantic and Constructional Analysis. 『언어학』 32. 61-96.

Kulikov, L. (1998). Passive, Anticausative and Classification of Verbs: The Case of Vedic. In L. Kulikov & H. Valter (eds.). 139-153.

Kulikov, L. (2006). Passive and Middle in Indo-European: Reconstructing the Early Vedic Passive Paradigm. In W. Abraham & L. Leisiö (eds.). 62-82.

Kulikov, L. & H. Valter (eds) (1998). *Typology of Verbal Categories*. Tübingen: Max Niemeyer Verlag.

Kuno, S. (1987). *Functional Syntax. Anaphora, Discourse and Empathy*. Chicago: University Press.

Kuno, S. & E. Kaburaki (1977). Empathy and Syntax. *Liguistics Inquiry* 8. 627-672.

Kuryłowicz, J. (1964). *The Inflectional Categories of Indo-European*. Heidelberg: Carl Winter.

Kwak, I. L. (1994). The Pragmatics of Voice in Korean. In Givón, T. (ed.). 261-282.

Lakoff, G. (1977). Linguistic Gestalts. *Papers from the Thirteenth Regional Meeting*. Chicago Linguistic Society. 236-287.

Langacker, R. (1987). *Foundations of Cognitive Grammar*. Vol. Ⅰ. Stanford University Press.

Langacker, R. (1991). *Concept, Image and Symbol: The Cognitive Basis of Grammar*. Mouton de Gruyter.

Langacker, R. & P. Munro (1975). Passive and their Meaning. *Language* 51. 789-830.

Lazard, G. (1995). Research on Actancy. In M. Shibatani & T. Bynon (eds.). *Approach to Language Typology*, New York: Oxford University Press. 165-213.

Lyons, J. (1968). *Introduction to Theoretical Linguistics*. Cambridge: Cambridge University Press.

O'Grady, W. (1991). *Categories and Case: the Sentence Structure of Korean*. Amsterdam/Philadelphia: John Benjamins.

Park, J-W. (1994). Morphological Causatives in Korean: Problems in Grammatical Polysemy and Constructional Relation. Ph.D. Dissertation. University of California at Berkeley.

Perlmutter, D. M. & P. M. Postal (1977). Toward a Universal Characterization of Passivization. *BLS* 3. 394-417.

Quirk, R., S. Greenbaum, G. Leech & J. Svartvik (1985). *A Comprehensive Grammar of the English language*. Longman.

Roberts, I. (1999). Passive and Related Constructions. In K. Brown & J. Miller (eds). 284-289.

Shibatani, M. (1985). Passive and Related Constructions: a Prototype Analysis. *Language* 61. 821-848.

Shibatani, M. (1988). Introduction. In M. Shibatani (ed.). 1-8.

Shibatani, M. (1998). Voice Parameters. In L. Kulikov & H. Valter (eds.).

117–138.

Shibatani, M. (1999). Voice. In K. Brown & J. Miller (eds.). 406–411.

Shibatani, M. (ed.) (1988). *Passive and Voice. Typological Studies in Language* 16. Amsterdam: John Benjamins.

Siewierska, A. (1984). *The Passive: a Comparative Linguistic Analysis*. Dover, N. H.: Croom Helm.

Siewierska, A. (1988). The Passive in Slavic. In M. Shibatani (ed.). 243–289.

Siewierska, A. (2005). Passive Constructions. In M. Haspelmath, M. S. Dryer, D. Gil & B. Comrie (eds.) *World Atlas of Language Structure*. Oxford University Press. Ch. 107: 434–437. [http://www.ling.lancs.ac.uk/staff/anna/papers/SIEPAS%20text.pdf 1–9.]

Song, S. C. (1967). Some Transformational Rules in Korean. Ph.D. Dissertation. Indiana Univ.

Stein, G. (1979). *Studies in the Function of the Passive*. Tübingen: Gunter Narr Verlag.

Thompson, C. (1994). Passive and Inverse Constructions. In Givón, T. (ed.). 47–64.

Toyota, J. & M. Mustafović. (2006). Grammatical Voice and Tense-aspect in Slavic. In W. Abraham & L. Leisiö (eds.). 191–212.

Wierzbicka, A. (1979). Are Grammatical Categories Vague or Polysemous?: The Japanese 'Adversative' Passive in a Typological Context. *Papers in Linguistics* 12(1–2). 111–162.

Yamamoto, T. (1984). English and Japanese Passives: A Functional Approach. B. A. thesis. Kobe University.

Yeon, J. (2003). *Korean Grammatical Constructions: Their Form and Meaning*. London: Saffron.

남수경
서울대학교 인문대학 국어국문학과 졸업(1997)
동 대학원 국어국문학과 문학석사(2001)
동 대학원 국어국문학과 문학박사(2007)
현재 서울대학교 인문학연구원 선임연구원

한국어 피동문 연구

초판 1쇄 인쇄 2011년 9월 14일 **초판 1쇄 발행** 2011년 9월 20일
지은이 남수경 **펴낸이** 박성복 **펴낸곳** 도서출판 월인
등록번호 제6-0364호 등록일 1998. 5. 4.
주소 142-879 서울시 강북구 수유2동 252-9
대표전화 (02) 912-5000 팩스 (02) 900-5036
e-mail worinnet@hanmail.net homepage http://www.worin.net

ISBN 978-89-8477-497-1 93710

값 13,000원